劳动教育学基础

（第四版）

〔德〕安德烈亚斯·舍尔滕 著

陈莹 译

创于1897　商务印书馆　The Commercial Press

职业教育学术译丛
出版说明

　　自《国务院关于大力推进职业教育改革与发展的决定》颁布以来，我国职业教育得到了长足发展，职业教育规模进一步扩大，职业教育已经成为国家教育体系的重要组成部分。为了更好满足社会经济发展需要，建设更多具有世界一流水平职业院校，商务印书馆与深圳职业技术学院共同发起、组织、翻译、出版了这套学术译丛。

　　我馆历来重视移译世界各国学术著作，笃信只有用人类创造的全部知识财富丰富自己的头脑，才能更好建设现代化的社会主义社会。为了更好服务读者，丛书主要围绕三个维度遴选书目。一是遴选各国职业教育理论著作，为职业教育研究人员及职业教育工作者提供研究参考。二是遴选各国职业教育教学模式、教学方法等方面的书目，为职业院校一线教师提供教学参考。三是遴选一些国际性和区域性职业教育组织的相关研究报告及职业教育发达国家的政策法规等，为教育决策者提供借鉴。

　　深圳职业技术学院为丛书编辑出版提供专项出版资助，体现了国家示范性高等职业院校的远见卓识。希望海内外教育界、著译界、读书界给我们批评、建议，帮助我们把这套丛书出得更好。

商务印书馆编辑部

2022 年 6 月

目　录

前　言

这本教材和学习手册是对劳动教育学进行教育学再加工的结果，它带有更加新颖的视角，并补充了实践示例阐述。它面向职业和经济教育学、劳动心理学、劳动社会学、劳动科学、企业经济学领域的专业人员或高校学生，以及所有在经济领域、企业和服务机构中从事职业教育和继续教育的相关人员。它助力职业学校从事职业和经济教育的专业人员，使得他们能够基本了解企业中基于工作的学习，以此促进学校和企业两大学习场所之间的合作。为了便于理解，每章最后都进行总结，列出重要术语和概念，推荐精选文献，通常还附设一个练习，以反思所读内容并将其与实践工作进行关联。

这本教材和学习手册具有教育学理论性质，这使得它的定位与市面上数量众多的劳动教育学书籍有所不同，那些大多用于培训企业师傅，具有教育学实践性质。

第四版属于全新改版，不过基本上保留了原来的章节结构。在第三版出版十年后，各章内容发生了显著变化，某些内容也显得过于简略。相应地，新版本删除了如今企业学习中很少提及的关于暗示教学 ① 的章节。第四章关于工作场所经验学习的部分，除了基层员工的功能性学习，也涉及企业组织层面学习，由此补充了一个新的章节——第四章第三节。第五章讲述关于经济、技术—生产的变化和资质化的主题，对于

---

① 暗示教学指的是保加利亚心理治疗医生乔治·洛扎诺夫（G. Lozanov）创立的一种教学方法。这种方法提倡愉快教学，结合认知与情感、分析与综合、有意识与潜意识，利用暗示手段激发个人心理潜力，从而提高学习效率。暗示教学曾经在德国得到推广，也在企业学习场景中得到应用。——译者

第五章第二节"数字化学习"和第三节"企业职业教育和继续教育中的教育控制"进行了重新整理，取代了上一版过时的陈述。

各章末尾的研究文献（精选文献）有意识地保留了早年的重要著作，除此以外也补充了最新的文献。至于本书末尾的参考文献，则指的是新版本中引用的文献，早期版本引用的文献在此不再列出。

特别感谢艾达·菲比希（Edda Fiebig）女士和尤塔·克勒（Jutta Köhler）女士在准备和编辑书稿时提供的支持。第五章第二节"数字化学习"基本上由米夏埃尔·弗格勒（Michael Vögele）博士撰写。由此，本书也反映了慕尼黑工业大学教育学教席教授①在数字化教学方面的研究和实践成果。

另外还要感谢慕尼黑工业大学职业教育方向的学生，他们在劳动教育学课程的教学活动中提出了各种建议，从而为本书的彻底修订作出了贡献。

除了《劳动教育学基础》，笔者还撰写过《职业教育学基础》和《职业教育专业术语和概念》（Schelten 2004，2000）。这三本书由同一家出版社出版，可以结合起来阅读。另外，这家出版社也出版过笔者《测试评估和测试设计》（Schelten 1997）一书，它与职业和劳动教育学也有一定关联。

安德烈亚斯·舍尔滕

慕尼黑，2005 年 7 月

---

① 教席教授在德国指的是大学的终身教授，一个终身教授掌管并领导一个教席（Lehrstuhl），可以自主招聘研究人员。在德国，大学中的一个教席对应一个研究方向。——译者

第一章　职业教育的概念、现状和体系

　　劳动教育学与职业和经济教育学并列，它有着自身的价值。劳动教育学与约翰内斯·里德尔（Johannes Riedel，1889—1971；参见 Riedel 等 1967，1962，1940）的名字关联最为密切。在里德尔之后，劳动教育学就变得不再那么活跃，只有少数人还在从事劳动教育学研究。尤其是邦克（Bunk）仍然较为彻底地研究了劳动教育学的问题（Bunk 等 1972，REFA 1975，REFA 1991）[①]。1972 年德舍尔（Dörschel）系统全面地总结了劳动教育学的发展情况，但并未表达新的观点。德德林（Dedering 1998）的研究涉及了劳动世界的教学法，不过没有明确采用本书所指的劳动教育学的表述。本书所指的劳动教育学既包括狭义的劳动教育学，也包括企业教育学和人力资源开发，它们与劳动教育学有着交集。另外，还包括来自心理训练研究或一般劳动心理学的研究，这些对劳动教育学来说具有重要意义（参见 Schelten 1995，第 9 页）。关于本书中劳动教育学的所指在此处进行说明，后面将不再强调。

　　从学科发展的角度来看，在里德尔之后，学者未能展开带有更新视角的、系统的、全面的劳动教育学研究。这可能是因为二十世纪六十年代及之前，人们的兴趣在于劳动相关的资质化培训，这些资质化培训不属于正式的职业教育。彼时正好处在经济扩张时期，新员工越来越多，

---

　　① REFA 是 "Reichsausschuss für Arbeitszeitermittlung" 的缩写，即帝国工作时间安排委员会，这一组织成立于 1924 年。如今 REFA 指的是工作设计、企业组织和企业发展协会。——作者

因此在工业领域开展了大量的初步培训。[①] 而且在随后的经济停滞和工业生产自动化程度不断提高的时期，这种初步培训也开始退居幕后。

然而，自二十世纪八十年代中期以来，劳动教育学重新获得了重视。一方面，这种兴趣——至少有部分——来自劳动世界人性化的研究项目。另一方面，由于经济、技术—生产变化带来的资质化要求，劳动教育学的重要性得到提升。一旦技术、生产和劳动组织概念发生变化，教育学就会在工作当中扮演更加重要的角色（参见 Rohmert，Rückert，Klein 1990）。

不过在我们深入这一话题之前，首先应该简要介绍劳动教育学的概念，然后再阐述劳动教育学的现状，以展示当前劳动教育学系统的全貌。

劳动教育学的概念

从教育学意义上来讲，劳动教育学是将劳动和学习结合在一起的一门学科。劳动教育学处理的是在劳动中进行学习的前提、过程和结果。在劳动教育学当中，"劳动"必须具备行动调节的条件，关于这一点在第二章将会展开详细讲述。关于劳动概念的一般性论述，可参见舍尔滕和乌利希的观点（Schelten 2000，Ulich 2001）。

从教育学意义上来说，劳动教育学是为了让劳动者胜任工作任务而推出的资质化措施，包括专业指导、初步培训、熟悉岗位、深入培训、转行学习、重新学习，这些传统措施或者说不同方面如今也有部分重叠。

专业指导是给出工作过程的相关支持措施。它指的是已经熟练掌握工作的劳动者向新手传授工作方法，传授完成工作所需的知识、行为和态度（更多关于指导的内容，可参见后文第三章）。

例如：脚手架工人在组装任务中得到指导，或者面包师在烘焙食品

---

① 资质化培训尤其是初步培训被认为包含较少教育学要素，因此较少被视为劳动教育学研究对象。——译者

过程中得到指导。

初步培训通常指的是学会工作的过程，它不属于受到国家认可的正式职业教育。初步培训一词是指短期培训课程，与职业教育的长期培训课程形成鲜明对比。在初步培训过程中需要给出指导。

例如：木匠在学习操作铣床的时候得到初步培训。

熟悉岗位发生在员工更换岗位之时。员工被调到一个新的工作岗位，这一岗位与原来岗位较为类似。

例如城市管理部门的一个管理人员从治安部门调到社会部门，这种情况下需要熟悉岗位。

在深入培训期间，员工在他熟悉的工作中，了解新的工作过程、设备、工具和 / 或材料。

例如：商务交际（Bürokommunikation）专业人员得到指导，在一个新的更加复杂的系统中应用相关财务软件。

转行学习意味着，将来会以截然不同的方式完成以往的工作，例如拥有和操作完全不同的资源和设备。与深入培训相比，转行学习包含更多新的内容。

例如：以前只熟悉手动机床的工业机械师学习如何操作计算机控制的机床。

在重新学习时，员工获得了成功完成根本不熟悉的工作的能力。

例如：零售店员学习成本和绩效控制。

劳动教育学的方向可以分为企业劳动教育学和劳动学校教育学。

从狭义上讲，企业劳动教育学传统上处理的是与劳动相关的所有资质，也就是不属于职业教育范畴，但这些资质在整个工作生涯中都是需要的。提到企业劳动教育学，人们总是与狭义概念联系起来。但是，在国家认可的职业教育的实践部分也有与劳动相关的资质化过程，例如基于劳动指导的形式。因此，在更广泛的意义上，这个领域也可以被视为企业劳动教育学的一部分。

劳动学校教育学，与凯兴斯泰纳（Kerschensteiner，1854—1932）、

高迪希（Gaudig，1860—1923）和沙伊布纳（Scheibner，1877—1961）有着紧密联系。劳动学校教育学属于二十世纪初的教育改革运动（参见Kerschensteiner 1969，Gaudig 1922，Scheibner 1962）。这一运动反对的是当时严格的学校教育形式。在这场运动中，劳动学校教育学看到了将手工劳动融入学校课程的特殊教育价值。正如凯兴斯泰纳手工制作"椋鸟房"（Starenhaus）的著名例子（Kerschensteiner 1969，第29页及以后各页），在学生独立自主的实践活动中，也产生了与学校课程紧密相关的脑力劳动。

　　劳动学校教育学通常面向青年。它的实践活动不像企业劳动教育那样基于外部订单进行，因此仅与有酬就业产生间接的联系。在劳动学校教育学的框架内，劳动只能在最边远的意义上对未来劳动世界进行准备。有关劳动学校教育学的更多讨论，请参见德舍尔（Dörschel 1972，第43页及以后各页）、戈农（Gonon 2002）的论著。

　　因此，劳动学校教育学将被排除在劳动教育学之外，并被归类到学校教育学。在下文中，劳动教育学等同于企业内部的劳动教育学。这一概念界定很可能也表达了当今对劳动教育学的一般理解。

　　劳动教育学探讨的对象，始终是在企业工作组织当中进行教育的可能性和局限性。

　　即使在今天，工作组织也极有可能在很大程度上仍然以泰勒主义原则为特征。尽管工作组织由于经济、技术—生产变化而发生了变化，并且即将迎来重大动荡（相关内容详见第五章），但是泰勒主义依然存在。以劳动科学家泰勒（Taylor，1856—1915）命名的泰勒主义（参见Taylor 1977），其"科学管理"的原则可以简短概括为以下几点：

- 将生产过程划分为易于管理的各个部分。
- 对于划分好的这些部分，非熟练员工可以在相对较短的时间内完全掌握。
- 与全手工业式的工作组织相比，基于工作过程和工作岗位的优化设计，工作可以更有效率地进行。
- 能够以更低的价格生产更多的商品，并且支付更高的工资。

与此相对应，这样的科学管理意味着工作范围缩小，劳动者的工作活动余地受到严格限制。泰勒主义原则意味着思想和行动的分离。在泰勒主义模式下，脑力劳动在工作准备部门进行，体力劳动则在工作现场进行。

泰勒主义的工作组织伴随着明显的等级制度。企业组织结构的搭建遵循的是职能分工。通过系统的工作分析，人们能够明确产品制造或服务经营的过程组织。然后根据绩效原则，尽可能地对工作进行分解。计划、指导和控制的任务从生产或服务部门划分出去。任务布置和工作执行由不同人员完成，两者在空间上是分离的。

在泰勒式工作组织的框架内，劳动教育学的唯一目标是对执行层的员工进行相对简单的工作培训。也就是说，劳动教育学的研究对象具有很大局限性。教育学在面对劳动教育学问题时表现出来的犹豫不决的态度，原因可能在于：劳动教育学的问题很少被认为是教育学问题。

针对这一现状，里德尔在改革教育学的影响下，为劳动教育学设置了理想化、整体性和个性化的方案。他一再令人信服地证明，通过独立完成具有整体性的工作能够实现全面的个人发展，同时这样的工作也能实现较高的输出。这也意味着里德尔对于泰勒主义原则的质疑（关于里德尔的更多信息参见 Dörschel 1972，第 37 页及以后各页；Kipp 1978；Tilch 1972，1980）。

然而，与此同时里德尔也遭遇批评，他没有在拒绝泰勒主义的基础上得出任何建设性结论。这不仅仅是针对里德尔的批评，也是针对整个劳动教育学的批评。批评的结论可以归纳为：劳动教育学并没有使工业领域的劳动组织自身成为教育努力（改变）的对象，而只是提供了在劳动中学习的"教育学方法"（Stratmann，Bartel 1975，第 XVII 页）。劳动教育学必须提供依据，从而对现有的工作条件进行教育学批判（参见 Stratmann，Bartel 1975，第 XVIII 页），必须使工人能够参与关于工作的政治辩论（参见 Kipp 1978，第 117 页）。

这些源自二十世纪七十年代的劳动教育学批判充满意识形态特征，在这里不再赘述。否则必须重新定义科学的概念和使命。然而，重要的是劳动教育学必须始终关注工作组织的条件，在此基础上明确劳动与学习之间的关联。除了资质提升措施及其方法，劳动教育学还包括审查工作设计是否能够促进资质的问题。

劳动教育学的现状

当前工作组织的泰勒主义特点已经不再那么突出，劳动教育学的框架条件变得宽松，因此对劳动教育学的批评也变得不那么尖锐。

对于当前的劳动教育学来说，有两种变化趋势成为影响因素：

（1）"劳动世界人性化"计划。

（2）经济、技术—生产的变化。

关于（1）："劳动世界研究和人性化行动计划"始于二十世纪七十年代，并在后来得到继续发展，它推出了工作结构化的系列项目。在这些项目中，新的工作形式得到尝试，如轮岗工作、扩大工作范围、增加工作内容和半自主小组工作，目的在于改变泰勒式的工作组织。

- 轮岗工作指的是多种相同类型或者相似的工作，员工依据时间顺序轮流执行。
- 扩大工作范围是指将结构相似的上游或下游工作任务组合起来，形成一个更大的整体任务。对员工来说，工作有一个量化的扩展。
- 在增加工作内容的情况下，结构相似或者不同的上游、下游和并行的工作任务组合成一个新的工作任务。新增的工作内容具有不同性质。原有的计划、控制、保养、维护和／或决策任务得以保留，但是旧的工作失去了其主要特征。
- 半自主小组工作的特征是小组工作得到自主管理。大约3~10人的小组成员自主管理工作计划、工作控制、工作过程和工作组织设计等所有问题，只要不影响重要利益，这样的自主性就可以得到保障（参见 Flicke 1979）。

在很多工作结构化项目中，在员工资质化方面投入很少，劳动教育部分占据很小的比例。但事实表明，真正的工作组织改进措施需要员工大大增加计划、决策和控制能力，因此需要更高的资质。由于相关员工面临资质障碍和动机障碍，所以对劳动教育学提出了需求，即基于行动心理学拿出新的方案（参见 Witzgall 1984；Warnecke，Bullinger 1980及往后年份）。

关于（2）：经济、技术—生产的变化，如今的表现基于三大发展趋势。

a）信息和通信技术的引入（二十世纪八十年代）。

b）精益管理，小组工作，学习型组织（二十世纪九十年代）。

c）过程导向的工作组织（始自 2000 年）。

关于 a）和 b）的发展趋势，在下文中将特别基于历史背景及其相关资料进行阐述。

关于 a）：自从二十世纪八十年代逐步引入计算机主导的自动化生产方式，直接对工件进行加工的工作比例降得越来越低，计划、准备、控制、编程、监控和维护等间接活动不断增加。留在生产部门的员工需要新的劳动资质，而这样的资质又会迅速发生变化，因为经济、技术—生产的变化速度越来越快（详见第五章）。由于分散式智能技术（例如可自由编程的自动机器、计算机控制的机床等）的使用成为可能，由于产品种类的多样化提升了对生产灵活性的需求，员工的工作内容变得更加丰富，员工应该回归到整体性的工作当中。严格的泰勒主义工作组织并不合适，需要在更大程度上进行废除。在二十世纪八十年代，汽车行业已经出现这样的做法。这一时期，克恩和舒曼已经谈到了劳动分工的终结（Kern，Schumann 1984，详见第五章），尽管劳动分工是否称得上终结仍然存在疑问。

关于 b）：信息和通信技术的质的飞跃带来生产过程的下述变化，这些变化可能意味着终结分工的发展趋势。最晚自二十世纪九十年代以来，企业在全球化进程中的竞争压力持续加大。由此，提高生产力、缩短生产周期和开发周期以及提高产品质量变得至关重要（参见

Wildemann 1993，第 37 页及以后各页）。这些目标与以下概念捆绑在一起：精益管理或精益生产、即时生产、计算机集成制造、小组工作和学习型组织。

在这个方面，沃马克等人（Womack 等 1992）对于汽车行业的精益生产计划所做的研究最为有名。在精益生产中，小型的自我负责的小组通过手工操作和流水线工作混合生产不同的产品。手工生产的优点与批量生产的优点得到结合。手工操作提升了灵活性和产品质量。流水线生产确保了更高的速度和更低的单位成本。精益生产企业"在组织的所有层面雇用多种技能的工人团队，并使用高度灵活、自动化程度越来越高的机器，用以生产种类繁多的大批量产品"（Womack 等 1992，第 19 页）。制造系统具有精益性质，因为它比传统的大规模生产需要更少东西：一半的人力、一半的生产面积、一半的工具投资、一半的研发时间、一半的库存（参见 Womack 等 1992，第 19 页，更多细节也可参考本书第五章提及的问题）。

从劳动教育学的观点来看，经济、技术—生产的变化带来了这样的结果：人的角色在整体性生产理念中得到了"复兴"（参见 Reichwald, Hesch 1993，第 450 页；Picot, Reichwald, Wigand 2003，第 472 页及以后各页）。人的资质和态度是实现整体性生产或服务理念的关键。例如，员工必须参与持续改进计划，员工具备团队合作的能力和解决问题的能力，决定了企业的竞争力（参见 Wildemann 1995，第 16 页及以后各页）。企业需要积极进取的多面手。员工必须愿意学习许多技能并将其应用于团队合作过程。

如果对于发展趋势 a）和 b）进行总结和重点提炼，可以说：在二十世纪八十年代的劳动世界中，信息和通信技术开始得到发展。技术工作逐渐在计算机辅助下展开，整体性的工作更容易实现。在工作执行过程中，增加了独立计划和控制的要素。与此交织在一起的是自九十年代以来的合理化浪潮，它的特点是远离严格的分工组织。合理化浪潮的典型口号是："通过人性化实现合理化。"相应地，精益型企业或学习型企业具有生产架构合理化、柔性自动化、层级扁平化、企业组织小组化等特点，在工作强度加大的同时，还能实现人员减少。

关于 c）：从功能导向或者说职业导向转变为过程导向的工作组织。企业不断努力改进价值生产过程。员工在越来越大的程度上对企业发展和工作组织方式负责。在完成专业工作时，还需要识别和纠正那些不良的发展以及在企业内作出灵活应对等。通过这种方式，可以在企业内部快速感知变化并立刻进行处理。企业，尤其是服务型企业，始终将价值生产过程置于中心位置。人们越来越期望员工在整个过程中采取负责任的行动。

由于经济、技术—生产的变化，基于工作场所的学习将会增加。变化如此迅速，因此在职业教育期间不再可能提供足够的资质。就职业教育学处理的对象而言，除了"富含教育因素"的职业教育，"富含教育因素"的资质化培训也越来越多。资质化培训属于劳动教育学的主题，发生于职业教育结束之后，被认为是职业继续教育，特别面向基础员工。

在经济、技术—生产变化的过程中，除了具备新型资质，同时还可能需要具备更加复杂的资质。如何传授这些资质，需要劳动教育学给出答案。

此外，对劳动教育学的特殊要求是，资质化过程必须促进独立思考和学习能力。只有这样，员工才能独立满足当今的经济、技术—生产要求，以及未来即将出现的新要求。员工必须具备更多的个人能力，比如独立、自信、责任心、团队合作和解决问题的能力。这些个人能力服务于人本身的发展，但同时也可以用来促进工作合理化。

由此可见，劳动教育学处在转型当中，并变得日益重要。

劳动教育学的系统

劳动教育学的特点是拥有一系列基准科学，从教育学到工程与自然科学（参见概览 1.1）。换句话说，必须借助最多样化的基准学科，解释劳动与学习之间的关联。这意味着劳动教育学具有跨学科性质。如概览 1.1 所示，劳动教育学的研究结果和主题以及内容领域包括："劳动与学习理论"（详见第二章）、"劳动指导的方法"（第三章）、"工作场所经验学习"（第四章）和"经济、技术—生产变化和资质化"（第五章）。这些研究结果受到劳动教育学的条件限制。这样的限制一方面是工作组织条件，另一方面是经济标准。关于工作组织条件造成的限制已有探讨（见上文劳动教育学的概念）。源于经济标准的限制可以从这样一个事实中看出，即所有基于工作的学习总是受制于经济效率的要求。

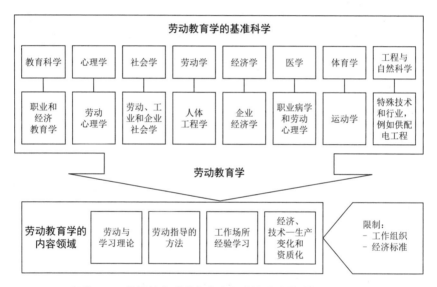

概览 1.1   依据基准科学和内容领域构建的劳动教育学系统

总结

在教育学理论方面，劳动教育学处理的是劳动和学习的问题。它明确了当前劳动学习的前提、过程和结果。在教育实践方面，劳动教育学涉及的是应对工作所需的资质化措施。

劳动教育学的方向是企业劳动教育学和劳动学校教育学。在此，劳动学校教育学被排除在劳动教育学之外并分配给学校教育学。这意味着劳动教育学等同于企业劳动教育学。

劳动教育学，也就是企业劳动教育学，正在变得越来越重要。一方面，作为劳动世界人性化研究计划的一部分，工作组织重新结构化的项目引起人们的兴趣。另一方面，由于经济、技术—生产变化的资质化要求，劳动教育学的意义得到凸显。经济、技术—生产的变化以信息和通信技术、学习型组织、面向过程的工作组织为特征。

劳动教育学系统是由一系列基准科学决定的。劳动教育学的研究结果（对象和内容）包括：

- 劳动与学习理论（第二章）。
- 劳动指导的方法（第三章）。
- 工作场所经验学习（第四章）。
- 经济、技术—生产变化和资质化（第五章）。

重要术语和概念

劳动教育学：

- 教育学理论方面
- 教育学实践方面
- 企业劳动教育学
- 劳动学校教育学

工作组织的泰勒主义原则

对劳动教育学的批评

工作结构化：

- 轮岗工作
- 扩大工作范围
- 增加工作内容
- 半自主小组工作

经济、技术—生产变化的发展趋势

劳动教育学的基准科学

劳动教育学的研究结果（对象和内容）

研究文献（精选文献）[1][2]

Dedering, H.: Pädagogik der Arbeitswelt, Weinheim 1998

　　Kap. A: Entwicklung und Stand arbeitspädagogischer Theoriebildung

（H. 德德林：《劳动世界的教育学》，魏恩海姆，1998

　　章 A：劳动教育学理论的发展和现状）

Kerschensteiner, G.: Begriff der Arbeitsschule, 17. unveränderte Aufl., hrsg. v. J. Dolch,
　　München, Stuttgart 1969

　　Kap. Ⅲ : Der pädagogische Begriff der Arbeit

　　Kap. Ⅴ : Die Methoden der Arbeitsschule

　　Kap. Ⅶ : Zusammenfassung und Schlussbetrachtung

　　Anhang: Ein Organisationsbeispiel für städtische Volksschulklassen

（G. 凯兴斯泰纳：《劳动学校的概念》，第 17 版，旧版，J. 多尔希 [主编]，慕尼黑，
　　斯图加特，1969

　　章Ⅲ：劳动教育学概念

　　章Ⅴ：劳动学校的方法

　　章Ⅶ：总结与推论

　　附录：城市大众学校的组织实例）

Picot, A., R. Reichwald, R. T. Wigand: Die grenzenlose Unternehmung: Information,
　　Organisation und Management: Lehrbuch zur Unternehmensführung im Informationszeitalter,
　　5. Auflage, Wiesbaden 2003

　　Teil 1: Information, Organisation und Management

　　Teil 5: Auflösung von Hierarchien – Modularisierung der Unternehmung

　　Teil 9: Der Mensch in der grenzenlosen Unternehmung – Neue Anforderungen an
　　Mitarbeiter und Manager

（A. 皮科特，R. 赖克瓦尔德，R. T. 维甘德：《不设边界的行动：信息、组织与管理：
　　信息时代企业管理教科书》，第 5 版，威斯巴登，2003

　　第 1 部分：信息、组织和管理

---

　　① 本章引用的文献未完整呈现在研究文献（精选文献）中。这一点同样适用于所有后续章
节。所有引用文献都列在本书最后的参考文献列表中。——作者

　　② 研究文献（精选文献）相当于推荐书目，作者在每个章节内容后面都附有这样的推荐书
目。中译本对此进行了翻译，以便读者查找。——译者

第 5 部分：层级结构的解散——企业的模块化
第 9 部分：不设边界的行动中的人——对员工和管理者的新要求）

REFA-Verband für Arbeitsstudien und Betriebsorganisation, Methodenlehre der
Betriebsorganisation: Arbeitspädagogik, 3. Aufl., München 1991 (Autor: G. P. Bunk)
  Kap. 1: Arbeitspädagogik als System
（REFA- 工作设计、企业组织和企业发展协会：《企业组织方法：劳动教育学》，第
3 版，慕尼黑，1991［作者：G. P. 邦克］
  章 1：劳动教育学的系统）

Riedel, J.: Einführung in die Arbeitspädagogik, Braunschweig 1967
  Kap. Ⅰ : Einleitung
  Kap. Ⅱ : Grundlegung
（J. 里德尔:《劳动教育学导论》，不伦瑞克，1967
  章Ⅰ：简介
  章Ⅱ：基础）

Womack, J. P., D. T. Jones, D. Roos: Die zweite Revolution in der Autoindustrie:
Konsequenzen aus der weltweiten Studie aus dem Massachusetts Institute of Technology,
4. Aufl., Frankfurt/Main 1992
  Kap. 1: Die Paradeindustrie im Übergang
  Kap. 4: Der Fabrikbetrieb
（J. P. 沃马克，D. T. 约内斯 , D. 罗斯:《汽车工业的第二次革命：麻省理工学院全球
研究成果》，第 4 版，美因河畔法兰克福，1992
  章 1：转型中的典型工业
  章 4：工厂管理）

练习

　　以您熟悉的一门劳动教育学的基准学科（参见概览 1.1）为例，确
定该学科可以为劳动教育学提供哪些观点。

第二章　劳动与学习理论

心理学行动理论为劳动与学习提供了理论依据。在心理学行动理论的各种方法中，此处采用了哈克（Hacker 1998）和福尔佩特（Volpert 2003）的行动调节理论。

本章第一步概述行动调节理论（第一节）。第二步概述由该理论导出的行动调节的水平层级（第二节）。这是一个按照工作活动进行分类的方案。应对工作活动需要不同思维和学习要求，行动调节的水平层级正是以此为依据对工作活动进行分类。该分类方案可以显示，现有的劳动教育学习理论适用于哪些层级的工作活动。在第三步（第三节）中以简要形式呈现现有的劳动教育学习理论，即职业动作技能学习理论（Schelten 1983a，2005）。第四步（第四节）处理与复杂工作活动相关的劳动教育学习理论。

最后，在第五步（第五节）中，得出关于劳动教育学的结论。这一结论与下一章（第三章）介绍的劳动指导方法有关。

第一节　行动调节理论

下文根据哈克和福尔佩特的研究（Hacker 1998，Volpert 2003），首先概述行动调节理论，然后讨论该理论的优点，最后简要分析该理论的局限。

行动调节理论概述

可见的工作活动与潜在的不可观察的思维过程之间是存在空档的。行动调节理论有望初步弥合这一空档。完成特定工作活动时需要考虑或学习什么，行动调节理论希望为这个问题提供答案。该理论的基本思想是，行动的本质是它的调节。行动的调节表现为目标和子目标的形成，这些目标和子目标通过不同动作序列得以实现。目标和子目标，或者说内在观念，被称为"心理调节结构"，简称"心理结构"（Hacker 1986，第 86 页及以后各页，1998 新版）。这些"心理结构"控制和调节外部的工作活动过程。员工在工作中的不同表现，例如提供酒店服务或操作机器工具，可以追溯到心理结构的差异。如果一个人想要更有效地开展一项工作活动，就必须改善相关的心理结构，即改善心理控制和调节过程。那么这一结构到底是什么样的？下文将以简化的方式进行呈现。不过，在结构呈现之前有必要先简单讨论"行动"的概念。

在行动执行之前，行动的结果是已经预料到的。行动发生在员工的"头脑"当中。行动是有意识的，是动机导向和目标导向的。完整的行动包括独立计划、实施和控制的步骤。这三个步骤的同义表达是感知、思考、执行，以及从执行到感知和思考的反馈。感知和思考代表计划，执行代表实施，反馈代表控制（参见概览 2.1，详见 Schelten 2000，2004）（概览根据各章进行编号，每章重新编号）。

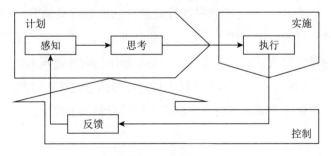

概览 2.1　完整行动

借助一个简化的日常工作示例，可能会更好地解释上文所说的内容。在这方面，杜舍莱特也列举过不同的专业相关的示例（参见Duscheleit 1983）。

比如工作任务是翻新房间。您会考虑实现什么样的目标。房间在功能和外观上要满足哪些要求？您需要的壁纸有图案还是无图案，可水洗还是只需防水？回答完这些或类似的问题后，您将设定子目标。您会考虑先贴天花板再贴墙面这种顺序问题，以及贴壁纸的桌子和贴壁纸的工具是否可用和合适。

测量房间，计算材料消耗，检查现有的材料和工具。您对于翻新过程作出了决定，对于这一翻新过程您已掌握必要技能，也拥有必要工具。行动的第一步是计划，对给定任务进行分析，形成目标和子目标。检查行动的可行性，并作出决策。

第二步是执行，采购缺少的材料和工具。对子目标（拆除旧墙纸、修复抹灰损坏和墙面裂缝、给墙面涂抹深层底漆等）按计划顺序进行处理。第三步是控制（反馈），评估工作的结果。例如现在房间的功能和外观是否符合原来的想法？子目标也就是工作步骤是否成功完成？是否选择了正确的工作技巧？——通过对比原先制订的计划，可以得出结论，未来应该如何进行类似的活动。

在计划和执行一项工作活动时，子目标是从总体目标中衍生出来的，同时子目标又衍生出下级子目标。也就是说目标之间存在层级关系。完成工作活动需要执行哪些操作？例如翻新房间，可以依据目标层级结构，一个接一个地按顺序进行处理。这就是行动调节中的层级顺序。行动目标的层级描述了工作活动的心理结构。员工的一系列外在可观察到的操作行为只有在分析其背后的心理结构时才能理解。

概览2.2显示了上述用于翻新房间的行动调节的日常示例。概览2.3显示了从示例中分离出来的具有层级顺序的行动调节模型。

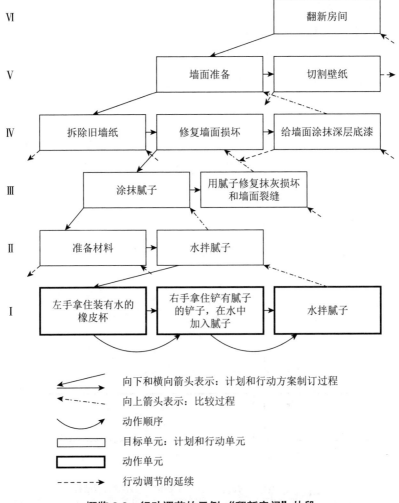

概览 2.2 行动调节的示例："翻新房间"片段

概览 2.2 中的示例显示：行动目标"翻新房间"位于行动调节层级结构的顶部（层级Ⅵ，参见概览 2.2 顶部）。较大的计划或行动单元是墙面准备，然后是壁纸的切割（层级Ⅴ）。位于墙面准备工作下一层级的计划或行动单元包括：拆除旧墙纸、修复墙面损坏、给墙面涂抹深层底漆（层级Ⅳ）。然后三个单元接着进行目标分解。以修复墙面损坏为例（层级Ⅳ 中间），可以继续分解为涂抹腻子以及用腻子修复抹灰损坏和墙面裂缝等单元（层级Ⅲ）。第一个单元可以进一步细分为准备材料和水拌腻子等单元（层级Ⅱ）。后面的单元可以进一步分解，比如左手拿住装有水的橡皮杯，右手拿住铲有腻子的铲子等（层级Ⅰ）。这种分解由概览2.2底部的粗边方框表示。

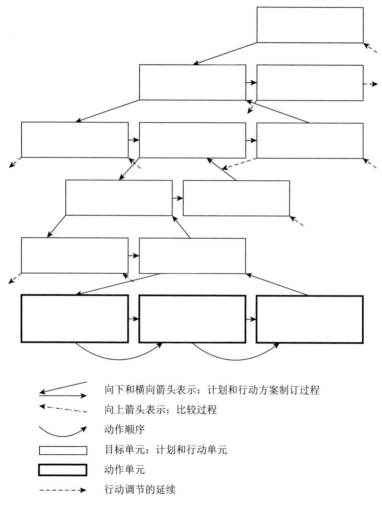

向下和横向箭头表示：计划和行动方案制订过程

向上箭头表示：比较过程

动作顺序

□　目标单元：计划和行动单元

▬　动作单元

-----▶　行动调节的延续

概览 2.3　具有层级顺序的行动调节模型的图示

（依据 Österreich 1981，第 11 页；Volgert 等 1983，第 22 页，修订版；Österreich，Volgert 1991，新版，以及 Volgert 2003）

目标分解可以从底部方框继续往下延伸：可以发现行动单元序列不

断分层排列，一直分解到单个肌肉的收缩。但这种分解将离开行动领域，因为行动被理解为一种有意识的活动。单个肌肉收缩的行动单元更多发生在自动化的领域，不再属于有意识的活动，因此不再适用。

如果观察概览 2.2 中"翻新房间"示例的行动调节过程，很明显发现：您会计划并基于一组或者说一个序列的工作活动进行房间的装修。您会依据较大的计划或行动单元进行工作。为了完成较大的单元例如墙面准备，需要按照行动调节的层级顺序往下处理子单元，子单元处理完毕后再返回到较大的单元。紧随其后的是同一层级另外的计划或行动单元，例如将壁纸的长度切割成合适尺寸。

为了完成任务，各个层级都必须得到处理。概览 2.2 假设了六个层级（在上文的描述中也称为水平层级），并在左边的空白处用罗马数字命名。每项工作活动可以有不同数量的层级。如果工作活动的结构不同，无论是更粗略还是更精细，都可能产生不同数量的层级。

下文对概览 2.4 中显示的计划和行动三角进行观察，对应的是概览 2.2 的中间计划层级。在它的顶部是单元目标，即修复墙面损坏。下属层级的两个单元称为计划或行动计划。以这个单元为例：涂抹腻子并用腻子修复抹灰损坏和墙面裂缝。目标指向下方的箭头和目标的水平箭头说明了计划或行动的完成过程（参见 Oesterreich 1981，第 12 页）。返回目标的向上箭头表示一个比较过程，通过比较确定目标是否已经实现。

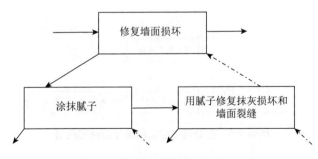

概览 2.4 修复墙面的计划和行动三角

通过比较过程实现了控制回路的原理，也就是说完成了调节或反馈。一旦计划行动单元执行完毕，就与上级目标行动单元进行比较，以确定实际达到的状态对应计划的目标状态。

概览 2.4 所示的三角可以称为一个反馈单元。该反馈单元的下方和上方又是其他反馈单元。由此，一个行动调节单元包括了分层嵌套的反馈单元。

概览 2.2 行动调节示例的底部不再适用直线箭头，而是使用弯曲箭头。弯曲箭头连接的方框不再象征计划或行动单元，而是动作单元。后者在这里不再扩展形成反馈单元。

为了更加清晰地理解，需要说明的是，在这里被简称为反馈单元的是哈克（Hacker）提出的"调节功能单元"（即 VVR 单元）（Hacker 1986，第 132 页及以后各页，1998 新版），VVR 代表"调节—比较—反馈单元"（Veränderungs-Vergleichs-Rückkopplungseinheit）的缩写。而福尔佩特使用的是"循环单元"（Volpert 1992，第 15 页，2003 新版）。循环单元总是由目标和相关的行动计划组成。人们也经常使用"TOTE 单元"，即米勒、加兰特尔和普里布拉姆提出的"测试—操作—测试—退出"（Test-Operate-Test-Exit）单元（Miller，Galanter，Pribram 1973，第 29 页及以后各页，1991 新版）。

概览 2.5 显示了循环单元的通用图示。任何一个子目标的实现都始于初始转变（Transformation）。在简短省略的情况下，初始转变之后是中间转变和最终转变，或者初始转变之后紧接着是最终转变而省略了中间转变。

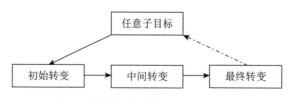

概览 2.5　行动调节的循环单元的通用图示

行动调节理论的优势

（1）行动调节理论引出了工作的一个本质特征：工作活动越是理解透彻，工作执行就越是有效。也就是说行动调节理论强调的是，在认知层面进行认真思考和领悟。工作活动的认知渗透指的是为所讨论的工作活动建立一个包含层级顺序的行动调节机制。行动调节的目标层级必须具有不同结构。

这到底意味着什么，可以很容易得到解释。您对于自己还没有信心的工作活动，可能碰到这样的情况：只有当您执行工作步骤 a 时，您才会注意到之前的强制性工作步骤 a₁ 未被考虑，因此步骤 a 未能执行。由于目标层级结构没有得到足够细化，执行了一部分的工作步骤 a 必须被中断甚至费力地撤销。

以翻新房间为例，可能碰到以下情况：由于您忽略了工作计划，您对这个工作没有完全理解和领悟。几条已经切割好尺寸的墙纸涂上了糨糊，一半涂好糨糊的条带已经粘在墙上了。这时候您意识到墙面有损坏需要修复。已经粘上的墙纸条带必须去除，首先必须修复抹灰的损坏和墙面上的裂缝。

（2）行动调节理论的应用意味着更有效地利用计划能力，不过，从原则上来说这样的计划能力是有限的。对工作活动进行分解，并构建各种层级目标时，如果人们过度关注计划的细节方面，就会忽略整体背景和目标。

员工将他的整个工作活动分解为较小的计划或行动单元。员工可以全神贯注地完成较小的单元，同时也可以追求较大的单元。

例如在翻新房间时，涂腻子是从属的计划或行动单元。上级修复墙面损坏的单元已经充分涵盖下级行动单元。

（3）行动调节理论明确了在工作活动中如何进行计划变更。在现实生活中可能存在以下情况：为工作活动设置了行动计划，但是计划中的错误只有在工作执行时才会显现出来。依据行动调节理论，无须更改整个行动即可纠正错误。换句话说：即使个别下属的计划或行动单元不能按照预期执行，也不必更改上级计划或行动单元。

比如在墙面修复时，您确定某些抹灰损坏或者墙面裂缝无法通过腻子进行修复，可以考虑使用其他材料，例如聚苯乙烯泡沫塑料或羊毛毡纸板。这将为修复抹灰损坏和墙面裂缝的计划或行动单元提供一个完全不同的、更广泛的、更深入的行动结构。并且将省略用深层底漆预先粉刷墙面的计划或行动单元。但是，墙面准备和切割墙纸条带等上级计划或行动单元不受影响。

不管行动调节理论的优点如何，以下问题都是适用的。

从概览 2.2 可以看出，行动调节过程区分了不同层级或水平。上文已经指出，根据更粗或更细的结构，也可以达到不同的层级数量。如果撇开概览 2.2 中的示例，根据哪些一般规律可以形成层级？为了回答这个问题，需要完成区分行动调节层级的研究。这将在后文（第二节）进行讨论。

行动调节理论的局限

遵循行动调节理论，劳动和教育是有前提的。它基于这样的假设，即人能够基于理性行动并积极影响他们的工作活动。对于行动调节理论而言，最重要的是人的认知理性，人是一种理想的存在。

在行动调节理论中，较少考虑情绪和动机问题。在行动调节相对应的教和学的过程中，不存在跳跃性的非系统的思维和行动。

行动调节的教育过程以计划、执行和控制为基础，意味着显性知识成为焦点，隐性知识较少得到捕获。

行动调节理论的工具性使用会导致这样的后果，即缺乏对工作及其目标、条件、结果、目的和意义的相关批判性反思。行动调节理论也为工作批判提供了依据，因为它表明泰勒主义策略是如何将员工与更高的行动调节层级相隔绝的。员工的工作限定在局部，仅有较低的自主思考和决策的必要性，因此工作变得不人道。

在人文科学领域，理论往往只是提供解释的片段，这也适用于行动调节理论。然而，如果人们接受这一行动调节理论的片段，那么它就能为劳动教育学带来相当大的潜在用途：行动教学描述了在全球总体目标的统摄下，具有不同层级顺序的行动调节过程的开发和设计。行动教学意味着，按照行动调节的规律系统地引导学习者。

总结

行动调节理论将行动理解为预期活动。它是基于行动内在观念（心理结构）进行的。行动是理性的、有意识的，它包含内在动机，具有目标导向。它涵盖计划、实施和控制的步骤。在工作活动中，行动调节过程具有层级性和顺序性，行动目标的层级结构同时也是工作活动的心理结构。

行动目标与反馈单元（循环单元）相联系。反馈单元（循环单元）由计划和行动过程及其与目标进行比较的过程组成。一个"初始转变"之后是"中间转变"和"最终转变"。

行动调节理论要求员工对工作活动具备充分的理解和领悟。员工的计划能力得到有效利用。如果计划出现变动，也无须更改整个行动调节过程。对于行动调节理论来说，一个关键问题是行动调节层级的划分。行动调节理论的基础在于人具有认知理性的形象。与情绪、情感和动机相关的人类行为受到较少的关注。隐性知识记录较少。对工作及其目标、条件、结果、目的和意义的相关批判性反思未能成为优先事项。

重要术语和概念

行动	计划和行动单元
心理结构	反馈单元
行动调节	循环单元
具有层级顺序的行动调节过程	行动调节的层级

研究文献（精选文献）

Hacker, W.: Allgemeine Arbeitspsychologie: Psychische Regulation von Arbeitstätigkeiten, Bern 1998

Kap. 3: Arbeitstätigkeit und Arbeitshandlung als Gegenstände der Psychologie

Kap. 9: Wirkungsweise der psychischen Regulation von Arbeitstätigkeiten

（W. 哈克:《普通劳动心理学：工作活动的心理调节》，伯尔尼，1998

章3：作为心理学对象的工作活动和工作行为

章9：在工作活动中心理调节如何发挥作用）

Höpfner, H.-D.: Entwicklung selbständigen Handelns in der beruflichen Aus- und Weiterbildung: Ein auf der Theorie der Handlungsregulation begründetes didaktisches Modell, hrsg. v. Bundesinstitut für Berufsbildung, Berlin 1991 (Berichte zur beruflichen Bildung, H. 142)

Kap. 2: Psychologische Theorie der Handlungsregulation oder Handlungsregulationstheorie

（H.-D. 赫普夫纳:《职业教育和继续教育中独立行动的发展：基于行动调节理论的指导模型》，联邦职业教育研究所，柏林，1991［《职业教育报告》，第 142 期］

章2：行动调节的心理学理论或行动调节理论）

Schelten, A.: Über den Nutzen der Handlungsregulationstheorie für die Berufs- und Arbeitspädagogik, in: Pädagogische Rundschau 56(2002)6, S. 621–630

（A. 舍尔滕:《关于行动调节理论对职业教育学和劳动教育学的益处》，载于《教育学展望》56［2002］6，第 621—630 页）

Volpert, W.: Wie wir handeln–was wir können: Ein Disput als Einführung in die Handlungspsychologie, 3. vollständig überarb. Aufl., Sottrum 2003

Kap. 3: Allgemeines Handlungsmodell, 1. Runde

Kap. 4: Allgemeines Handlungsmodell, 2. Runde

（W. 福尔佩特:《我们如何行动——我们能做什么：作为行动心理学导论的争议》，第 3 次完全修订版，索特鲁姆，2003

章3：通用行动模型，第 1 轮

章4：通用行动模型，第 2 轮）

练习

为您熟悉的工作片段创建一个具有层级顺序的行动调节方案（参考概览 2.2）。

第二节　行动调节的层级

哈克提出，行动调节可以区分为三个层级（Hacker 1980，第 103 页及以后各页；1986，第 155 页及以后各页，1998 新版）。福尔佩特等人（Volpert 等 1983）在这个基础上继续发展了层级模型，该层级模型被吸纳到"确定工作活动行动调节要求的程序"（VERA）中。使用 VERA 程序，可以分析工业生产中工作活动的计划和思考过程。自 1991 年以来，它更新为"确定工作活动行动调节要求的程序"第 2 版（VERA 2.0）（Oesterreich，Volpert 1991），后来与"审查工作活动行动调节障碍的程序"（RHIA）进行了关联（Oesterreich，Leitner，Resch 2000）。VERA 程序所依据的行动调节层级模型如下文所示。该模型可以理解为一个分类方案，即从行动理论角度对工作活动进行分类。

就 VERA 而言，除了上述提及的继续更新，这里还需要对其他方面的发展进行简单介绍。这些是莱特纳等人（Leitner 等 1993）的"工作活动行动调节程序及其障碍"（RHIA/VERA），韦伯（Weber 1997）的"集体行动调节方法"（VERA/KHR）和雷施（Resch 1999）的"家庭工作过程分析"（AVAH）。此处仅就 VERA 的初始程序作出进一步阐述。

VERA 已根据测试理论的相关质量标准进行了检查，例如客观性、信度（准确度）和效度（有效性）。关于测试理论的质量标准，可以参见舍尔滕论著（Schelten 1997）。除了此处简要介绍的行动调节层级模型外，VERA 还包括一个普遍适用的工具。只有依托这种工具，例如一般定向、特殊定向、分类和关于如何操作的说明，用户才能根据其调节要求对工作活动进行分类。需要明确指出的是，如果您想要将一个工作活动，比如您自己从事的工业生产活动，与认知调节层级进行精准对应，那么这里的描述是不够的。您必须阅读有关 VERA 的详细指导手册（Volpert 等 1983；Oeterreich，Volpert 1991；Oeterreich，Leitner，Resch 2000）。

福尔佩特等人（Volpert 等 1983）和厄斯特赖希（Oeterreich 1981，第 273 页及以后各页）所提出的行动调节模型基于五个层级。它们以简要的形式呈现如下：

1. 感知运动调节。
2. 行动计划。
3. 子目标规划。
4. 协调多个行动领域。
5. 创建新的行动领域。

下文在呈现这个五层级模型之后，又将该模型扩展到十层级。然后讨论了确定 VERA 对于劳动科学和劳动心理学的意义。最后强调了行动调节层级对于劳动教育学的意义。

行动调节的五层级模型

1. 感知运动调节

感知运动（Sensumotus）这一概念由拉丁文的感知（sensus）和运动（motus）两个词合并而成。这意味着工作中的运动总是包括感知要素的。换句话说：运动和感知要素是一体的。

位于层级 1 的感知运动调节基于这样一个事实，即工作行动的展开是由感官引导的运动程序进行调节的。无须计划即可创建运动程序。也就是说，在执行之前不用对可能的运动程序进行心理预演。

运动程序是有意识地触发的，但会自动运行，直到工作结果实现为止。但是，一旦动作执行不正确或工作材料存在偏差和错误，则自动化过程可能会中断。然后员工会有意识地将注意力转移到工作上。运动程序可以是多种多样的。运动程序可以进行修改，不同的工作过程导致不同的工作结果。运动程序相当灵活，仅需稍作修改就能用于操作其他工作设备。

以下工业领域的工作活动示例展示了感知运动调节的层级。需要说明的是，福尔佩特等人对于这一示例和其他示例都进行了详细介绍（参见 Volpert 等 1983，第 161—174 页），这里仅作简略陈述。下文在介绍工业生产的示例后，又列举了福尔佩特等人未提及的例子。通过扩展示例以及引入其他层级的非技术领域示例，可以进一步解释行动调节的层级原理。

层级 1：感知运动调节的示例

薄膜切割台的电机盒盖内部装置的组装

在预制钣金盒中，需要组装不同电缆入口、电容器和一个电机开关。该任务至少包括五个步骤：

1. 将引线电缆进行长度切割。

2. 将不同的、已经切割好的电缆焊接到末端和两个电容器上（在第二个工人的帮助下）。

3. 将切割好的电源电缆（1）组装到盒子。

4. 将焊接线束（2）组装进盒子。

5. 安装开关并拧下侧面板。

有时必须重新测量某段电缆，接着使用侧切刀修整，然后才能进行焊接。在这种情况下，需要使用额外的工具。

（Volpert 等 1983，第 52 页及以后各页）

海绵蛋糕卷的制作

基于预先加工的部分，例如底基和填充奶油，制作多个海绵蛋糕卷：

1. 首先制作填充奶油。

2. 在烘焙纸上烘烤底基。

3. 将底基翻到一块垫布上，然后撕下烘焙纸。

4. 将填充奶油涂抹到底基上。

5. 借助垫布进行滚动。

6. 在蛋糕卷上撒上糖粉。

由于个别海绵蛋糕卷的奶油可能使用太多，结果填充奶油不够用于所有甜点。在与工头协商后，准备好后面需要的奶油量，以便能够填充剩余的蛋糕卷。

这些例子清楚地表明，工作结果的获得基于经常出现的、同种类型的系列动作。

2. 行动计划

层级 2 即行动计划，包括准备一系列不同的动作组合方案。行动计划需要由员工自己制订，因为行动过程不能从一开始就完全确定：在确定行动过程时，不同动作组合会在心理层面进行预演。最终员工会选择一个组合，并且考虑到不断变化的条件，所选的行动过程可以在执行期间进行更改。不过，只有在计划不正确或执行不到位时才会发生这种更改情况。

层级 2：行动计划的示例

切割工具的制造

任务是手工制作用于标签冲压机的切割工具。首先根据书面的工作订单计算尺寸，然后将背板切割成一定尺寸，通过钻和锯完成各种孔口和切口。

为了制作刀片，钢带需要被锯成一定长度，弯曲并压入背板切口。然后完成一些较小的步骤，例如"安装橡胶垫片"等。接着，刀片在车间的小型手冲机上进行测试。最后可以将刀片安装在冲压机中（例如标签冲压机）。

工人必须依据各个订单来计划加工顺序。计划通常需要覆盖完成一个切割工具的整个过程。每个订单都不尽相同，因此每次都必须重新制订计划。

（Volpert 等 1983，第 53 页及以后各页）

多层婚礼蛋糕的制作

多层婚礼蛋糕是按订单制作的。员工必须根据客户的意愿制定配料清单。蛋糕的大小和外观决定了所需配料的数量，这些数量必须得到精确计算。蛋糕制作完成的时间已经给出。为按时交货，明确必须遵守的加工顺序。直到这时才能动手操作。在完成"提供配料"和"称重"等较小的工作步骤之后，开始烘烤基料。基料可以在合适的地方放置一段时间而无须立即处理。接着制作馅料。处理完基料和馅料之后，需要对蛋糕进行覆盖和装饰。根据客户的意愿，糕点商可以自由发挥想象力。不过，开发新产品或新创意必须以标准产品为依据。计划过程包括蛋糕的整个生产过程。

这些例子清楚地表明：对于行动计划的层级来说，不同的动作系列必须结合起来使用，不能像感知运动调节层级那样，仅通过一个动作系列来得出工作结果。

3. 子目标规划

在层级 3，即子目标规划的层级，工作活动已经变得很复杂。子目标规划由多个部分组成。在规划工作活动的子目标时（层级 3），该活动首先被粗略地划分为有意义的中期结果或子目标（a），并确定这些子目标的顺序（b）。一旦精准确定了第一个子目标（c），就在下属的行动计划层级（层级 2）设计实现该子目标所需的行动计划。在执行该行动计划期间或之后，再次在子目标规划层级（层级 3）检查其余子目标（d）。如有必要，修正其余子目标（e）。接着精准确定第二个要完成的子目标（再次回到 c），并对实现该目标所需的行动计划——再次回到层级 2——进行起草。从这个意义上说，子目标规划过程一直持续到工作订单完成为止。

层级 3：子目标规划的示例

冲压车间的机器装配工（Maschinenschlosser）

工作任务包括维修工作（例如普通安装人员无法修复的机器损坏），维修工作包含以下典型步骤。

1. 故障排除，包括测试和拆卸部件，进行故障诊断。

2. 损坏部件的拆除和检查。

3. 制订计划，包括加工新零件的图纸。

4. 加工新零件（可能分几个步骤）。

5. 安装已修复的部件。

后面部分的工作活动（例如 3）的详细内容通常只能在前面步骤（例如 2）完成后才能确定。

（Volpert 等 1983，第 54 页及以后各页）

香肠生产过程出现错误时的止损

工作任务：对于制作失误的香肠，例如口感太软，以损失最小化为目的进行分析。只有在确定了制作失误的环节后，才能明确香肠是否可以进一步加工以及加工到何种程度。然后需要计划、启动和重新审查必要的行动步骤。

1. 确定导致失误的原因。

2. 检查香肠是否仍然可以加工。

3. 为了能够将香肠添加到新的香肠肉中，需要重新计算配方。

4. 准备香肠待用。

5. 按可加工量添加制作失误的香肠。

这些例子表明，对于工作任务的结果事先不能给出细节规定。中期结果（子目标）最初只是粗略定义，因此在层级 3 制定子目标之前，无法在层级 2 制订完整的行动计划。

4. 协调多个行动领域

在层级 4 协调多个行动领域，至少必须存在两个子目标。子目标规划并排运行（会产生暂时性的结果），它们之间必须相互协调。

具体而言以下原则适用：该过程由几个粗略的子目标规划组成，这些子目标规划相互补充，互不妨碍。在一个区域进行子目标规划时，必须考虑、检查其他区域，并在需要时作出改变。

层级 4：协调多个行动领域的示例

四色印刷机的操作

在安装印刷机时，八个印刷单元的每一个都设有墨水添加和滚轮压力装置。需要注意的是，在一个印刷过程中，必须确保在杂志的所有页面上保持某些颜色值。这些颜色值完全取决于各个原色的套印。在确定颜色值时，需要考虑客户对不同广告版面的要求。这意味着在一个印刷过程中杂志不同页面具有不同颜色值。

调整每个单独的印刷单元都需要进行尝试和考虑，最终通过针对性尝试达到预期的结果。总体结果完全依赖于不同印刷单元（不同原色）的设置比例，改变一个印刷单元的设置通常也需要改变其他印刷单元。

每个单独印刷单元的设置需要分阶段计划，包括各种尝试也是如此。这一计划必须与其他印刷单元的设置不断协调。

因此，各个印刷单元应被视为必须相互协调的不同领域。

（Volpert 等 1983，第 55 页）

上文第一章第一节中使用的日常示例"翻新房间"位于子目标规划层级。如果将更新电气装置和更新供暖作为翻新房间的一部分，那么这个活动被提升到协调多个行动领域的层级。

这些例子表明，与层级 3 子目标规划一样，在层级 4 协调多个行动领域中，工作的结果没有落在单个领域。工作过程涵盖多个领域，必须进行总体协调。

5. 创建新的行动领域

创建新的行动领域位于行动调节的最高层级，它致力于规划新的工作活动，目的在于创造新的生产可能性。

具体而言，在创建新的行动领域时，工作任务的结果是开放的。首先是通过子目标规划作出不同尝试。对于现有生产区域，子目标规划应补充或添加新形式。

对于创建新的行动领域，福尔佩特等人未给出特定的示例。在 260 个工商职业岗位中，未发现相关的示例。而工商领域职业岗位恰恰是明确工作活动的行动调节要求，开发和尝试行动调节方法的地方。不过，如果假设生产部门的工商职业集中在部门主管以下的层级（参见 Oesterreich 1981，第 284 页），那么这就变得不难理解。

补充：行动调节的五层级模型扩展至十层级模型

五层级模型的层级区分不足以对工作活动进行分类。尤其是它基本上只是一个四层级模型而已，层级 5 在工商领域仅在极少数情况下得到使用。为了进一步区分层级，可以使用一个技巧，即根据工作行动调节中有限制或无限制的方式，对每个层级进行再次区分。限制性层级可以锁定在本层级，工作活动不必向下延伸至更细层级。每个层级都有一个限制性层级和一个非限制性层级。如果加上标有后缀"R"的限制层级，则会产生一个十级模型，这十个层级分别为 1R、1、2R、2、3R、3、4R、4、5R 和 5。而在五层级模型中只提出了非限制性层级 1、2、3、4 和 5（见上文）。

限制性层级在下文不再详述（详见 Oesterreich 1981，第 288—291 页；Volpert 等 1983，第 39—46 页；Oesterreich，Volpert 1991，第 46—52 页；Oesterreich，Leitner，Resch 2000），此处仅概述这些层级以供初步了解。

在层级 1（感知运动调节）中，限制性层级 1R 的特点是工作条件的变化受到限制。员工非常规律地使用类似的工作材料进行相同的重复性劳动。这导致工作过程只有很少的变化。

在层级2（行动计划）和层级3（子目标规划）中，每个限制性层级都有一个外部指定计划，对于工作过程进行规范。

在行动计划的限制性层级（层级2R），外部指定计划排除了员工自己制定动作序列的可能。不过，员工仍然必须在心理层面完成指定动作序列，并在必要时在执行过程中进行纠正。在子目标规划的限制性层级（层级3R），由于外部指定计划的存在，a（子目标的划分）、b（子目标的顺序确定）和e（子目标的修正）被省略。不过，c（子目标的精准确定）和d（子目标的持续控制）仍然存在。

在层级4（协调多个行动领域），限制性层级指的是，员工在他们自己的行动领域进行子目标规划，而非在相邻的行动领域。

在层级5（创建新的行动领域），限制性层级指的是，在创建新的行动领域时尽可能少地影响现有的行动领域。

"确定工作活动行动调节要求的程序"对于劳动学和劳动心理学的意义

"确定工作活动行动调节要求的程序"（VERA）展示了心理学意义上的工作分析方法，并嵌入了行动调节的层级模型（其他工作分析方法请参见 Ulich 2001，Rosenstiel 2003）。这一程序旨在把握工作活动的客观调节要求，这些是独立于员工的与个人无关的调节要求。换句话说：工作分析的目标在于，确定工作活动所需的认知过程。

使用这一工具可以实现前后比较，以此确定工作活动的行动调节要求是增加了还是减少了。例如在企业工作发生变化或引入工作结构化措施而造成工作改变或工作扩展时，往往需要这样的前后比较。工作扩展被理解为结构相似的上游或下游工作任务的组合——特别是在引入新组织方式时，该工具可用于确定新工作活动的调节要求。

行动调节层级的劳动教育学意义

请您仔细观察上述从感知运动调节到协调多个行动领域的那些工作示例！很明显，工作活动提出了非常不同的心理（认知）需求。

在工作示例中，活动余地的程度相差很大。活动余地的大小取决于工作是否很复杂、问题多、有变化、要求高。这些正是行动调节层级划分的依据。

劳动是否包含思考和学习机会，这与劳动的认知需求紧密相关。当劳动允许员工制定计划策略时，当劳动提供解决问题的可能性时，它就提供了思考和学习的机会。人们可以依据行动调节的层级模型，依据思考和学习的机会对工作任务进行评估。

只要在劳动时需要进行思考，劳动中就包含学习的因素，在职业教育完成之后也是如此。只要在劳动时需要经过思考和作出决策，那么员工就有学习的机会。由此，员工得以改变自己，得以发展自己。"因此，劳动在多大程度上要求员工自主思考和决定的问题，也是劳动有多'人性化'的问题。"（参见 Volpert 等 1983，第 58 页，也参见 Volpert 2003）如果在劳动中融入思考，那么人的行动和举止就受到头脑控制，这是一个真正的劳动教育学目标。

行动调节的层级可以理解为工作活动的分类法。分类法代表一个排序方案：一个基本法则（nomos）即分层原则，与一个顺序（taxis）即类型进行关联。也就是说，依据劳动对思考要求的不同进行分类。换言之：工作活动分类法是根据劳动的潜在要求，根据思考和学习的机会对劳动进行评估的。

此外，依据工作活动分类法，人们可以根据解释范围来评估劳动教育学的学习理论。笔者曾经发展了一种劳动教育学导向的学习理论（Schelten 1983a）。依据工作活动分类法可以明显看出，原先的学习理论只涉及分类法中两个较低层级的工作活动（即层级 1 感知运动调节和层级 2 行动计划），特别是层级 1。后文第二章第三节将对笔者提出的劳动教育学导向的学习理论进行概述。

劳动教育学导向的学习理论未能体现在工作分类法的更高层级中（比如层级 3 子目标规划、层级 4 协调多个行动领域和层级 5 创建新的行动领域）。在第二章第四节中将对这些层级进行一些方法探讨。这些层级的劳动指导必须与相应的认知渗透联系起来（第三章）。

总结

福尔佩特等人（Volpert 等 1983）开发的"确定工作活动行动调节要求的程序"（VERA）以及后续相关发展，都是以行动调节层级模型为基础的。依据层级模型，从行动理论的角度对工作活动进行分类成为可能。根据执行工作所需的计划和思考过程，层级模型对工商领域的工作活动进行了分类。模型的层级包括：（1）感知运动调节；（2）行动计划；（3）子目标规划；（4）协调多个行动领域；（5）创建新的行动领域。每个层级又根据工作活动的调节是否受限或不受限的方式进行再次区分。这导致每个层级有一个限制性层级和一个非限制性层级，因此形成一个十层级的模型。

根据行动调节层级理论，工作任务可以根据其包含的思考和学习机会来进行判断，也就是说，根据人性化程度来进行判断。层级模型可以看作工作活动的分类法。使用这种分类法，劳动教育学导向的学习理论可以框定其解释范围：指出分类法所包含的层级对应哪些工作活动，并运用相应的学习理论对其进行解释。

重要术语和概念

行动调节的层级：

- 感知运动调节
- 行动计划
- 子目标规划

- 协调多个行动领域
- 创建新的行动领域

限制性层级

工作活动的分类

研究文献（精选文献）

Oesterreich, R., K. Leitner, M. Resch: Analyse psychischer Anforderungen und Belastungen in der Produktionsarbeit. Das Verfahren RHIA/VERA-Produktion, Handbuch, Manual und Antwortblätter, Göttingen: Hogrefe 2000
（R. 厄斯特赖希，K. 莱特纳，M. 雷施：《生产性工作的心理需求和压力分析：RHIA/VERA 生产工艺，手册、日记和工单》，格丁根：霍格雷夫，2000）

Ulich, E.: Arbeitspsychologie, 5. vollständig überarb. und erweiterte Aufl., Zürich, Stuttgart 2001
　　Kap. 2: Analyse von Arbeitstätigkeiten
（E. 乌利希：《劳动心理学》，第 5 次完全修订和扩展版，苏黎世，斯图加特，2001 章 2：工作活动分析）

练习

从工作任务、工作过程和工作手段入手，描述一项您所熟悉的工作活动。请您分析，从这几个具体方面来看，这项工作是否包含思考和学习机会，以及包含哪些思考和学习机会。

第三节　职业动作技能

对于感知运动调节和行动计划层级（参见第二章第二节"行动调节的层级"），有一种劳动教育学导向的学习理论。它已在别处详细介绍过（Schelten 1982，1983a），该理论在那里被称为职业动作技能学习理论或职业动作技能理论。在下文中将沿用这一称呼。顾名思义，它涉及的是关于职业教育中的动作技能学习过程的研究。职业教育之外的资质化过程中的技能获得与职业教育中的技能获得仅存在小部分不同，因此职业教育中的动作技能学习理论同样可以用于劳动教育学。两者仅存在以下区别：职业教育是在较长时期内传授宽泛的技能。而在职业教育之外的资质化过程中，通常在较短的时间内学会特殊的技能。不过，与职业教育相比，后一种技能学习通常可以达到更高的掌握程度。

为使读者理解职业动作技能学习或职业动作技能理论，首先需要利用一个章节来解释特定的神经生理学术语（本节"一"）。然后介绍用于控制和调节动作技能训练的理论模型（本节"二"）。接着讨论职业动作技能学习阶段方案（本节"三"）。最后讨论动作技能学习过程中的学习困难（本节"四"）。在第二章第三节的第"二"至"四"中，对于职业动作技能学习理论和职业动作技能理论仅选取重点进行简要介绍（详见 Schelten 1982，2000，2005）。

在展开阐释之前，先介绍以下概念：

职业动作技能包括整个身体运动或单个肢体运动，涉及专业工人的全部动作。

职业动作技能学习被理解为职业技能的获得、改进、巩固和灵活应用（Meinel，Schnabel 1977，第 223 页，2004 新版）。从外部角度来看，学习过程表现为技能练习越来越放松，越来越省力。从内在行为来看，学习过程表现为对控制和调节行为的敏感性不断得到提升。

职业技能是学徒在职业教育中获得的动作技能，或者是员工在职业教育之外的资质化过程中获得的动作技能。

动作技能是指通过实践加强并至少部分实现自动化的动作或动作序列。一项技能是否达到能力阶段的标志是，它可以在无意识的情况下执行，或者至少是在无须长久专注的情况下执行。

一、神经生理学基础知识

在根据传统知识讨论神经生理学基础的过程中，将分别对神经系统的分类、人脑和脊髓的上行和下行通路以及大脑中枢进行探讨，最后以感官的分类结束。

神经系统的分类

神经系统可以根据其起源和功能进行分类，参见概览 2.6（下文基于 Schmidt 1979，第 1 页及以后各页，1987 新版）。受体的神经纤维通常被称为传入神经纤维，简称为传入神经（概览 2.6，左侧）。简而言之，受体是充当触角的特殊神经细胞，它们对环境和生物体的变化作出反应，并将相关信息传递给中枢神经系统（概览 2.6，中间）。中枢神经系统（ZNS）由脊髓和人脑组成。周围神经系统由通路组成，这里不再赘述。环境变化指的是比如光线增强对眼睛的影响。生物体的变化指的是比如肠道或肌肉、肌腱和关节运动过程的变化。肌肉、肌腱和关节的感受器统称为本体感受器。

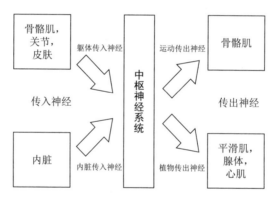

概览 2.6　按起源和功能对神经系统进行分类

（引自 Schmidt 1979，第 11 页，1987 新版）

传入神经导向中心部位，即中枢神经系统。信息从接收器传导至中心部位。传入神经也被形象地称为感觉传导纤维、向中纤维或感觉纤维。来自肠道的传入神经被称为内脏传入神经。其他传入神经，例如来自肌肉、肌腱和关节、皮肤、眼睛或耳朵的传入神经，被称为躯体传入神经。

控制信息从中枢神经系统到身体周围的传递是通过传出神经纤维完

成的，简称传出神经（概览 2.6，右侧）。传出神经也可以叫作离中纤维，两者具有相同的含义。传出神经分为骨骼肌的运动传出神经，以及腺体、肠道和血管壁中的平滑肌和心肌的植物传出神经。

如概览 2.6 所示，整个神经系统可分为两个亚神经系统。由躯体传入神经、中枢神经系统和运动传出神经组成的神经系统称为脑脊髓神经系统。这个神经系统可以随意施加影响，对此我们在后文将继续谈及。

由内脏传入神经、中枢神经系统和植物传出神经组成的神经系统称为自主神经系统。这个系统通常不能人为施加影响。它控制体内的过程，例如消化或新陈代谢。

人脑和脊髓的上行和下行通路

探讨中枢神经系统，应该更仔细地观察人脑（后文参见 Meischner 1969，第 55 页及以后各页，也参见 Zimbardo 1995，2003 新版）。脊髓的结构以及用于反射运动的脊髓内部结构在这里不作详细讨论。

人脑由五个部分组成（概览 2.7）：大脑、间脑、中脑、小脑和延髓。从人脑的发育史来看，延髓是最古老的部分。大脑作为传达意识的最高中心，是最年轻的部分。在人脑发育的过程中，大脑扩展得最多，并且几乎围绕着人脑所有其他部分生长。大脑皮质又被称为大脑灰质。

大脑区域与神经纤维相连。在各种纤维连接中，这里应该提到投射通路。它们包括上行通路和下行通路，通过脊髓传入人脑，然后从人脑通过脊髓传出（以下内容参见 Meischner 1969，第 5 页和 59 页及以后各页）。

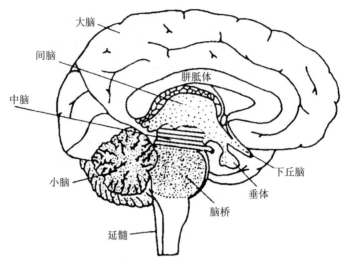

概览 2.7　人脑的侧切面

（引自 Meischner 1969，第 55 页）

上行通路包括两种重要的纤维束，即脊髓小脑前束和脊髓小脑后束（概览 2.8）。脊髓小脑前束传导疼痛、温度、粗略触觉和压力感知，脊髓小脑后束传导细微触觉和深度敏感性。深度敏感性形成非常重要的感知，对于四肢运动和肌肉紧张状态的调节起到重要作用。

上行通路在到达大脑之前，先在间脑停留。比如头部感知器官如眼睛或耳朵的传入神经纤维先是穿过间脑，然后到达大脑相应的感觉中枢（关于感觉中枢的内容详见下文）。所有这些兴奋的合成发生在间脑。它们形成印象和冲动，印象与整体刺激的质量有关，而冲动则与整体刺激的数量有关。

印象指的是针对不同对象会对自己带来什么后果的判断，例如工具、工件、工作行为或者他人。印象往往是我们得到的第一观感。它并不具有意识和理性，并非通过大脑，往往经不起推敲。

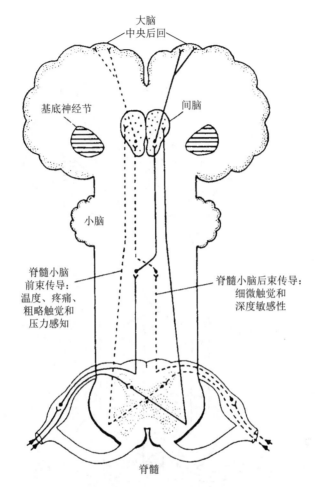

概览 2.8　脊髓上行通路示意图

（引自 Meischner 1969，第 60 页）

　　冲动代表一定程度的兴奋或沮丧。当我们"在情感中"行动时，大脑的控制能力被关闭或降低。由此，我们不再考虑行动的影响和后果。理性意识被抛弃。

　　对于运动控制来说，下行（传出）通路的方案至关重要（概览 2.9）。最重要的传出系统包括锥体束和锥体外系。这些神经通路贯穿脑干中的一个结构（延髓、脑桥和中脑），该结构的形状可以描述为一个锥体（概览 2.9 中未显示），锥体束这一名称正源于此（Schmidt 1979，第 185、192 页，1987 新版）。

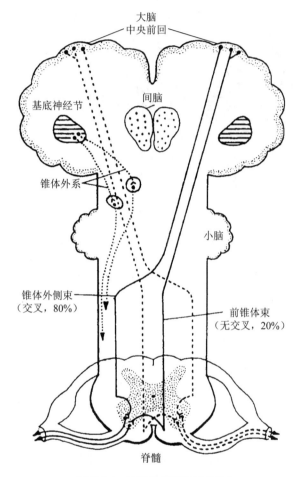

概览 2.9 脊髓下行通路示意图

（引自 Meischner 1969，第 62 页）

如果观察概览 2.9，就会发现只有锥体束来自大脑皮质的运动中枢。它直接通向脊髓，在完成转换后离开。

通过锥体束，任意运动得到有意识的控制和调节。这些任意运动是精确控制和互相协调的运动。为完成某项工作任务而学习某个运动序列时，需要通过锥体束形成刺激。

锥体外系的中心部分位于小脑和中脑，部分位于网状结构，部分位于基底神经节（Meischner 1969，第 62 页）。网状结构从细长的延髓穿过整个脑干到达间脑。基底神经节即基底核是较大的核心结构，它位于大脑部位，但不在大脑皮质当中，而是处在大脑底部朝向间脑的方向。

下意识的非任意运动通过锥体外系得到调节。例如走路或跑步，就属于非任意运动。根据迈施纳的假设，后天学习的、先天就有的运动程序都存储在基底神经节中（Meischner 1969，第 62 页）。

对于技能学习来说，从锥体束到锥体外系的过渡非常重要。只要仍在学习诸如操作机床或制作烘焙食品等专业技能，就需要通过锥体束控制和调节运动序列——实现这一点通常需要付出努力。在这个过程中，大脑有意识参与的程度很高。随着练习的增加，需要付出的努力也会减少。无论是日常技能还是专业技能，这一点在每项技能的学习过程中都有明显体现。动作顺序逐渐变得流畅、和谐。控制和调节在更高程度上自动进行，因此越来越多地通过锥体外系完成。然而，这意味着人脑在进化过程中发育较老的部分在很大程度上参与了控制和调节，它包括人脑当中除了大脑以外的所有部分。自动化程序能够无意识地控制和调节运动过程，比如日常生活中写字或开车就受控于自动化程序。

一旦在自动化的运动过程中出现干扰，过程就会中断，控制和调节相应地切换到锥体束。在这种情况下，需要有意识地针对干扰进行控制和调节。比如，当要处理的材料突然发生变化时，可能会出现这种干扰情况。

自动化可能会以这样一种方式固化，以至于它们的控制和调节处在锥体外系的引导之下，不能再充分地切换到锥体束。如果对已经学会的自动化程序不能再施加有意识的控制和调节，那么在教学过程中就会出现很大的困难。

可以设想这样一个场景，您想传授"锉"的技能。您已经掌握了这项技能，这是教学的先决条件。您必须有意识地向初学者展示"锉"这一复杂动作过程的所有细节。"锉"的动作对您来说是自动化的，这意味着您必须使得自动化的动作再次有意识地受到您的控制和调节。

大脑中枢

大脑皮质可以划分为大量的皮层区域，这些皮层区域与某些特定的活动发生联系（概览 2.10）。

初级运动中枢位于中央前回。中央前回是所有传出运动纤维的起点。如果在这个位置发生点状电刺激，身体的某个部位例如脚或手将会移动。初级感觉中枢位于中央后回，对应初级运动中枢例如脚或手。中央后回是所有传入感觉纤维的终点。各个运动中枢和感觉中枢彼此对应。而位于额叶、顶叶和颞叶关联区域的运动中枢和感觉中枢，均属于次级和三级中枢。

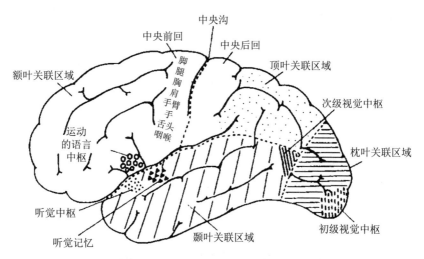

概览 2.10　大脑中枢的侧视图
（引自 Meischner 1969，第 67 页）

与身体其他部位相比，头部和手部的运动和感知对应着更大的中央回的前后区域（概览 2.11）。面积越大，运动和感知就越细微和分化。

如果观察概览 2.10，就会看到中央回除了提到的运动中枢和感觉中枢外，还有其他的中枢，比如视觉中枢、听觉中枢和语言中枢。

视觉中枢和听觉中枢均被区分为初级和次级中枢（在概览 2.10 中

没有清楚地显示听觉中枢）。初级中枢用于单纯的视觉或听觉感知，而相应的次级中枢用于识别，即在感知事物后赋予意义。

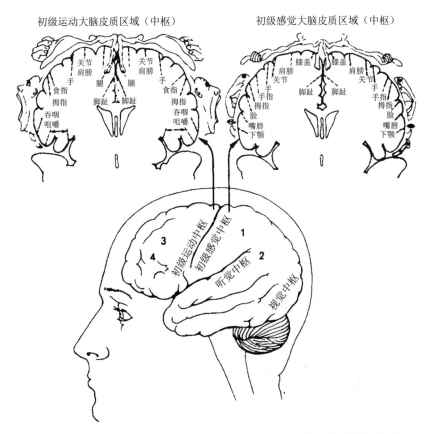

初级运动大脑皮质区域（中枢）　　　　　　初级感觉大脑皮质区域（中枢）

概览 2.11　初级运动和感觉中枢。依据它们在运动和感觉方面的不同作用，图像做了不同程度的放大

（引自 Zimbardo 1995，第 141 页，2003 新版）

大脑的初级中枢（也称为投射场）与下方的间脑之间存在极其密切的联系。间脑部分对应于大脑皮质的特定区域。如果要调动某个感官的注意力，就意味着需要唤醒皮层区域和间脑的相应部分。或者相反，需要唤醒间脑部分和皮层的相应区域。不过，额叶的关联区域与中脑的结合并不紧密。这使人们能够更理性地思考，从而可以尝试将自己从印象和冲动中解脱出来。

感官的分类

参考工作设计、企业组织和企业发展协会（REFA 1975，第 89、92 页，修订版）的观点，感官被区分为以下六种。

1. 视觉。包括亮度、颜色、对比度、清晰度、景深、尺寸测量、距离、空间和深度以及速度感知。

2. 听觉。指的是区分噪声或声音：强度、音量、持续时间、源头、方向、距离、节奏、重音。

3. 味觉。通过品尝区分物质：咸味、甜味、酸味、苦味、金属味、碱味、香味。

4. 嗅觉。包括区分香气、烟雾和煤气。

5. 触觉。包括触摸物品的材质；区分表面、物质、温度和形状的不同。

6. 运动感知（Kinästhesie，源自希腊文，"kinein"表示运动，"ästhesie"表示感知）。包括肌肉感知、力量感知、动作感知、身体感知。

运动感知主要描述了身体各个部位的动作感知，这些感知经由关节、肌肉和肌腱中的接收器传导。运动感知的完整列表如下：

- 动作感知。
- 力量感知：肌肉力量、压力和张力的感知。
- 身体感知：身体位置、平衡、（单侧）负重的感知。
- 四肢感知：肢体位置或关节位置的感知，手部放松的感知，四肢运动的节律感知。
- 维度感知：位置感知（二维），空间感知（三维），目标和方向的确定。

运动感知和触觉都属于内部感官，其他感官属于外部感官（见概览 2.12）。外部感官印象，也叫作外感，是指从周围环境输送到中枢神经系统的信息。这些信息通过位于身体外围的受体（外感受器）传递到中枢神经系统。

内感往往指从人体内部传递到中枢神经系统的信息。内感受器参与其中。从运动感知角度而言，这些内感受器被称为本体感受器（源自拉丁语 proprius，意为属于某人）。运动感知是本体感受的同义词。

严格来说，按照这里的区分，触觉必须算作外部感官，因为触觉通常是因为与环境接触而触发的。然而，通常不可能毫不费力地将触觉信息与运动感知信息区分开来——至少在执行动作时是这样。运动感知信息可能会同时被触觉信息覆盖，即只有触觉信息得到感知。由于触觉和运动感知之间的密切联系，触觉属于内部感官。

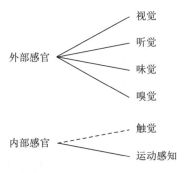

概览 2.12 感官分为外部感官和内部感官

总结

神经纤维可分为传入和传出两种。传入神经将感知（信息）从感受器传导到中枢神经系统（人脑和脊髓）。传出神经将控制信息从中枢神经系统传导到身体外围。由躯体传入神经、中枢神经系统和运动传出神经组成的神经系统称为脑脊髓神经系统，对这一神经系统可以随意施加影响。由内脏传入神经、中枢神经系统和植物传出神经组成的系统称为自主神经系统，通常不能随意施加影响。

人脑由大脑、间脑、中脑、小脑和延髓五个部分组成。神经纤维可以分为上行（传入）和下行（传出）通路。上行通路在传递到大脑之前在间脑停留。下行通路分为锥体束和锥体外系。动作技能学习过程的特点是从锥体束向锥体外系的过渡：只要学习一项动作技能，锥体束就会进行有意识的控制和调节。而随着动作技能越来越自动化，锥体外系会更多地实现无意识的控制和调节。而自动化动作技能则完全经由锥体外系进行控制和调节。

大脑区分为不同的中枢，即不同的大脑皮质区域，分管不同的活动。重要的中枢是中央回区域的运动中枢和感觉中枢，以及初级和次级的视觉中枢和听觉中枢。初级中枢也称为投射场。初级中枢与间脑有着极其紧密的联系。

六种感官可以区分为：视觉、听觉、味觉、嗅觉、触觉、运动感知（肌肉感知、力量感知、运动感知和身体感知）。最后两种感官即触觉和运动感知可以算作内部感官，其他的可以算作外部感官。

重要术语和概念

传入神经：	延髓
● 躯体传入神经	大脑皮质
● 内脏传入神经	上行通路
传出神经：	下行通路
● 运动传出神经	锥体束
● 植物传出神经	锥体外系
感受器	自动化技能
本体感受器	运动中枢
中枢神经系统	感觉中枢
脑脊髓神经系统	视觉中枢
自主神经系统	听觉中枢
大脑	语言中枢
间脑	投射场
中脑	感官：
小脑	● 视觉

- 听觉
- 味觉
- 嗅觉
- 触觉

- 运动感知

内部感官（内感受器）

外部感官（外感受器）

研究文献（精选文献）

Birbaumer, N., R. F. Schmidt: Biologische Psychologie, 4. Aufl., Berlin 1999 (Neuauflage 2002)

　　Kap. 13.9: Zielmotorik

（N. 比尔鲍默，R. F. 施密特：《生物心理学》，第 4 版，柏林，1999 ［2002 新版］

　　章 13.9：目标动作技能）

Meischner, I.: Biologische Grundlagen psychischer Vorgänge und Leistungen, in: H. Kulka (Hrsg.), Arbeitspsychologie für die industrielle Praxis, Berlin (Ost), 1969, S. 52–74

（I. 迈施纳：《心理过程及其表现的生物学基础》，载于 H. 库尔卡 ［主编］，《工业实践中的劳动心理学》，柏林 ［东］，1969，第 52—74 页）

Schwegler, J.S.: Der Mensch – Anatomie und Physiologie. 2. neubearb. Aufl., Stuttgart 1998 (Neuauflage, Stuttgart 2002)

　　Kap. 12: Nervensystem

（J.S. 施韦格勒：《人类——解剖学和生理学》，第 2 次修订版，斯图加特，1998 ［斯图加特，2002，新版］

　　章 12：神经系统）

Zimbardo, P. G.: Psychologie, 6., neu bearb. u. erw. Aufl., Berlin 1995 (Neuauflage 2003)

　　Kap. 3: Biologische Grundlagen

（P.G. 津巴多：《心理学》，第 6 次修订和扩展版，柏林，1995 ［2003 新版］

　　章 3：生物学基础）

练习

对您熟悉的一项工作活动，描述技能学习的神经生理过程，即从首次尝试一直到自动掌握为止。

二、动作训练的控制和调节模型

在动作训练的控制和调节模型（概览2.13）中，中心范畴是（a）传入合成、（b）行动接收器、（c）返回传入和（d）目标—实际比较。

（a）传入合成

通过传入合成（感知合成），最多样化的内部和外部刺激（"传入"）作用于受训者。那些被认为对特定训练动作的发展很重要的刺激，由感知器官通过传入神经通路传递到中枢神经系统（感知传导），并在那里得到处理。

在传入合成过程中，学员通过不同感知渠道接收各种信息。这些信息通过感官的"分析仪"传达给学员。分析仪包括特定受体和传入神经通路以及相关的感觉中枢及其在大脑皮质中的投射场。与视觉、听觉、嗅觉、味觉、触觉、运动感知这六种感官相对应，人们区分了六种分析仪（A_1 至 A_6）（概览 2.13）。

传入合成在结束时会作出决定：以训练任务为目标处理所有传入信息，并将这些结果与早期经验（记忆）的结果进行比较。通过心理层面的预演，从众多可能性中仅选择一种用于动作训练。传入处理和评估的最终结果被输送到传出通路（即从中枢神经系统到身体运动器官的兴奋通路）。

当受训者接触到手中的 U 型钢件时，可以感知它的硬度。将 U 型件拿在手中时，它的重量会以运动感知的方式得到估算。受训者通过视觉记录待加工的工件表面的形状和尺寸，通过视觉感知粗锉刀（即平钝锉）的尺寸（切割长度为 30 厘米），通过视觉测量锉刀刀片的凸度即"鱼肚"曲率。粗锉刀的粗糙度同样可以通过视觉得到感知。锉刀刀片的粗糙度也通过触觉得到感知。与待加工的U型件相比，锉刀具有更高的硬度，这也能通过触觉得到感知。右手通过握住锉刀的手柄（即把手）获得触觉，左手手掌放在锉刀上并通过碰触锉刀的切割部位获得触觉。借助运动感知可以感知锉刀的重量。左右手臂握住锉刀位置的信息通过相同的感官传递。

传入合成并作出决定最迟在这时发生：锉刀放置在U型件的两个法兰上，并反复向前和向后倾斜。当锉刀移动时，在传入的相互作用中寻求内部校准，使得锉刀保持笔直，在决定采用哪种训练动作之前，开始尝试使用锉刀（"笔直向前—斜线向后""有压力地向前冲程—没有压力地返回冲程"）。

传入合成是动作训练的控制和调节模型中出现的第一次传入机制。在完成传入合成并作出决定之后——在传出刺激发出之前——在传入合成的影响下立即创建第二次传入机制，这被称为行动接收器。

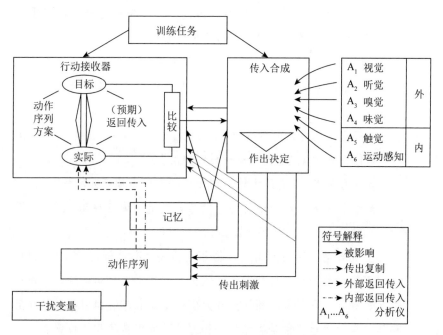

概览 2.13 动作训练的控制和调节模型

（b）行动接收器

在动作训练开始之前，行动接收器先在传入合成的影响下创建反应机制，对动作进行评估。接收器完成三个功能：（1）它创建所要执行动作的目标图像。（2）它感知信息和动作执行的结果，即记录实际图像。（3）它在目标图像和实际图像之间进行比较。目标图像由外部目标图像和内部目标图像组成。内部目标图像包括传入的目标值即"预期返回传入"，这一目标值对应于训练的过程和结果。外部目标图像通过"动作序列方案"传达，该方案从完成训练任务的工作技巧中导出，从记忆中获取的行动经验及其结果也会添加到行动接收器中。此外，行动接收器的神经复合体所产生的兴奋刺激，不再是传入而是传出性质（参见 Anochin 1978，第 181 页及以后各页）。行动接收器通过接收和复制到达外围的那些传出刺激信息，来执行动作序列（概览 2.13，中间）。

以初步使用锉刀加工 U 型件为例，为了完成这样的练习需要掌握特定工作技巧，从中导出**动作序列方案**：

- 左手手掌按在锉刀刀片上，右手握住锉刀手柄，并使锉刀手柄的末端碰到右手的手掌。左肘抬起。右前臂与锉刀向后延伸方向一致。
- 接近平行虎钳时脚的位置。
- 锉的方向（"笔直向前—斜线向后"）。
- 压力分布（"有压力地向前冲程—无压力地返回冲程"）。
- 整个身体有节奏地运动，左膝典型地"弹性移动"，右后腿或多或少"保持不变"。

受训者必须通过行动接收器预见需要执行的训练动作的图像。受训者通过参照外部目标图像，依据各种条件来检测训练动作执行情况。例如，受训者必须评估锉刀实际上是否笔直向前和斜线向后移动，在锉的过程中是否保持了锉刀位置或保持了脚的位置。

对 U 型件进行粗加工时，在行动接收器中形成预期返回传入，特别是对所施加的压力强度。这方面的信息经由传入合成提供，来自 U 型件粗加工期间给出压力强度信号的传入神经。这些是关于钢的硬度、U 型件法兰的稳定性或关于锉刀粗糙度的视觉感知和触觉感知。一方面，如果学徒以前使用过粗锉刀或锉刀，他可以更精确地判断粗加工期间锉刀的预期背压。另一方面，如果他之前在相同或相似的钢材上进行过加工，他会对预期背压有更加清晰的认识。如果受训者可以依赖经验，则对返回传入的判断会更加成功。

借助内部返回传入，预期返回传入能够调整要施加的压力强度。借助外部返回传入，预期返回传入能够控制清晰可见的锉线，从而能够实现快速切屑。

在传入合成和行动接收器这两种传入机制发生作用后，传出刺激开始作用于身体运动器官，例如手、手臂和腿，从而引起外部可见的动作序列（如概览 2.13 底部所示）。在完成动作序列的过程中，实际的返回传入被添加到行动接收器中已经存在的预期返回传入中，简称为返回传入或重新传入。

（c）返回传入

返回传入是指通过传入通路传送所有关于训练过程和结果的信息。返回传入分为过程返回传入和结果返回传入。过程返回传入主要基于动作执行过程中通过刺激肌肉、肌腱和关节中的感受器而产生的运动感知。结果返回传入包含所有传入特征，显示了动作执行的结果（即结果信息）。返回传入由行动接收器记录并生成已执行的训练动作的实际图像。在训练过程中，返回传入通过使用的工具和加工的工件来传递参考信息。如果在传入合成过程中区分了外部传入和内部传入，则可以在此处区分外部和内部返回传入。

例如从钢板上挖出凹槽。当受训者在"凿击"时用右手拿起钳工锤，并将其对准凿子头部的敲打位置时，过程返回传入就会发生作用。敲打位置的选择应使锤子撞击凿头，确保锤子的冲击力能准确地作用在凿子轴线的方向上，从而避免打滑。内部刺激不断地调节右手，使其伸向锤子，握住锤子并将锤子提升到敲击位置。钳工锤重量不管是 300 克还是 500 克，都会控制相应的肌肉收缩，并设定正确的肌肉张力状态。

关于结果返回传入，"凿击"可分为两种情况：
- 在掌握凿击技巧后，结果返回传入包括目测凹槽中堆积的切屑。切屑的形成引导了后面的训练动作，引导了十字式凿击凹槽的冲击力和倾斜度。
- 在学习凿击技巧时，视觉则聚焦于凿头，而不在于凿边，这一点与掌握凿击技巧后有所不同。最要紧的是确保锤子撞击凿头，因此大部分注意力都集中在凿头撞击位置。由此产生的返回传入包括锤子撞击凿头的视觉和听觉感知，而不是像掌握凿击技巧后那样观察切屑形成。

返回传入由行动接收器记录并确定已完成的训练动作的实际图像。在目标—实际比较中，将完成的动作结果与预期的动作结果进行比较，即训练动作的外部和内部目标图像（动作序列方案／预期返回传入）进行比较。

（d）目标—实际比较

目标—实际比较指的是，在行动接收器中将已完成的动作（即实际图像）与预期的动作（即目标图像）进行比较。掌握一项技能，意味着目标图像得到了再现。在这个过程中只发生一种调节，即作为控制变量的训练动作，必须达到指定的目标值。如果实际图像与目标图像产生偏差，如果干扰因素导致了偏差变量，那么偏差变量就会影响传入合成。传入合成将得到重组，并通过一个新的决策—传出刺激—动作序列—返回传入的流程，尝试将实际图像与目标图像进行匹配。

受训者可能已经掌握金属锯切的技能。在锯切练习中，通过观察钢锯的锯片和需要锯切的钢材，他会自觉或不自觉地形成一个固定的目标图像，即锯切的动作、所要施加的压力强度和压力分布。使用钢锯锯片进行自由切割可能导致某些地方受损，个别锯齿可能变形。这些干扰变量的影响仅在锯切过程中才会出现。这会导致受训者在行动接收器中获得的实际图像与预期的目标图像不同。通过目标和实际图像的比较，经由传入合成，受训者对于锯切的动作、施加的压力强度和压力分布进行调整，以弥补随意切割造成的损害，防止锯片卡住。

有经验的员工通常以较小的力量和较小的范围开始动作，以便"理解"干扰变量并让控制回路"发挥作用"。这可以在锯切时观察到，在锯切动作开始时，锯子在很小的压力下尝试短程地来回运动。随着压力的增加，随着更大范围的向前和向后运动，锯切动作变得稳定。

在学习技能时，目标图像必须起到控制作用。行动接收器中的目标图像必须有意识地反复发挥影响。外部目标图像的影响是，对于正确完成训练动作进行目标控制。这样的目标导向使得受训者需要不断重新考虑训练动作的规则。新确定的目标图像会导致实际图像与目标图像之间出现新的偏差，从而重构传入合成并引起动作序列发生变化。

在动作训练的过程中，目标—实际的比较发生了变化。动作训练的控制和调节从外部目标图像，即动作序列方案，转移到内部目标图像，即预期返回传入。就内部目标图像而言，与结果返回传入相比，过程返回传入凸显更多意义。

对 U 型件进行锯切，在学习过程开始的时候，锯切动作和压力分布最为重要（"笔直向前—斜线向后""有压力地向前冲程—无压力地返回冲程"）。受训者目测锉刀是否笔直向前移动和斜线向后移动。运动感知控制锉刀在工件上移动，在前进行程上施加压力，在返回行程上撤除压力。这种动作序列的外部表现与内在心理动作画面相结合，例如在压力使用时具有内在心理期望。通过运动感知，在行动接收器的目标图像中发展出一种预期返回传入（概览2.13）。换句话说，外部图像与内部图像发生关联。在培训过程中，行动接收器的学习重点从训练动作的外部目标图像（动作序列方案）转移到训练动作的内部目标图像（预期返回传入）。

在阐述了动作训练的控制和调节模型之后，下文将指出该模型的理论和实践背景。

模型注解

动作训练的控制和调节模型是参考阿诺欣（P. K. Anokhin 1963，1967，1978）的观点创建的。如果要详细了解阿诺欣关于功能系统的思想、他对该模型的贡献、他对该模型的观点和应用范围的理解，以及他通过与吉森大学（Universität Gießen）职业教育方向的学生完成车间实验来开发该模型的经验，可以参见舍尔滕的论著（Schelten 1982，第50—63 页）。

此处仅指出以下内容：这种动作训练的控制和调节模型基于行动心理学和控制论，它是从教育角度提出的职业动作技能训练理论。一方面，该模型以阿诺欣的神经控制论思想为基础，并将这种思想迁移到职业技能的学习中。不过，这种迁移过程在多大程度上依赖于神经科学基础，尚且有待澄清。另一方面，该模型依赖于对动作训练可视画面的感知。这样的可视画面来源于职业教育学生在实践车间练习时的自我观察，以及对培训实践的多样化观察。

总结

职业动作技能学习理论以动作训练的控制和调节模型为基础。模型的类别分为传入合成（感知合成）、行动接收器、返回传入（返回感知）和目标—实际比较。传入合成描述了这一过程：只有那些对于形成特定动作很重要的信息，才会通过感知器官的传入通路到达中枢神经系统并在那里得到处理。行动接收器是一个"面向未来的反应机制"，它先于动作的执行，并创建要学习的职业技能的目标图像。返回传入包含所有传入合成，提供有关已执行动作的过程信息和是否成功的结果信息。在目标—实际比较中，经由行动接收器，将预期动作（即目标图像）与完成动作（即实际图像）进行比较。

重要术语和概念

传入合成

行动接收器：
- 动作序列方案
- 预期返回传入
- 目标—实际比较（控制和调节）

返回传入：
- 过程返回传入
- 结果返回传入

研究文献（精选文献）

Leist, K.-H.: Lernfeld Sport: Perspektiven der Bewegungskultur, Reinbek bei Hamburg 1993

Kap. IX : Motorisches Lernen – Lernen im Regelkreis

（K.-H. 莱斯特：《体育的学习领域：运动文化的视角》，汉堡附近的赖恩贝克，1993 章IX：运动学习——控制回路学习）

Meinel, K., G. Schnabel: Bewegungslehre: Abriss einer Theorie der sportlichen Motorik unter pädagogischem Aspekt, 2. Aufl. Berlin (Ost) 1977, Neuauflage 2004

Kap. 2: Die Bewegungskoordination – Grundablauf und Erscheinungsformen in der Bewegungstätigkeit des Sportlers

（K. 迈内尔，G. 施纳贝尔：《运动学：教学意义上的运动理论大纲》，柏林［东］，1977，第 2 版，2004，新版

章 2：运动协调——运动员体育活动中的基本过程和表现）

Schelten, A.: Motorisches Lernen in der Berufsausbildung, Frankfurt a. M. 1983 (Beiträge zur Arbeits-, Berufs- und Wirtschaftspädagogik, Bd. 4)

Kap. 2: Modell einer Steuerung und Regelung von Ausbildungshandlungen

（A. 舍尔滕：《职业教育中的动作技能学习》，美因河畔法兰克福，1983［论文集《工作、职业和经济教育》，第 4 卷］

章 2：动作训练的控制和调节模型）

Sonntag, K.: Trainingsforschung in der Arbeitspsychologie: Berufsbezogene Lernprozesse bei veränderten Tätigkeitsinhalten, Bern 1989 (Schriften zur Arbeitspsychologie, Nr. 48)

Kap. 4.1: Entwicklung und Förderung sensumotorischer Kompetenz

（K. 松塔格：《劳动心理学中的培训研究：工作活动内容发生变化的相关学习过程》，伯尔尼，1989［《工业心理学著作》，第 48 期］

章 4.1：感知运动能力的发展和提升）

练习

预备练习：具体分析一项日常生活中常见的技能，比如驾驶车辆、倒车到停车位的技能，明确下述因素：

- 传入合成。
- 行动接收器，依据动作序列方案和预期返回传入。
- 按照过程返回传入和结果返回传入。
- 目标—实际比较。

列举一个您熟悉的工作活动，就如上文提及的锉刀加工、凿击、锯切等例子，明确上述因素。

三、职业动作技能学习阶段方案

通过职业技能习得的理论基础，如本章第三节"二"中动作训练的控制和调节模型，可以建立职业动作技能学习阶段方案。人们学习一项技能时，会经历不同的协调阶段。这些分别是框架协调、细节协调和微协调的阶段。对于这些阶段，动作训练模型解释了日益敏感的控制和调节机制。在下文中，这三个阶段方案被简化为基本要素进行介绍（详见Schelten 1983a）。

框架协调

在发展框架协调时，学徒首先要弄清需要遵循的动作顺序。不过这时还无须纠结如何完成动作的细节。在对示范技能进行模仿时，先前开发的动作技能模式迁移到新任务当中。通过不断尝试，学徒能够捕获那些成功的动作，并最终识别出正确的动作序列。学徒根据动作序列框架完成整套动作。如果学徒能够在工具和加工工件状态良好这样的有利条件下使用技能时，就实现了框架协调。不过，这个阶段使用技能还是会出现动作错误（参见本章第三节的"四、职业技能的学习困难"）。

在框架协调阶段，传入合成中的信息吸收和处理并没有差异化区分，由视觉决定。行动接收器中的外部目标图像仅由预期目标的动作序列的粗略方案组成。内部目标图像即预期反馈也没有差异化区分，主要基于视觉部分并以结果为导向。目标—实际比较基于目标图像的外侧，即动作序列的粗略方案，并以实现目标为导向。

在框架协调阶段，学徒尚无法进行预先调节。他还无法预测干扰因素，无法提前调整自己的动作进行适应。

细节协调

随着练习的推进，学徒会经历细节协调阶段。在这个阶段，正确识别出来的动作模式开始通过反复练习得到巩固。错误的动作顺序、各个部分不相协调的动作、错误的感知信息，这些逐渐得到消除。细节协调的发展始于框架协调阶段，并延伸到学徒几乎可以无错误地完成训练任务的阶段。然而，动作过程必须在正常和有利的环境条件下完成。这意味着学徒可以轻松地完成动作序列并保持相对较高的一贯性，而不会受到任何破坏性影响。如果练习条件发生变化或执行条件不利，那么动作执行就会出现缺陷。

在细节协调阶段，传入合成中的信息获取和处理是有差异化区分的，并得到视觉和运动感知的支持。行动接收器中的外部目标图像由动作序列的详细方案组成，这一详细方案是目标适切和情景适切的。内部目标图像，即预期返回传入具有差异化区分，由视觉和运动感知确定。目标——实际比较的依据：一是外部目标图像即动作序列的详细方案，二是内部目标图像即预期返回传入。

只要日常习惯的练习条件没有发生变化，那么学徒可以作出预先调节。如果发生重大障碍或练习情景发生显著变化，那么预先调节是不够的。

微协调

职业动作技能训练的第三个阶段，即微协调指的是专业技能学习在细节协调完成之后的继续发展，在微协调阶段，动作技能越来越自动化。即使同时执行其他附加动作，也不会影响该项技能的发挥。该项技能成为学徒的永久财富。即使在一段时间内没有执行技能，也只需要很短的练习时间就可以恢复到以前的表现水平：在细节协调阶段发展的动作的表现会稳定下来。随着练习的进行，稳定的细节协调能力会最大限度地适应不断变化的、困难的和不熟悉的条件：新获得的动作技能可以适应完全不同的情况并转入全新的项目，这意味着细节协调得到灵活运用。随着细节协调稳定、灵活地发展，学徒达到这样的能力阶段：基于第一学习阶段创建的动作技能的框架协调，学徒在第三学习阶段即微协调阶段实现了特别高的安全性和准确性。技能动作所显示的能力特点是以高度开发的技巧为基础的。动作快速、安全且精确。从观众角度来看，技能动作显得轻松、自由、不费力。

传入合成中的信息获取和处理有着极大的差异化区分。相对运动感知而言，视觉的参与急剧减少。行动接收器中的外部目标图像由动作序列非常精细的方案组成，它是情景适切、程序适切和目标适切的。内部目标图像即预期返回传入具有差异化的区分。它受到运动感知的支持，并且完全以过程为导向。目标—实际比较更倾向于内部目标图像，即预期返回传入。

在微协调阶段，学徒可以在不同条件下实现预先调节。学徒所达到的控制和调节水平已经能够确保职业技能的自动化。如果动作技能的自动化表现得不够稳定，也就是说在不同条件下动作技能的自动化表现波动较大，那么学徒也总是可以通过关注相关部分，通过有意识的调节和规范去使用技能。

在职业教育的框架内，学徒学习某项技能往往只能达到细节协调的水平。学习到微协调水平的技能需要多年的实践，通常超出职业教育常规时间。

总结

在习得某项技能的时候，学习经历框架协调、细节协调和微协调三个阶段。这三个阶段可以根据从外部观察到的变化以及从内部感知到的变化得到表征。从外部可以观察到动作序列的流畅度不断提升。从内部可以感知到调控行为变得越来越敏感。对于后者，可以遵循动作训练的控制和调节模型（本章第三节"二"）。

重要术语和概念

　框架协调

　细节协调

　微协调

研究文献（精选文献）

Hacker, W., W. Skell: Lernen in der Arbeit, hrsg. v. Bundesinstitut für Berufsbildung, Berlin 1993

　　Kap. 16: Erwerb sensumotorischer Fertigkeiten

（W. 哈克，W. 斯凯尔:《在工作中学习》，联邦职业教育研究所，柏林，1993

　　章16：感知运动技能的获得）

Meinel, K., G. Schnabel: Bewegungslehre: Abriss einer Theorie der sportlichen Motorik unter pädagogischem Aspekt, 2. Aufl., Berlin (Ost) 1977 (Neuauflage 2004)

　　Kap. 3: Motorisches Lernen im Sport

（K. 迈内尔，G. 施纳贝尔:《运动学习：运动技能理论的教育学阐述》，第2版，柏林［东］，1977［2004 新版］

　　章3：体育运动中的动作技能学习）

Schelten, A.: Motorisches Lernen in der Berufsausbildung, Frankfurt a. M. 1983 (Beiträge zur Arbeits-, Berufs- und Wirtschaftspädagogik, Bd. 4)

　　Kap. 3: Phasen motorischen Lernens in der Berufsausbildung

（A. 舍尔滕:《职业教育中的动作技能学习》，美因河畔法兰克福，1983［论文集《工作、职业和经济教育》，第4卷］

　　章3：职业教育中的动作技能学习阶段）

Schelten, A.: Begriffe und Konzepte der berufspädagogischen Fachsprache: Eine Auswahl, Stuttgart 2000

（A. 舍尔滕:《职业教育专业术语和概念精选》，斯图加特，2000）

Schelten, A.: Berufsmotorisches Lernen in der Berufsbildung, in: B. Bonz (Hrsg.): Didaktik der Berufsbildung, 2. Aufl. Baltmannsweiler 2005 (Druck in Vorbereitung)

（A. 舍尔滕:《职业教育中的动作技能学习》，载于 B. 邦茨［主编］，《职业教育教学法》，第2版，巴尔特曼斯韦勒，2005）

Volpert, W.: Wie wir handeln – was wir können: Ein Disput als Einführung in die Handlungspsychologie, 3. vollständig überarbeitete Aufl., Sottrum 2003

　　Kap. 7: Handeln – Lernen und Meisterschaft

（W. 福尔佩特:《我们如何行动——我们能做什么：作为行动心理学导论的争议》，第3次完全修订版，索特鲁姆，2003

　　章7：行动—学习和熟练掌握）

练习

（为完成下列练习，建议您首先学习本章第三节的"四、职业技能的学习困难"。）

请选择一项您一直从事的简单技能。请您多次重复这项技能，并观察自己的动作技能学习过程，对比外在的动作技能发挥与内在的心理感知变化。请您练习这项技能，使它从框架协调阶段发展到细节协调阶段。

四、职业技能的学习困难

当您学习一项职业技能时，您会遇到一定的障碍（学习困难）。作为指导者，在传授一项技能的过程中，必须明确哪些学习困难是自然的，哪些学习困难是非自然的。下文将对此进行详细讨论。

下文的陈述涉及一项调查，其中使用大量视频记录了 25 名学徒学习金属加工领域的职业动作技能的过程。在此以浓缩的简要形式呈现该项研究的结果和推论，更多信息可以参见舍尔滕的论著（Schelten 1983a）。

研究结果

从录像中可以得出三个基本结论。（1）掌握一项技能需要框架协调，在建立框架协调时学徒会有学习困难。（2）克服学习困难可以使用自主选择的应对策略。（3）会出现认知—感知（理性—吸收）方面的学习困难。

关于（1）：锉、锯或凿等动作导向的技能越多，在技能学习的起始阶段出现以下困难的频率就越高（错误动作特征）。

● 操作工具时用力过大且时常用力位置不对。

- 构成技能的分解动作的组合程度不够或组合不对（动作组合）。
- 动作序列的空间范围未能与目标匹配（动作范围），动作速度不足。
- 工具使用没有对准或移动不精确（动作的精确度）。
- 重复动作的协调程度有限（动作的稳定性）。

当学习如何使用锯子时，会发生这样的情况，例如锯子因压力过度（用力过大）而停止。在学习如何使用锉刀时，通常只使用一只手臂，躯干和双腿未能一起运动（明显的动作组合错误）。锯切时锯子发生弹跳而不是保持笔直，并匆忙前后推锯（动作范围不正确，动作速度过快）。锯片未沿画线平行前进（动作精确度有限）。锯子在直线、摇摆或倾斜之间交替（动作的稳定性不足）。

这些困难出现在职业动作技能学习过程的开始阶段，即框架协调阶段。

关于（2）：如果学徒不能较快地粗略执行一个要学习掌握的技能动作模式，那么他可能采用了学习弯路方式，使用了一种自主选择的应对策略。

例如在刚开始学习切屑时，学员经常从侧面靠近虎钳中的凿板，以便从侧面用锤子敲打凿头。除了凿子刀片外，锤子必须敲击的凿头也在视野中。由于锤头导向的不确定性，锤头对凿头的冲击同时可以通过视觉进行控制和调节。同时锤子手柄握得很低，因此只需要用手腕短时间敲击即可。通过这种方式凿击获得暂时成功。随着练习的增加，学徒开始笔直地（正面）靠近凿板。眼睛唯一关注的重点是凿子的切削以及切屑的取出。锤子通过运动感知的控制和调节来撞击凿头。锤柄被握在柄端，锤击力量来自手臂和肩关节。

自主选择的应对策略可能会表现为学习弯路，这是在学习过程中需要防止的。然而，从学习理论的角度来看，自主选择的应对策略似乎又是必要的。在能够通过运动感知引导进行控制和调节之前，首先必须采用视觉引导进行控制和调节。只有在视觉引导的基础上，运动感知引导的控制和调节才能得到发展。

关于（3）：在动作导向较少，如画线、折弯或铆接的情况下，这些技能通常极其注重过程，并由许多单独的步骤组成。在学习过程中，会有较多遗漏步骤或没有充分考虑步骤的情况。遗漏步骤或不遵守动作序列是认知—感知学习困难的表现。

　　例如，如果在折弯过程中忽略动作序列或没有足够观察，那么精准弯曲就不可能完成。在实际折弯工序前，待折弯的钢带未与折弯块牢固地夹在一起。折弯块和钢带在折弯时就会发生移动。

对于过程导向的技能学习，学徒很难记住指导过程的所有步骤顺序，也很难依据指导材料进行重新构建。吸收能力容易超过负荷。

研究推论

职业技能动作导向越多，学习难度越大，这在框架协调的发展过程中可视为自然现象。对于这些学习困难，指导者不应直接进行干预。可以假设随着练习的增加，学徒将自己克服这些困难。在学习过程开始时，指导者可以通过选择工件和工具来间接地给予帮助。

如果学徒不能立即执行所要学习的动作技能模式，他有可能借助一种学习弯路，一种自主选择的应对策略。在掌握一项技能时必须学会控制和调节，借助学习弯路似乎显得很有必要。这种学习困难也可以认为是自然的。根据研究所作的动作记录，通常可以假设随着练习的增加，学徒将放弃他们自主选择的应对策略。

在控制和调节的过程中，指导者不要进行干涉，否则会阻碍正在进行的动作技能学习过程。只有当学徒自主选择的应对策略变成一种长期策略时，才需要依照标准动作模式对之进行修正。不过，学徒应当随时准备，慢慢地放弃自主选择的应对策略。这样的应对策略往往不够简便，从长远来看也会妨碍精确和专业地加工工件。

认知学习困难不属于自然学习困难，因此并非能够自动消除。这样的学习困难出现在动作导向较少的技能学习中。原因在于学徒对这些技能过程的步骤缺少或没有足够的注意。指导者必须直接和立即对此施加影响。在过程导向的技能学习过程中，指导者可以更加强调技能的过程序列，将他的教学更多地集中在强调认知—感知步骤序列上。

总之，可以作出如下判断：职业动作学习过程开始时的自然学习困难，例如执行不到位的动作特征（动作错误）和自主选择的应对策略通常会自行解决。指导者对此不应施加任何影响。对非自然学习困难即认知—感知困难，指导者必须直接施加影响。

需要注意的是，这与培训实践中的普遍观点背道而驰。人们常说，学错的动作很难改正，因此必须一开始就防止学错的动作。

针对这样的反对意见，在此有必要进行反驳。如上所述，如果试图消除自然学习困难，那么就会阻碍职业动作技能学习过程，为其造成不必要的困难。更明智的做法是"让它成长"，偶尔简要说明要完成的正确动作。

不过，在没有干预的情况下，错误动作可能不会自动发展到细节协调水平。在此必须支持上述反对意见。在细节协调水平上，技能动作已经成形。如果需要更正动作，将不得不打破已经建立的控制和调节机制。这不仅费时而且乏味。

总结

职业动作学习过程中的学习困难可分为自然和非自然两种。获得职业技能时的自然学习困难可以从具有缺陷的动作特征（即动作错误）和职业动作技能学习过程开始时的自主选择应对策略中看出。这些困难通常会自行解决，指导者不应对此施加任何影响。非自然学习困难具有认知—感知性质。这些问题不会自行解决，必须立即对它们采取直接行动。

重要术语和概念

自然学习困难：

- 具有缺陷的动作特征（动作错误）
- 自主选择应对策略

非自然学习困难

动作特征：

- 力道的把握
- 动作的协调
- 动作的范围
- 动作的速度
- 动作的精确度
- 动作的稳定性

研究文献

Schelten, A.: Motorisches Lernen in der Berufsausbildung, Frankfurt a. M. 1983 (Beiträge zur Arbeits-, Berufs- und Wirtschaftspädagogik, Bd. 4)

Kap. 4. C: Bewegungsaufnahmen beim Erlernen der Fertigkeiten des Elementarlehrgangs Metall

（A. 舍尔滕:《职业教育中的动作技能学习》，美因河畔法兰克福，1983［论文集《工作、职业和经济教育》，第 4 卷］

章 4.C：学习金属加工初级技能课程时的动作记录）

Schelten, A.: Lernschwierigkeiten beim Erwerb von Fertigkeiten in der Berufsausbildung, in: Zeitschrift für Arbeitswissenschaft 37 (1983) 3, S. 152–157

（A. 舍尔滕:《职业技能的学习困难》，载于《劳动学杂志》37［1983］3，第 152—157 页）

练习

对您熟悉的一项工作任务，描述容易出现的动作错误。比如用力过度、动作协调失误，这是在学习框架协调的时候容易出现的错误。请您考虑，在学习这项动作技能的时候，哪些是自然学习困难情况下的自主选择应对策略，哪些是认知因素造成的非自然学习困难。

第四节　复杂工作活动中的行动策略

在位于子目标规划和协调多个行动领域层级的工作活动中，仍然缺乏劳动教育学导向的学习理论。在理论发展方面，雷施（Resch 1988）对工业生产中脑力劳动的控制和调节进行了分析。克莱因施密特和弗兰克（Franke，Kleinschmitt 1987；Franke 1989）从工业和手工业领域中选取电子技术职业，对基于工作场所的职业教育进行详细分析和归类。基于这些研究工作，诞生了强化工作场所学习的方法（Franke，Kleinschmitt 1987a；Franke 1993）。在这些方法中，要特别提到操作计划。比如生产、组装或维修活动的操作计划，通过事实逻辑或内容逻辑的结构分析，对于复杂工作行动的基本功能进行更加详细的描述。此外，科费尔（Kofer 1993）作为慕尼黑工业大学教席教授进行的调研更进一步，调研工作超越了复杂工作活动的内容逻辑分析。科费尔选择特定的复杂的工作活动，并对其中的战略思维和工作过程进行了介绍。在下文中，通过呈现该项工作的要点（详见 Schelten 1995），以范例方式介绍这一研究，然后指出该领域的最新发展，并补充介绍弗兰克等人（Franke 等 1999）关于工作过程中战略行动的后续研究。正是这些后续工作，导致了行动的战略灵活性概念的诞生（Franke，Selka 2003 a，b，2005）。

调研问题

科费尔（Kofer 1993）研究探索的是关于复杂工作活动中的行动策略。行动策略应理解为内部的心理层面的指令层级顺序，这些指令层级顺序确定了掌握复杂技能活动的过程。科费尔的研究仅限于明确维修活动的行动策略。根据工作活动调节要求，维修活动的层级至少需要归类到子目标规划层级（VERA，参见第二章第二节），因此可以认为是复杂的。

调研的结构和方法

经过初步筛选后，科费尔主要对 26 名在企业多年从事复杂维修任务的专业人员进行了现场调研。这些专业人员具有多年工作经历，具有丰富职业经验，属于技术工人级别或师傅级别。参与调研的企业包括兰茨胡特通信设备（SEL Landshut）、慕尼黑西门子医疗技术（Siemens Medizintechnik München）、拜仁农用机械技术（BayWa Feldkirchen）、慕尼黑技师学校（Meisterschulen München）、乌尔姆建筑企业（AEG Ulm）、弗赖堡电子（ITT Freiburg）、慕尼黑西门子管理服务中心（Siemens Zentrale Dienste Verwaltung München）、博世 – 西门子家用电器（Bosch-Siemens Hausgeräte）。由于不同情况下维修任务各不相同，每个调研对象的工作区域都形成了真实、复杂的维修任务。除了一项维修任务来自机械领域，其他维修任务都来自电子和机电领域。例如修理晶体管生产机器或修理心电图仪。各个企业的每项维修任务的调研时间持续两到三个小时。

随后通过视频明确相关的行动认知。首先，研究者将调研对象在完成复杂维修任务时的外部动作记录在录像带上，并在调研对象准备好之后进行播放。紧接着，对于录像中展示的动作，要求调研对象向研究者描述自己在完成任务时脑海中的想法。由此产生的口头信息被记录在磁带上，然后完成文字转录（详见 Kofer 1993），从而生成文字记录（参见概览 2.16）。接着使用综合类别方案，对文字记录进行内容分析（参见概览 2.14）。每个类别都被定义并提供锚定示例。概览 2.15 显示了一个子类别定义的示例。类别方案的概述如下所示。

类别方案

　　类别方案用来确定行动策略，它遵循行动调节理论（参见第二章第一节），以及弗兰克和克莱因施密特（Franke，Kleinschmitt 1987a）关于操作计划的理论假设。类别方案汇编了特定活动的标准，简要描述了复杂维修情景中的行动。它遵循完整行动的模型，分为以下阶段：（1）定向；（2）计划；（3）执行；（4）控制；（5）评估。

　　概览 2.14 给出了没有子类别的类别方案概述（详见 Schelten 1995）。

概览 2.14　确定复杂维修工作行动策略的类别方案一览表
（不包括子类别，比如 +1.2.4+，参见概览 2.15，详见 Kofer 1993，第 239—242 页）

类别	
+0+	未归入类别方案（空类别）
+1+	定向
+1.1+	订单分析
+1.2+	故障确定
+1.3+	评估个人能力和专业能力
+2+	计划
+2.1+	给出故障假设
+2.2+	归类故障假设
+2.3+	验证故障假设
+2.4+	建立症状 / 故障原因 / 影响之间的联系
+2.5+	故障排除的预期
+2.6+	成本效益的粗略估算
+2.7+	关于替换零件的决定
+2.8+	关于易损件处理的决定
+3+	执行

续表

类别	
+3.1+	工具准备
+3.2+	采取安全预防措施（获取安全信息！）
+3.3+	拆卸
+3.4+	故障排除
+3.5+	安装

+4+	控制
+4.1+	预调试控制（光学、触觉/机械、测量）
+4.2+	对运行状态中的缺陷进行功能性检查
+4.3+	最终控制
+4.4+	对象的安全控制
+4.5+	故障排除确认

+5+	评估
+5.1+	绩效评估
+5.2+	工作满意度评估
+5.3+	压力程度评估（身体/精神）
+5.4+	从客户的角度进行性能评估（外观、功能、经济）

概览 2.15　子类别 +1.2.4+ 及其定义和范例，请比较概览 2.14 和 2.16

（参见 Kofer 1993，第 70 页，全部类别和范例见第 243—277 页）

定义：
+1.2.4 + 系统认定功能故障的范围

　　包括系统认定故障范围的思维过程和行动。这意味着修理工尝试系统认定修理对象的功能故障，例如，在试验过程中整个排除某一功能元件。
　　锚定示例：
"现在我将逐步检查录音功能，以便能够识别错误。"（修理录像机）
"我根据特定系统进行检查，看看设备有什么问题。"（修理录像机）
"我在想是什么东西引起功能失调。我试图缩小检查范围，因为缩小范围是常规做法。"（修理摄像机）

　　文字记录（概览 2.16）被划分为多个分析单元，每个单元被分配到一个类别当中。分析单元是在行动情景或行动尝试情景中最小的自洽性陈述。分析单元的确定也依赖于它归入的类别（详见 Kofer 1993）。概览 2.16 以 4 个分析单元为例。第一个单元被分配到空类别。第二个和第三个单元被分配到类别 1.1 订单分析，归入编号 1.1.2 检查故障信息内容的子类别。第四个单元被分配到类别 1.2 故障确定，归入子类别编号 1.2.4 系统认定功能故障的范围。

概览 2.16　按照分析单元截取编码文字记录的片段，维修工作开始阶段
（详见 Kofer 1993，第 279 页）

文字记录 D3–15，1989 年 6 月 20 日，A 先生	编号
晶体管标记生产机的维修	
一位女士带着问题来找我： 检查掉件。	+0+
该问题是一些晶体管卡在从振动器电位器到掉件处的整个导轨中，在这个地方单个元件原本受到激光束的射击。	+1.1.2+
这些晶体管在受到激光束的射击之后，以及在掉进最底部的盒子之前，可能卡在某个地方了。这位女士带着这个问题来找我说："检查一下掉件吧，不知道哪里不对劲。"	+1.1.2+
因此，如果这位女士带着问题来找我，那么我首先得知道这个掉件的位置，即晶体管导轨最后部分，单个元件就卡在那里。	+1.2.4+

调研结果

在此尝试对一些关键结果进行重点描述。如果想了解详细的差异化的定量和定性结果，可参考科费尔（Kofer 1993）的研究。关于维修情况的 26 份文字记录共产生了 1189 个分析单元，其中 1090 个分析单元被分配到特定内容类别，99 个被分配到空类别。

从绝对数量上来看，"定向"形成 173 个分析单元，"计划"490 个，"执行"348 个，"控制"51 个，"评估"29 个。[①] 定向过程占据中等份额，

---

① 各项数字相加为 1091，与上文所述的"1090 个分析单元被分配到特定内容类别"稍有出入，原文即如此。——译者

计划和执行过程占据较大份额。值得注意的是，经验丰富的专家使用控制和评估的程度较低。26 名受试者中有 25 名遵循了理论假设的行动阶段顺序：定向 ⇒ 计划 ⇒ 执行 ⇒ 控制。在这方面，行动调节理论得到了证实，即一个独立的评估阶段并不存在。评估和控制过程通常发生在前面的行动阶段。换句话说：对于有经验的专家来说，控制和评估过程往往伴随着定向、计划和执行阶段。

依托对复杂维修行动过程进行定性分析，可以确定行动策略。线性行动过程遵循（1）定向、（2）计划、（3）执行、（4）控制和（5）评估的理想形式，这几个阶段按照顺序展开。而在实际行动中，行动阶段的顺序变化富有启发性（概览 2.17）。这里必须区分连续相变和不连续相变。连续相变意味着从一个行动阶段过渡到下一个更高的行动阶段。例如从（1）定向到（2）计划。在不连续相变的情况下，动作序列中存在跳跃。在"向前"跳跃形成的阶段变化中，至少有一个更高的阶段被跳过。例如，从（1）定向到（4）控制的跳跃，省略了（2）计划和（3）执行。反过来，当从较高阶段过渡到任何较低阶段时会发生"向后"跳跃，比如从（2）计划到（1）定向或从（3）执行到（1）定向。

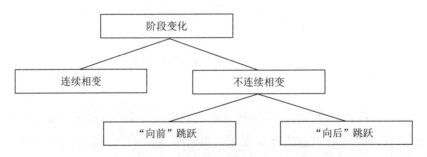

概览 2.17　行动过程中的阶段变化，形式上的区别
（Koper 1993，第 131 页）

关于"向前"和"向后"跳跃中不连续相变的区别是形式上的考虑。不连续相变也可以根据内容进行分析。在此必须区分"真正的相位跳跃"和"中断"（概览 2.18）。在"真正的相位跳跃"的情况下，相位跳跃前的内容与跳跃后的内容有很大的不同。换句话说：行动者不再

返回到原来的动作部分。而在不连续相变之后，如果行动者在行动过程
中的相同或相似点继续，这种情况就被称为发生"中断"。例如定向被
执行要素中断，然后在适当的点继续进行定向。

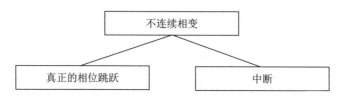

概览 2.18　不连续相变，内容上的区别
（Kofer 1993，第 155 页）

依据相变尤其是不连续相变可以分析行动策略，科费尔谨慎地将其
描述为行动模式（概览 2.19）。

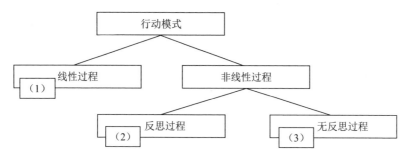

概览 2.19　复杂维修工作的行动模式
（Koper 1993，第 160页）

（1）线性过程的特点是不连续相变的比例很小。反过来，如果存在
相对较高比例的不连续相位变化，则表明这是（2）非线性反思过程。
这里存在较高比例的"中断"。可以假设行动者排除了与任务无关的线
性过程的子步骤，通过"反思性中断"来缩短线性过程。由此，行动过
程得以缩短。这些缩短的行动过程可以通过以前经历过的类似工作的经
验得到弥补（参见 Kofer 1993，第 161 页）。如果"真正的相位跳跃"
越来越多地出现在非线性过程，则可以描述为（3）非线性无反思过程。
情况表明，大多数检查的维修任务采取混合的行动模式。在处理复

杂的维修任务时，线性和非线性过程以多种形式出现，无论是否具有反思伴随都是如此。

　　高绩效专家在处理复杂工作时，他们是否由于工作经验而越来越多地通过非线性反思方式缩短行动过程，这一假设并未得到验证。根据科费尔的研究，经验丰富的专家采取的是混合的行动模式。使用非线性反思方式时，总是返回或能够返回线性工作这一点似乎很重要。这意味着培训应当从线性行动模式开始。相应地，培训可以遵循行动阶段线性上升的顺序，即（1）定向、（2）计划、（3）执行、（4）控制和（5）评估。这里的重点集中在前三个阶段。对于经验丰富的专业人员来说，控制和评估过程已经融入前三个阶段。相应地，下文只介绍线性过程，了解其他过程信息请参见舍尔滕的论著（Schelten 1995）。

　　概览2.20再现了带有明显线性特征的行动过程。水平方向显示了分析单元，垂直方向显示了行动阶段。1代表定向，2代表计划，3代表执行，4代表控制，5代表评估。概览2.21包含对过程的描述。

　　概览2.20中的行动描述显示了行动单元线性上升的展开过程。经验丰富的专家通过系统完成各个阶段的行动来解决维修任务。

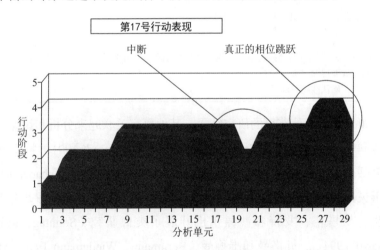

概览2.20　线性行动模式的行动表现，来自第17号文字记录，请与概览2.21进行
　　　　比较，行动阶段：1. 定向，2. 计划，3. 执行，4. 控制，5. 评估
（Kofer 1993，第164页）

概览 2.21 第 17 号文字记录对线性行动模式行动过程的描述，参见概览 2.20

（Kofer 1993，第 165 页）

第 17 号行动过程的文字记录

B 先生第 17 号行动过程
（晶体管生产机的维修）

维修工作从定向阶段开始，分为两个步骤，重点是检查故障信息内容和确定维修对象。（1—2）
结果：明确故障信息。

因为建立了基于经验的故障假设，所以接下来进入分为五个步骤的计划阶段，然后进行检查并验证。（3—7）
结果：明确故障信息，对故障作出判断。

接下来是执行阶段。在进行拆卸的同时，避免因拆卸造成损坏。接着替换有缺陷的零件，与此同时要考虑到困难。最后，还需获取设备安全信息并进行初步控制。（8—18）
结果：故障排除，初步控制。

由于机器停转而发生了连带故障，所以返回跳跃（即中断）到计划阶段。该阶段分为两步，给出故障假设并查明原因。（19—20）
结果：连带故障信息，判断连带故障。

接下来是五个执行步骤，排除连带故障，完成组装工作。在工作结束时，修复磨损缺陷并进行初步控制。（21—25）
结果：连带故障排除和初步控制。

最后还有三个控制步骤。（26—28）
结果：最终控制。

接下来是返回跳跃到执行阶段（真正的相位跳跃）。由于最终检查令人满意，所以会再次回顾故障排除过程。（29）
结果：确认故障排除。

如果要将此处获得的研究结果与其他研究关联起来分析和讨论，请参考科费尔的论著（Kofer 1993）。康拉特（Konradt 1991）特别研究了灵活的自动化生产领域中的故障诊断策略。沙佩尔（Schaper 1994）基于灵活自动化生产系统中的故障查找示例，对复杂诊断任务进行了分析。松塔格、罗特和沙佩尔也开展了类似研究（Sonntag，Rohte，Schaper 1994）。贝格曼和维德曼（Bergmann，Wiedemann 1994）还分析了灵活自动化生产中的故障诊断和排除过程，并将其作为学习需求分析的基础，同时对相关问题进行了概述。松塔格（Sonntag 1996，第

125 页及以后各页）提供了路径方法，描述了在具有复杂生产信息的情况下如何分析学习需求。他使用了一套结合工作分析方法和知识分析方法的工具组合，对汽车行业灵活自动化生产系统中维修人员如何执行诊断任务进行了研究。

这里提及的理论研究反映了二十世纪九十年代中期的认知水平，许多研究都基于故障诊断和排除示例，来明确完成复杂工作任务的基本程序。但这些研究未能形成统一的理论。因此，在此不再赘述研究发展脉络。下文将聚焦于弗兰克等人完成的一项研究。

工作过程中的战略行动

"工作过程中的战略行动"是德国联邦职业教育研究所推出的研究，由弗兰克主持（Franke 1999）。在基础研究中，复杂的工作被理解为复杂的问题解决。这与位于班贝格（Bamberg）的德尔纳（Dörner）心理工作团队的问题解决研究有关。

因此，复杂的工作情况可以根据以下特征进行描述（参见 Franke，Selka 2003b，第 6 页及以后各页，有改动）：

（1）复杂的工作问题首先具有广泛范围。很多变量都在同时起作用。并且每个变量还有不同的状态。员工无法持续跟踪所有变量。

（2）复杂的工作存在网络关联。变量之间相互影响。变量具有不同强度，起到不同作用。

（3）对复杂工作中变量结构的干预可能会在人们意想不到的领域产生影响。也就是说，在更改变量时，必须明确远程影响（即意外的长期影响）和其他影响（即意外的变量更改）。

（4）一个工作情境的复杂性在于客观上存在许多变量，这些变量之间具有多种关系，并且关系的性质不同。

（5）在一个复杂工作中，存在广泛的且高度关联的变量，并且它们缺乏透明度。如果变量缺乏透明度，员工就不知道哪些变量属于实际工作问题。缺乏透明度的两个表现是：结构方面缺乏透明度和状态方面缺乏透明度。在结构不透明的情况下，变量之间的关系是未知的。状态不透明则表示变量的当前属性是未知的。一般来说，复杂工作缺乏透明度，意味着员工无法掌握所有信息，意味着行动是在不确定的情况下发生的。因此在行动之前，必须完成理论加工即搜索信息和获取知识。

（6）复杂的工作情况可以出现自我动态变化：员工不做任何事情，变量的状态和结构也会发生变化（变量之间互相发生影响）。

（7）如果复杂工作具有自我动态变化特征，那么必须在时间压力下采取措施或进行干预。如果不能在短时间内全面了解相关变量的状态和结构，则会增加不安全性和不确定性。

（8）复杂的工作可以基于多个目标。目标是多元的，同时也是开放的，因为缺乏可操作性。比如要求员工参与塑造工作组织的模糊要求，这就是一个开放的目标。目标也可能相互矛盾，例如增加产品品种，提高产品质量，同时降低生产成本。一般而言，以下规则适用：对于复杂工作，目标必须是可操作的、互相协调的、加权的，以此才能解决问题。

（9）复杂的工作允许多种解决措施、干预措施或行动的可能性。然而，员工通常并不知晓其他潜在的解决方案。

为了应对复杂工作的上述特征，行动需要具备战略灵活性，此处仅对行动过程进行简要描述（详见 Franke 1999，第 528 页及以后各页；Franke，Selka 2003a，第 9 页及以后各页，有改动）。

- 目标系统的开发。根据行动调节理论（第二章第一节），目标系统的开发意味着确定主要目标、子目标和更低层级的子目标。
- 对于目标和措施的关键环节，需要制订行动计划并在心理层面进行预演，同时明确替代性的目标和措施。
- 为了提升行动的有效性，需要追随多个目标。
- 对复杂工作任务进行整体感知和分析。需要更大视角，俯瞰更大单元。
- 形象地说：视线需要在高分辨率和低分辨率水平上来回切换。高分辨率创造了精确度，但不能应对时间压力，也会阻止简化处理。低（粗）分辨率可以快速提供概况，但会导致计划简单并忽略变量。

- 必须适当地采取措施和进行干预。这需要经验以及对远程影响和其他影响的预期分析。
- 在具有多重目标决策的情况下，需要对可替代目标进行评估，特别是关于其后果和效用价值的评估。
- 行动时可能会有停滞情况出现，因为人们不知道如何行动。启发式认知可以在这里提供帮助，例如：进行目标—手段分析，检查行动措施带来的后果，或者改变目标。
- 对于伴随行动所出现的情绪，诸如恐惧、愤怒、沮丧，需要有意识地去感知和反思，并将其当成解决问题的动力，例如重新调整目标。
- 过程和错误分析可以唤醒对非生产性行为的敏感意识。

为了提高行动的战略灵活性，有一个培训计划帮助学习者应对复杂的（部分基于计算机模拟的）问题情境（Franke，Selka 2003 a，b，2005）。在这个培训计划中，遵循建构主义学习方法，将其作为行动的战略灵活性的学习原则（参见 Schelten 2000，2004）。根据建构主义学习方法，弗兰克和塞尔卡对于行动的战略灵活性的学习原则得出如下观点（Franke 1999，第 544 页；Franke，Selka 2003a，第 103 页及以后各页）（在此笔者进行了重新表述和总结）：

- 复杂性和模糊性：明确需要思考的开放的问题。
- 多背景和多视角：在不同关联中获得知识，并从不同角度和立场看待知识。
- 情境化和去情境化：在具体性和抽象性之间不断切换。
- 多模式培训：结合不同的教学微方法进行培训，例如观察、口头表达、自我反省、小组讨论、自我组织。
- 迁移保证：在学习过程中获得行动的战略灵活性，并与企业实践中的行动可能进行关联。

最后该指出一个不寻常的现象，那是在调研工作过程中的战略行动时观察到的。即经验丰富的专业人士无须事先从总体目标中导出完整战略，就可以着手推进工作。我们在本章开头所述的调查研究得出了类似的结论。冯·韦特（Von der Weth 2001）和弗兰克（Franke 1999，第 534 页）谈道，这与海因里希·冯·克莱斯特（Heinrich von Kleist 1805/1806）在大声言语时逐渐形成想法的观点具有相似性。也就是说，面对复杂的工作情景，行动策略或行动计划同样是逐渐制定出来的。然而，这可能只有在专家具有广泛实践知识和丰富经验时才能获得成功。

总结

对于处在子目标规划和协调多个行动领域层级的工作活动而言，缺少一种劳动教育学导向的学习理论。发展理论的一个方法是查明应对复杂工作的行动策略。行动策略应被理解为内在心理指令的层级顺序，这些指令决定了复杂工作的执行过程。这里介绍的研究仅限于复杂的维修工作，主要来自电子和机电工作领域。26 位经验丰富的专业人员在接受调研时，分别承担着不同的复杂维修任务。研究方法采用录像方式，并伴随后续讨论环节。这些内容被归入不同类别进行分析和评估。

在处理复杂的维修任务时，对于经验丰富的专家来说，定向、计划和执行过程是最重要的。控制和评估过程往往伴随这些阶段。

在不同的行动策略中，可以识别出不同的行动模式。这里区分为线性、非线性反思和非线性无反思的行动模式。绝大多数复杂维修任务的检查过程采用混合的行动模式。如果是出于培训目的，建议教学从线性过程开始。

复杂的工作情景具有范围广泛的变量结构。各个变量之间互相关联。如果对变量结构进行干预要考虑远程影响和其他影响。复杂性的特点是客观存在许多变量，这些变量具有多种关系，属于不同类型。复杂的工作情景往往缺乏透明度。由于复杂的工作情景具有自我动态变化的特征，所以员工采取措施或进行干预面临着时间压力。目标的多元和开放也是复杂工作的特征，它允许有多种行动可能。

应对复杂的工作情景，行动需要具备战略灵活性。这种行动的战略灵活性通过不同的问题解决方式得到展示。行动的战略灵活性依赖建构主义的学习方法得到促进。

重要术语和概念

行动策略

行动模式：

- 线性
- 非线性反思
- 非线性无反思

复杂的工作情景（广泛范围，网络关联，远程影响和其他影响，变量具有多种关系和类型，不透明，自我动态变化，时间压力，目标多元和目标开放，行动的可能性）

行动的战略灵活性（行动过程，提高）

研究文献（精选文献）

Franke, G. (Hrsg.): Strategisches Handeln im Arbeitsprozess, Bielefeld 1999
　　Kap. 14: Resümee und Ausblick
（G. 弗兰克［主编］:《工作过程中的战略行动》，比勒费尔德，1999
　　章 14：总结和展望）

Franke, G., R. Selka (Hrsg.): Strategische Handlungsflexibilität, Bd. 1: Grundlagen für die
　　Entwicklung von Trainingsprogrammen, Bielefeld 2003
（G. 弗兰克，R. 塞尔卡［主编］:《行动的战略灵活性》，第 1 卷:《培训计划开发的
　　基础知识》，比勒费尔德，2003）

Hacker, W.: Expertenkönnen: Erkennen und Vermitteln, Stuttgart 1992
　　Kap. 2: Gegenstand: Besonderheiten der Leistungen, Vorgehensweisen und
　　Leistungsvoraussetzungen von Spitzenkönnern
　　Kap. 3: Gegenstandsorganisation
（W. 哈克:《专家技能：识别和传授》，斯图加特，1992
　　章 2：主题：顶级能手的业绩特点、工作方式和资质前提

章 3：主题的组织)

Sonntag, K.: Lernen im Unternehmen: Effiziente Organisation durch Lernkultur, München 1996

Kap. 2.1.4, Beispiel 2: Lernbedarfsanalysen bei komplexen betrieblichen Aufgabenstellungen

（K. 松塔格：《在企业中学习：通过学习文化实现高效组织》，慕尼黑，1996

章 2.1.4，示例 2：企业中复杂任务的学习需求分析)

练习

描述一项您所熟悉的复杂修理任务的完成过程。请您描述在这个过程中采用了哪种行动模式，或者说混合了哪些行动模式。

第五节　劳动教育学的结论

依据劳动和学习的行动调节理论，将工作活动理解为智力任务成为可能：工作活动带有一种事实性的结构，这种结构可以得到认知和学习复制。

对于劳动教育学来说，资质化措施的设计应当遵循下述思路：员工在技能学习时应当将认知渗透融入做事的过程。在开展工作活动时，必须建立起相应的内在观念和心理结构。

员工在技能学习时需要实现认知渗透，资质化措施应当提供这样的可能。资质化措施的设计应使员工具备强烈意识，在工作中引入行动调节方法。员工必须基于有计划的思考和行动来完成工作任务。这也适用于工作活动分类法的两个较低层级（即感知运动调节和行动计划层级），必须为此建立认知导向的控制和调节。如果学徒只是循环地机械地模仿动作序列，就像在这两个层级的教学中经常出现的情况一样，那么只会发展出一种无意识的，因此既不可用也不可控的动作链。当工作活动发生变化时，相关人员很难改变这种固定的动作链。

在劳动中学习时，如果遵循行动调节理论，那么需要满足以下要求。

（1）对一项工作活动采取行动调节并进行精神认知渗透，这意味着员工的行动和举止置于精神认知之下，由此员工作出更多自主决策和承担更多责任。这也意味着劳动教育的原始意义，即通过思考应对工作活动，基于精神训练强调教育正式的一面，从而促进员工实现独立思考和学习。以此，员工能够：

- 独立应对未来工作要求，尤其能够独立地应对经济、技术—生产的变化过程。
- 除此以外，所获得的思考和学习能力，比如通过计划制定策略的能力，能够迁移到工作场所以外的生活领域。以此，劳动教育学明确提供了教育学意义上的生活支持。

（2）在资质促进措施中，如果强调对所要学习掌握的工作活动的认知渗透，那么做事与思考的分离将在越来越高的程度上遭到摒除。换句话说：思考重新融入做事。

（3）如果想让学习过程更有效，从而也提高以后的工作绩效，就必须在工作活动中采取行动调节方法。正是行动调节的差异决定了工作绩效的差异。

如果遵循劳动教育学行动调节理论，可以很快发现促进人格的工作活动是怎么样的。根据工作活动分类方案，如果工作活动允许或者至少没有阻碍地在较高的调节层级上进行，就能促进人格的发展。反之，不能在较高层级上进行行动调节的工作对人格的促进作用较小。换言之，促进人格发展的工作活动需要计划、执行和控制三个步骤。处于工作活动分类最低层级（感知运动调节）的工作往往只侧重了执行步骤。

不过，对于劳动指导意义上的劳动和学习而言，行动调节理论的全面教学实践尚未展开。这种教学实践将在下文第三章中作为第一种方法进行介绍。针对传统的劳动指导方法，从行动调节的角度检查这些方法在哪些方面是有效的。此外，还研究了哪些教育和培训措施可以用来改变或补充传统的劳动指导方法。

总结

　　资质化措施应当是这样的，工作活动应当包含认知活动。资质化措施的设计应使员工具备强烈意识，在工作中使用行动调节方法。在劳动中学习时，如果遵循行动调节理论，那么需要满足以下要求：（1）促进员工独立思考和学习的能力，这种能力同样可以迁移到工作场所以外的生活领域。独立思考和学习的能力有助于员工独立应对未来工作要求。（2）将思考重新融入做事。（3）有效设计学习过程，提高后续工作绩效。

重要术语和概念

　　认知渗透　　　　　　　　　　工作中决定绩效的部分
　　独立的思考和学习能力　　　　促进人格发展的工作活动
　　思考重新融入做事

研究文献（精选文献）

Riedel, J.: Arbeiten und Lernen, Braunschweig 1962
　　Kap. 18: Die Rückwirkung des Arbeitens auf den Arbeitenden
　　Kap. 19: Die doppelte Bewährung in der Arbeitssituation
（J. 里德尔：《劳动与学习》，不伦瑞克，1962
　　章 18：工作对劳动者的反作用
　　章 19：工作情景的双重作用）

Schelten, A.: Konzepte einer antizipativen Berufsbildung, in: Wirtschaft und Berufs-Erziehung 36(1984)8, S. 237–243
（A. 舍尔滕：《前瞻性的职业教育的方案》，载于《经济和职业教育》36［1984］8，第 237—243 页）

Ulich, E.: Arbeitspsychologie, 5. vollständig überarbeitete und erweiterte Aufl., Stuttgart 2001
　　Kap. 7.5: Arbeitstätigkeit und Persönlichkeitsentwicklung
（E. 乌利希：《劳动心理学》，第 5 次完全修订和扩展版，斯图加特，2001
　　章 7.5：工作活动和人格发展）

第三章　劳动指导的方法

在介绍劳动指导方法时，第一步是对指导的相关概念和方法进行概述（第三章第一节）。第二步是对特定传统指导方法进行详细介绍（第三章第二节）。在第三步中介绍更新的指导方法（第三章第三节）。第四步结合前面介绍的劳动与学习理论对指导方法进行讨论和总结（第三章第四节）。在第五步中介绍对于教师语言的研究，它不再是一种指导方法，而是一种在指导框架内进行基础研究的方法（第三章第五节）。

第一节　指导的概念和方法

指导的概念

依据单词构成，指导（Unterweisung）与上课（Unterricht）相同。"上课"依据字面意思是"从根本上"，也就是说，它从根基开始进行方向引导；"指导"从本质上说是"知识和实践相伴随"（参见 Kluge，Götze 1953，第 823、866 页；Mitzka 1954，第 390 页及以后各页）。指导，就像上课一样强调教学，即按顺序、有计划和连贯地传授要教的材料。除了教学，教师还操心所传授的内容是否能够得到足够的加工处理，使知识成为学习者的永久财富。

尽管"指导"这个词本身并不能说明这一点，但是与"上课"一词相比，"指导"一词具有一种特殊的用途："指导"通常涉及工作活动中的教学。对于劳动教育学来说，"指导"具有特殊意义，意味着对职业实践工作的系统伴随。按照语言本身附带的自然感知，"指导"与"上课"的区别在于，"指导"是实践性的，"上课"是理论性的。依据格林兄弟的德语词典，有时"指导"似乎是一个更加崇高的教学术语（参见Grimm，Grimm 1936，第1731栏）。从劳动教育学的意义上来讲，"指导"指的是为劳动技能的学习提供支持，例如学习操作机床或制作烘焙食品。熟练掌握工作活动的劳动者有条不紊地向初学者传授工作所需的知识、表现和态度。换句话说，"指导"是伴随劳动技能获得过程的相关支持措施。

当学习某项劳动技能时，需要（1）对于所要掌握的劳动技能进行认知准备，（2）进行较为持久的练习，（3）最后进行控制和评估（Heinze 等1984，第273页及以后各页；Geuther，Heinze，Siemon 1984，第23页及以后各页）。根据这三个步骤，指导可以区分为：

- 介绍性指导。
- 伴随性指导。
- 总结性指导。

介绍性指导涉及新工作或新任务，通常会要求对相关工作进行初步练习。介绍性指导往往面向多名员工。介绍性指导的目标是，培养员工独立、主动、自觉地进行练习的能力。在介绍性指导环节，工作任务得到精确描述，理论知识得到讲解传授。指导者给出示范，员工在监督下进行模仿。

伴随性指导指的是在练习期间对员工动作的纠正。伴随性指导通常是个性化的。在工作过程中，指导者会不时地观察员工，强调指出员工取得的学习进步。员工在工作过程中遇到困难时，指导者会提供建议，给出关于工件、材料特性或机器设置的指示。指导者直观地展示某些工作方法，纠正员工手部动作或抓握方式，给出如何进行自主控制的秘诀。指导者一直要权衡利弊：一方面，要鼓励员工学会独立克服困难，不能干预各种学习弯路方式，否则会阻碍自然的职业动作技能学习过程；另一方面，干预也不能来得太迟，当错误已经根深蒂固，以致很难纠正时，往往为时已晚（详见劳动与学习理论，第二章第三节的"四、职业技能的学习困难"）。

如果类似的错误发生在几个员工身上，给出集体指导是个很好的做法。经验丰富的指导者从一开始就在练习期间安排了集体指导。通过这种方式，可以打断片面且经常令人疲倦的练习节奏。另外，在介绍性指导中，忽略了某些细节或解释，这些细节或解释可以在后续练习过程中，在用到之前进行补充（参见 Geuther，Heinze，Siemon 1984，第 27 页；Heinze 等 1984，第 276 页）。不过，这需要假设员工的练习过程大致相同。

总结性指导用于控制练习工作，对其进行评估以便开始下一步。指导可以采用每日评估的形式。不过，对于总结性指导来说，它是在一系列练习结束时进行的。总结性指导通常是个性化的，借助观察和讨论的形式。在总结性指导过程中，补充示范，与标准工作模式对照比较，对练习曲线进行观察分析，这些做法富有意义。

在总结性指导中，控制和评估并非那么重要。员工应尽早在介绍性和伴随性指导期间进行自我控制和自我评估。这样既鼓励了员工的自主学习和独立工作，又减轻了指导者的控制和评估工作。

在总结性指导中，更重要的是与员工一起明确在练习时所犯的错误，剖析错误成因，并寻找未来消除这种错误的解决方案。在此基础上，明确接下来的学习进程。此外，还需要对学员给出建议，讨论是否具有更合理、更有效地解决任务的方法。再者，指导是否提供了有效的帮助？是否选择了有利的学习路径？最后这两个问题是对指导者的评价。

介绍性、伴随性和总结性指导整合起来成为一个教学单元。对于需要学习掌握的工作活动而言，教学单元构成一个独立完整的子单元。概览 3.1 给出了一个持续两天半的教学单元的示意图。需要学习掌握的工作活动的指导过程由几个教学单元共同构成。概览 3.1 中的教学单元持续时间可以少于或多于两天半，例如一天或者甚至两周。一个教学单元的持续时间取决于工作活动的内容和所需掌握的程度。在一个教学单元中，可以区分以下不同的教学组织形式：

- 个别指导。
- 伙伴指导。
- 小组指导。

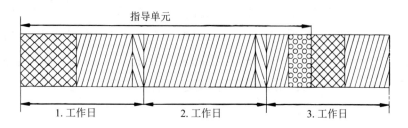

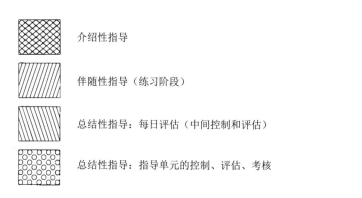

介绍性指导

伴随性指导（练习阶段）

总结性指导：每日评估（中间控制和评估）

总结性指导：指导单元的控制、评估、考核

概览 3.1　一个指导单元的图示，比如指导时间是两天半

（依据 Geuther，Heinze，Siemon 1984，第 24 页；Heine 等 1984，第 254 页，有改动）

从组织培训的角度来说，指导的社会形式决定了在指导者和学习者之间以及在学习者之间存在哪些互动选项。

在个别指导的情况下，指导者单独监督每个学习者。在此，他所指导的学习者总数是无关紧要的。指导者排除这样的假设，即学习者之间会基于工作任务相互联系，或者交换有关需要学会的工作活动的信息。

在伙伴指导中，2 名员工在一个工作场所或两个不同的工作场所一起学习。指导者基于这样的假设，即学习者之间会基于工作任务相互联系，或者交换有关需要学会的工作活动的信息。例如有 12 名学习者，指导对象就是 6 对合作伙伴。如果指导者与一名学习者交谈，交谈对象也包括合作伙伴。

在小组指导的情况下，指导者会面对 2 名以上的学习者。例如有 12 名学习者，组成 3~4 人的小组，或组成一个包括所有人的大组。指导者假设一个小组中的所有学习者都相互联系并交换有关需要学会的工作活动的信息。如果指导者与一名学习者交谈，那么他面向的是整个小组。

在指导实践中，介绍性指导通常采用小组教学的形式。小组构成通常规模较小。因此，指导者在进行演示时，学习者可以站在旁边观看。在这个过程中，必须排除对要学习掌握的工作活动的镜像感知（即指导者与学习者面对面站着）。

伴随性指导通常采取个别指导的形式。总结性指导可以是个性化的个别指导，也可以是集体形式的小组指导。

指导的方法

指导的方法描述的是学习者在掌握工作技能或处理新的工作任务时以某种方式得到引导的过程。

观看、示范和模仿可以看作指导的教学前方法。这些过程在概览 3.2（方法概览）中未有提及。然而，由于这些过程被视为实际教学方法的初步阶段，因此将在下文对其进行简要讨论。

在观看环节，对于员工所要学会的工作活动，有一个能手在旁边进行示范。在最理想的情况下，学习者能够从一开始就通过观察来跟着模仿完成简单的工作任务。不过使用这种方法，他即使学会要领，也要等到很晚的时候。因为学习者只能以随机形式了解能手当前正在执行的工作。学习者只能获得所要掌握的工作活动的视觉图片：缺少口头描述，因此缺少处理任务的心理结构。此外，学习者不会获得有关工作活动的任何触觉和运动感知的信息。培训是无计划的、无系统的，只是通过"偷眼"零散地和偶然地学习。

在观看的时候，尽管会伴随模仿，但这样的模仿并非基于有计划的示范。它不同于示范 / 模仿程序中所强调的那样。示范 / 模仿程序展示了观看之后的学习过程。在示范 / 模仿程序中，首先由能手完成所要学习掌握的工作活动，并展示和解释不同情况下的重点内容。如果是一个大任务，则分成不同步骤进行演示。动作中的难点被放慢速度，得到详细讲解。解释集中于关键之处，注意力集中于重要方面。学习者清楚地了解工作活动中各个任务的顺序和关联——模仿练习从示范开始。学习者把示范动作当成理想形式，为自己的练习树立了规范和准绳（示范／模仿程序是四步法的一部分，见后文第三章第二节"一"）。

概览 3.2 反映了各种指导方法。这些方法可以归入三个学习区，即多心理运动学习区、认知和心理运动重叠学习区、多认知学习区。三个学习区的划分同时依据指导者和学习者的参与程度，以及指导者和学习者的活动安排。因此，有些方法更多地以指导者为中心，学习者只是"吸收—接收"（aufnehmend-empfangend），或者用现代话语称为"领会"（rezeptiv）。

概览 3.2　劳动指导方法概览，并不求全，同时省略情感（价值观／责任）学习领域

指导方法			
参与程度	**学习区**		
	多心理运动学习区	认知和心理运动重叠学习区	多认知学习区
强调指导者	指令／算法		讲座
强调指导者和学习者参与	四步法 ● 分析性指导法 ● 行动调节法		教学对话
强调学习者		引导文本法 模拟／训练方法 模拟游戏 项目法	案例法

而在有些方法中，指导者和学习者具有同等参与程度，学习者采用一起探索的方式。另外一些方法则更多强调学习者为中心，学习者能够越来越独立地展开工作。引导文本法、模拟／训练方法、商业模拟游戏和项目法，这些方法位于心理运动和认知学习领域之间。应用这些方法，心理运动和认知学习领域的重叠尤为明显。

概览 3.2 不包括情感（价值观/责任）学习领域，不包括情感领域的指导形式，例如习惯形成、个人价值观的指导和处理。这些教学形式只属于最广泛意义上的指导方法，在此不作赘述。

在概览 3.2 给出的指导方法中，四步法是基本的指导方法。这种方法将在本章第二节"一"中进行更详细的讨论。分析性指导法和行动调节法展示了四步法的特殊形式（见概览 3.2），这两种方法也将在后面单独讨论（本章第二节"二"和第三节"一"）。此外，引导文本法作为一种独立的新方法需要特别注意（参见本章第三节"二"）。总体而言，这两种方法即四步法及其特殊形式和引导文本法，被认为是特别重要的，也是使用得最多的。概览 3.2 中提到的其他方法简要说明如下。

指令/算法

根据工作设计、企业组织和发展协会（REFA 1975，第 182 页及以后各页；1991，第 58 页及以后各页）的观点，指令（Anweisung）指的是书面或口头形式的工作要求。它适用于在原则上已经掌握了某项工作活动的员工。该项活动应以员工熟知的形式或改动后的形式进行，指令是一种基于事实信息的引导手段。

指令的特点包括：一个内容广泛的工作指令始于概述，然后进入细节。如果工作指令经由口头给出，执行指令的学习者应该用自己的话进行复述。通过这种方式，可以知晓工作指令是否已经得到正确理解。学习者应自己报告工作活动执行的情况、可能出现的问题以及如何纠正这些问题：指导者在很大程度上无须检查工作执行情况（详见 REFA 1975，第 182—185 页；REFA 1991，第 59—62 页）。

算法（Algorithmus）不能清楚地与指令分开。因此工作设计、企业组织和发展协会（REFA）也不再谈算法，而只谈指令（REFA 1991）。根据 REFA 的说法，算法指的是详细的书面的行动规则，解决明确定义的工作任务（REFA 1975，第 186 页及以后各页）。这一行动规则精确地规定了完成一项工作任务所必须遵循的操作步骤。

　　简单来说，算法指的是操作、使用、组装或执行指令，包含线性的操作步骤。概览 3.3 给出了一个非常简单的日常示例。借助这一示例，可以看到质量参差不齐的此类指南的概况。概览 3.3 中显示的算法清楚地说明了要做什么。借助数字图像记录和数字处理技术可以这样设计工作岗位的指令，即为彩色图像提供简要的工作状态说明即可。

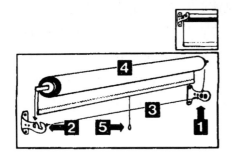

墙面安装
1. 拧上右侧的孔支撑。
2. 拧上左侧开槽支架，水平安装支架。
3. 横梁间略有间隙留给卷帘。
4. 钩住卷起的卷帘，使用后孔和后槽。
　卷帘挨着窗户一侧。
5. 加固流苏带子。

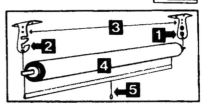

屋顶安装
1. 拧上右侧的孔支撑。
2. 拧上左侧开槽支架，水平安装支架。
3. 横梁间略有间隙留给卷帘。
4. 钩住卷起的卷帘，使用下孔和下槽。
　卷帘挨着窗户一侧。
5. 加固流苏带子。

概览 3.3　简单算法的示例：无须作出选择的线性操作步骤
（卷帘的安装—使用—维护）

　　在最常见的形式中，算法是一种解决方案：通过一个过程图引导用户从一个起点到达终点，并作出"是 / 否"判断或者决策选择。

　　这样的算法架构相当简单，并且容易处理。例如，学习如何启动设备或机器的算法可能如下所示：

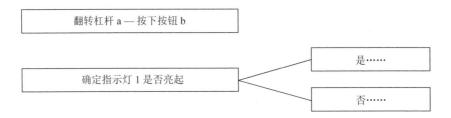

在一个"是/否"判断分支后面，可以跟随几个"是/否"判断分支。

但是，算法也可能非常复杂。为了发现特定系统或设备的损坏原因，一个用户必须完成一系列的测试操作，某些操作步骤内容广泛，基于多媒体支持，并与"是/否"判断相关联（有关算法的更多信息参见Bunk 1974，第116—127页；REFA 1975，第186—199页；Klingberg出版年不详，第198—205页）。

关于四步法、分析性指导法、行动调节法、引导文本法详见本章后文的第二节和第三节。

模拟/训练方法

从资质促进的意义上来说，模拟是对于严格操作情况的仿真。出于技术、职业安全、安全技术和经济原因，学员无法在严格操作情况下完成学习。借助模拟器能够解决此类问题。工作任务的设置可以依据特定教学方法进行充分准备，由此，学员可以在模拟器上练习某些与现实情况高度相似的工作活动。特别是在工作情景压力较大、情况特殊或者临界的情况下，模拟可以实现高水平的安全性、准确性、可靠性和执行速度。事实上，这些也是在模拟器上进行培训的目标。

模拟/训练方法的示例包括：飞行员、空中交通管制员、空乘人员、船长、车辆驾驶员或起重机操作员使用模拟器进行培训。操作化工设备的员工在过程模拟器上接受培训，完成控制和调节活动。模拟的其他应用领域还有火灾模拟和医学模拟等。有关船舶管理的模拟学习分析和学习方案设计，可以参见沙林豪森和舍尔滕的示例（Scharringhausen, Schelten 1987）。

模拟/训练方法变得越来越重要。由于工作过程变得越来越完整和复杂，企业投资成本不断增加。因此，必须在特定程度上确保一种可持续的、时间投入密集的、成本降低的、灵活的工作方式。这需要员工具备稳定的工作技能。为此，员工除了在实际工作中进行训练，尤其还需要通过模拟器训练来获得技能。同时模拟器训练也可以确保员工的工作安全（有关模拟 / 训练方法的更多信息，可以参见 Heinze 等 1984，第 349—374 页及以后各页；Kaiser 1976；Hacker，Skell 1993，第 150 页及以后各页；Tilch 1993；Erbe 1992；Bonz 1999，第 125 页及以后各页）。

虚拟公司也称为练习公司，用于模仿商业活动和管理工作。虚拟公司由一群学习者组成，他们与其他群体一起模拟企业实践，完成商业交易（更多关于虚拟公司、练习公司等的信息可以参见 Hopf 1974；Söltenfuss 1983；Achtenhagen，Tramm 1993；Sommer 1999 等）。

模拟游戏

模拟游戏与模拟 / 训练方法类似。它是一种起源于军事领域的指导方法。模拟游戏对传授专业知识的作用不大，其参与前提是学员在一定程度上已经具备专业知识。这种模拟游戏服务于决策训练，用以提升高管在复杂情况下作出决策的能力。模拟游戏需要有条不紊地工作，需要整体性、前瞻性、网络化和连贯性思维。由此，模拟游戏特别适用于高管培训。

模拟游戏总是在模型中再现真实情况。在模拟游戏中，企业就是模型。模拟游戏有助于明确企业各个部分的相互依赖关系，显现个人决策对整个系统的影响。基于模拟游戏，可以再现可能对运营实际构成重大风险的决策的后果。因此，模拟游戏也使实验方法成为可能（更多关于模拟游戏的信息，可参见 Bunk 1974，第 110 页及以后各页；Eisenfuhr 1974；Kaiser 1976；Reinisch 1980；Rohn 1991，罗恩与德国伍珀塔尔模拟游戏中心的相关研究；Huber，Hubner 1993；Bonz 1999；Geißler 等 2005）。

项目法

项目法可以理解为基于一个实用和真实的项目，在设定目标、计划、执行和评估方面主要由学习者自己完成的一种方法。在涉及一个较大的工作领域时，学习者的能力得到整体性的促进。这不仅涉及心理运动（动作），而且涉及认知（理智），尤其是情感（价值观/责任）学习领域。项目法从整体上对学习者提出要求，需要一个长期的学习过程。这意味着项目法在正规职业教育中受到更多的关注，到目前为止，项目法较少用于职业教育以外的短期资质培训。

在目前的职业教育实践中，项目思想更多地结合了下述考虑：对于一个职业教育大型任务来说，重要的是实现有价值的产品的生产。无论是制造平行螺丝夹还是制作圆规等，这些实践练习（或者说项目）的决定性特征在于它们不是形成无用的垃圾，而是形成有用的物体。

但这强调的是项目的实用性和真实性，并未凸显项目学习的另一个决定性特征：学习者对学习过程的自我组织。事实上，在大型培训企业中强调的恰恰是后者这种更为广泛的意义。这在二十世纪八十年代大型企业中尤为重要，例如加格瑙的戴姆勒－奔驰公司、科隆的福特公司、佩内－萨尔茨吉特钢铁股份公司和腓特烈港齿轮股份公司、德国 AEG 家电公司或西门子公司（详见 Fischer，Merkel，Walz 等 1982；Kröll，Schubert，Rottluff 1984；Koch，Neumann，Schneider 1983；Fix 1981，1984，1989；Müller，Sengewald 1988；Borretty，Fink，Holzapfel，Klein 1988）。

项目的目标可以是在市场上获取利润，因此项目推动生产具有经济价值的产品。同时，项目服务于学徒能力的个性化提升，服务于职业教育《培训条例》（Ausbildungsordnung）规定的学习目标的实现。正是因为基于产品生产的项目创造经济价值，所以完成项目构成了职业世界的真实学习需求，项目成为劳动指导的载体和缘由。关于引导文本控制项目，其中引导文本法与项目法相结合而形成的独立培训方案，可以参见本章第三节"二"中所提到的教学方法。

模拟/训练和项目法，更多地位于心理运动和认知学习领域的重叠区域。讲座、教学对话和案例法更多地面向认知学习领域（参见概览3.2），这三种方法也可以算作学校教学中的传统教学方法。就讲座、教学对话和案例法这三种方法而言，指导与上课之间的区别尤其模糊。下文将详细介绍这三种方法。

讲座

在讲座中，教师通过"呈现—给予"（darbietend-gebend）来表达事实，或者使用更现代的话语说，通过"展示—解释"（darstellend-erläuternd）来表达事实。学习者只是"吸收—接收"（aufnehmend-empfangend），或者"领会"（rezeptiv）。教师可以口头呈现，或者进行文本呈现并加以口头解释，或者也可以仅仅是文本呈现。

在讲座过程中，教师是一个事实的传递者，为此他必须：（1）选择与学习者相关的教学内容；（2）重新塑造教学内容（即"教学简化处理"）以适应学习者的学习能力；（3）最后将转换后的内容以易于理解的方式呈现给学习者。以下原则特别适用：受众越是不常学习，表达就越要形象、清晰和简明。

朗格尔、舒尔茨·冯·图恩和陶施（Langer，Schulz von Thun，Tausch 1974）关于知识传授中的"可理解性"概念提供了很好的支持，有助于清晰地呈现教学内容（另见 Tausch，Tausch 1991，第266—277页；另见 Langer，Schulz von Thun，Schulz 2002）。这一概念源于对教学和信息文本的可理解性的研究。依据这个概念的语用范畴，它也非常适用于讲座的设计。

可理解性区分了四个维度：简单性、结构顺序、简洁性和附加刺激。

简单性（相反：复杂性）的维度是指词语选择和句子结构。无论内容是简单的还是困难的，简单性主要取决于呈现方式。简单性需要满足以下要求：句子简短，容易理解，使用常用词语，对专业术语给出解释，演示文稿具体清晰。

结构顺序（相反：缺乏结构，不连贯）的维度侧重于呈现方式可见的外部表征，以及连贯的内部结构。良好的结构顺序需要满足以下要求：一目了然，顺序正确，区分本质和非本质的内容，安排合理，突出重点，凸显思路。特别是设计讲座时，在结构顺序方面应该参考一个简单易懂的原则。美国教科书就是按照这个原则设计的，并达到特别好的学习效果："先介绍您要说什么，然后开始说，最后再总结您所说的。"

简洁性（相反：冗长）的维度是指避免讲座造成认知超载。需要满足的要求是：限定于本质的或绝对必要的内容，目标导向，集中，简短，紧凑。

附加刺激（相反：没有附加刺激）的维度要求讲座具有装饰性即"佐料"，这样的佐料具有引起兴奋和激发动机的效果，能够保持听众对于演示文稿的兴趣。这一维度需要满足的要求是：演示文稿设计引人入胜、富有变化，表达有力、亲切；使用示例；进行比较；采用第二人称；使用视觉辅助工具。

为了清楚起见，概览3.4给出了一个较为陈旧但极具说服力的例子。文本 A 特别复杂，结构很差，没有任何附加刺激，不过它具有高度的简洁性。文本 B 非常简单，结构很好，而且简明扼要，不过，采用一个示例作为附加刺激，仅起到微弱的作用。

概览3.4　在知识传授过程中为了更好地理解而改变文本的示例，文本印象评论的标度范围是：++，+，0，−，−−

（参见 Langer，Schulz von Thun，Tausch 1974，第 115 页，还可参见 Tausch 的其他示例，Tausch，Tausch 1991，第 266 页及以后各页，以及更新的示例，Langer，Schulz von Thun，Tausch 2002）

文本 A

《道路交通准许通行条例》第 57 条："在显示范围后三分之二的时速区间，显示车速允许偏离实际车速，但显示车速至少要达到 50 千米／小时及以上。如果显示范围后三分之二高于 50 千米／小时，那么允许偏离实际车速的范围是 0%~7%；如果高于 20 千米／小时及以上，显示车速不得低于实际车速。"

简单性	结构顺序		−−	−
简洁性	附加刺激		++	−−

续表

文本 B（文本加工改善的建议）
《道路交通准许通行条例》第 57 条："显示车速允许偏离实际车速的百分比是多少？" 1. 对于 0~20 千米 / 小时的车速范围没有规定。 2. 从 20 千米 / 小时起，显示车速不得少于实际车速。 3. 如果车速显示范围最高值为 150 千米 / 小时，那么以下规则适用：在显示范围后三分之二的时速区间，显示车速可以超过实际车速，超过部分最多可达到最高值的 7%。 　例如：车速显示范围最高值为 120 千米 / 小时，那么在 40~120 千米 / 小时的车速区间，显示车速可以超过实际车速，超过部分最多可达到 120 千米 / 小时的 7%（即 8.4 千米 / 小时）。 4. 如果车速显示范围超过 150 千米 / 小时，那么 7% 的规则从 50 千米 / 小时开始就适用。

简单性	结构顺序	+	++
简洁性	附加刺激	+	0

注：此系 2004 年 11 月公布的一个新法律文本。

教学对话

教学对话是一种具有引导性质的对话。指导者作为对话的引导者，通过"启发—讨论"（herausholend-erörternd），或者使用更加时髦的话说，通过"提问—发展"（fragend-entwickelnd）引导对话。学习者则是通过"发现—参与"（findend-mitbeteiligt）的方式。以对话的形式，引导者和学习者互相交流信息，寻找错误并进行纠正，提出问题和给予回答。在对话引导者的帮助和影响下，学习者通过加工学习材料重点，与其他学习者一起实现相关内容的学习结果增值。

教学对话的前提是，学员拥有与主题相关的知识以及前期经验。如果没有具备这些知识，对话引导者必须进行简短的内容介绍，例如采用讲座的形式。基于先前的知识或经验，学员可以独立地回忆和巩固已经知道的事实，或从这些事实中获得新的见解。比如对于具有专业实践或操作经验的学员，教学对话的主题可以是"处理员工问题"、"引导谈判"或"指导员工"。

换句话说，教学对话有以下特征：（1）它是由对话引导者组织的小组讨论；（2）所有参与者都会发言或提问；（3）框定一个明确的主题，但每个参与者都可以影响其目标设置；（4）力争在特定时间内取得结果（参见 Beyerle 1967，第 8 页及以后各页）。

教学对话与所谓的"提问—发展"或者"启发—讨论"教学类似。然而，只有当"提问—发展"也是学习者真正参与的教学时，这种亲缘关系才能得到识别。此类情况的发生，需要基于这样的事实前提：很多人都能表达自己的观点，指导者并非目标明确地、满怀期待地在某些时候去获得一个标准答案。学习者必须是平等的伙伴，帮助确定课堂讨论内容（有关课程讨论的更多信息，参见 Beyerle 1967；Bunk 1974，第 100—102 页；REFA 1975，第 206—213 页；Meyer 1987，第 279—340 页，2000 新版；Pätzold 1993，第 160—172 页；Bonz 1999）。

案例法

使用案例法时，指导者退居其次，学习者在更高程度上独立完成工作。案例即从工作实践中提取出来或专门进行构思并且需要得到解决的复杂任务。案例"来自实践，为了实践"，必须在所学知识和实际应用之间建立联系。在条件变化了的情况下，知识生产规则应该相互联系，从而为学习者开辟新的成功机会。这意味着案例学习的目的是学习如何解决问题。

案例可以由指导者以书面形式提出，例如发生商业投诉时的处理过程。案例也可以采用口头陈述形式，例如由教师讲解将 24 伏特和 50 赫兹励磁电压的交流接触器切换到 220 伏特和 50 赫兹。接触器是一种电磁操作的开关。基于实验支持的问题分析过程，学习者认识到接触器的起动电流和维持电流是不同的。解决这个问题需要两个串联电阻，它们通过电路相互连接。在这个案例中串联规则得到应用。另一个案例是根据原因分析烘焙食品过程中的烘焙失误，并挖掘避免这些失误的可能性和保障程序的正确性。

案例法也训练分析思维，因为学习者必须能够识别和表述案例包含的实际问题。只有这样，才能假设和开发可能的解决方案。解决方案的实现可以成为案例法的对象，但不再是必需的（有关案例法的更多信息，参见 Bunk 1974，第 102—105 页；REFA 1975，第 214—217 页；Kaiser 1983；Pätzold 1993，第 203—207 页；Euler, Hahn 2004，第 297 页及以后各页）。

关于指导方法，最后应该指出以下几点：指导方法必须与指导抓手区别开来。在现代术语中，指导抓手也可以被称为微方法。指导抓手或微方法是在教学方法中使用的个别教学措施。指导抓手按照随机顺序可列举如下：指示、展示、示范、解释、提问、发现错误、纠正、要求、指定工作任务、激发兴趣、消除偏见、摆正学习者位置、强调工作活动重点、识别、可视化、思维导图、头脑风暴。指导抓手也称为指导行为，是指导期间的瞬时措施。它们可以融入相关方法之中，也可以脱离出来成为独立研究的对象。

总结

指导，就像上课一样，是一种强化教学。在教学方面——按顺序、有计划和连贯地传授学习材料——其目的是使得所传授的内容得到处理并成为学习者的永久财富。指导是在习得工作技能过程中的相关促进措施。掌握某一项工作技能的劳动者有条不紊地向初学者传达所需的知识、技能和态度。

指导分为介绍性、伴随性和总结性指导。它们一起组成了一个指导单元。几个指导单元共同构成一个指导过程，致力于习得某项工作技能或胜任一项新的工作任务。

指导的社会组织形式可以分为个别指导、伙伴指导和小组指导。

劳动指导的教学前方法是观看、示范和模仿。劳动指导本身包含的方法，更多涉及心理运动领域的有：

- 强调指导者：指令 / 算法。
- 强调指导者 / 学习者参与：四步法、分析性指导法、行动调节法。

更多位于心理运动和认知学习的重叠领域的有：

● 强调指导者 / 学习者参与：引导文本法。

更多涉及认知学习领域的有：

● 强调指导者：讲座。

● 强调指导者 / 学习者参与：教学对话。

● 强调学习者参与：案例法。

指导抓手或微方法，例如示范、解释或强调工作活动的重点，是劳动指导方法当中的单个教学措施，与各种指导方法结合起来应用。

重要术语和概念

指导：

● 介绍性指导

● 伴随性指导

● 总结性指导

指导单元

指导过程

指导的社会形式：

● 个别指导

● 伙伴指导

● 小组指导

指导的教学前方法：

● 观看

● 示范和模仿

指导抓手

指导方法：

● 指令 / 算法

● 四步法

● 分析性指导法

● 行动调节法

● 引导文本法

● 模拟 / 训练

● 模拟游戏

● 项目法

● 讲座

● 教学对话

● 案例法

研究文献（精选文献）

Cramer, G. (Hrsg.): Jahrbuch Ausbildungspraxis 2004, Köln 2004

　Kap. Ⅲ: Innovative Ausbildungskonzepte – Best Practice

（G. 克拉默［主编］:《2004 年职业教育实践年鉴》，科隆，2004

　章节Ⅲ: 创新职业教育理念——最佳实践）

Heinze, K., u. a.: Der Unterrichtsprozeß in der Berufsausbildung, hrsg. v. Zentralinstitut für Berufsbildung der DDR, 2. Aufl. Berlin (Ost) 1984

Kap. 2.5.3: Unterrichtsmethoden, die primär der Vermittlung und Aneignung von Arbeitsfertigkeiten dienen.

Kap. 4.1.1: Gliederung des berufspraktischen Unterrichts

Kap. 4.1.4: Realisierung der didaktischen Funktionen durch Unterweisungen und Übungen

Kap. 4.1.5: Anwendung typischer Unterrichtsmethoden

Kap. 4.4: Ausbildung der Lehrlinge unter Trainingsbedingungen

（K. 海因策，等:《职业教育教学过程》，德意志民主共和国中央职业教育研究所，第 2 版，柏林［东］，1984

章 2.5.3：主要用于传授和习得劳动技能的教学方法

章 4.1.1：职业实践课程的结构设计

章 4.1.4：通过指导和练习实现教学功能

章 4.1.5：典型教学方法的应用

章 4.4：在培训条件下的学徒职业教育）

REFA-Verband für Arbeitsstudien und Betriebsorganisation, Methodenlehre der Betriebsorganisation: Arbeitspädagogik, 3. Aufl., München 1991 (Autor G. P. Bunk)

Kap. 3: Vorformen der Arbeitsunterweisung

Kap. 4.1: Standardprogramm der Arbeitsunterweisung

Kap. 4.2: Systematische Arbeitsunterweisung

Kap. 4.5: Planungsorientierte Arbeitsunterweisung

（REFA- 工作设计、企业组织和企业发展协会:《企业组织方法：劳动教育学》，第 3 版，慕尼黑，1991［作者：G. P. 邦克］

章 3：劳动指导的初步设计

章 4.1：劳动指导的标准计划

章 4.2：系统化的劳动指导

章 4.5：基于计划的劳动指导）

Riedel, J., unter Mitwirkung v. P. Beyerle: Arbeitsunterweisung, 6. überarb. u. erw. Aufl., München 1961 (Das REFA-Buch, Bd. 4)

Kap. 1: Aufgabe und Bedeutung der Arbeitsunterweisung im Betrieb

Kap. 4.3: Techniken der Unterweisung

（J. 里德尔，P. 拜尔勒:《劳动指导》，第 6 次修订和扩展版，慕尼黑，1961［REFA

出版物，第 4 册〕

章 1：企业中劳动指导的任务和意义

章 4.3：指导的技巧）

Ruschel, A.: Arbeits- und Berufspädagogik für Ausbilder in Handlungsfeldern, Ludwigshafen (Rhein) 1999

Handlungsfeld 4: Am Arbeitsplatz ausbilden

（A. 鲁舍尔：《面向培训师行动领域的劳动和职业教育学》，莱茵河畔路德维希港，1999

行动领域 4：工作岗位培训）

Schelten, A.: Einführung in die Berufspädagogik, 3. vollständig neu bearb. Aufl., Stuttgart 2004

Kap. C.1: Didaktik, Unterricht, Curriculum

Kap. C.5.2: Lernorganisation

（A. 舍尔滕：《职业教育导论》，第 3 次完全修订版，斯图加特，2004

章 C.1：教学法、教学、课程

章 C.5.2：学习型组织）

练习

关于指导抓手的练习：示范和解释（参见 Biäsch 1953，第 35 页及以后各页，有改动）。

选择一个您事先掌握或学习过的不太知名的中等难度绳结。完成绳结应该需要 4 个以上的缠绕动作。按照顺序应用以下指导抓手，使学习者学会完成绳结。让学习者站在您旁边。

a）解释而不示范。口头描述打结，精确而缓慢。不要把绳子拿在手里，也不要做任何辅助性的动作或手势。详细解释打结涉及的每个动作，然后要求学习者完成打结。

b）示范而不解释。清楚而缓慢地展示绳子是如何打结的。一句话也不说。然后要求学习者模仿打结。

c）正确展示：示范和解释。结合示范、解释和试做来指导绳子打结。动作得到明确的分解、重复。慢慢解释，指出重点。然后要求学习者打结。

在情况 c）中，学习者最有可能成功打结。讨论为什么案例 a）和 b）中的试做没有奏效，即便那时也已经清楚地解释和示范了所有内容。

考虑设计后续练习，使学习者在各种情况下都能发挥稳定地完成打结。

第二节　传统方法

一、四步法

在下文详细介绍四步法之前，一方面应该简要阐述这种方法的背景，另一方面需要讨论指导结构，因为明确指导结构是探讨四步法的一个基础。在对四步法进行介绍之后，是对该指导方法的一个评估。

四步法的背景

四步法与教学的正式步骤有着某种亲缘关系。正式步骤指的是教学和上课的步骤。课堂学习或多或少依照典型的时间顺序展开，例如按照这样的步骤：准备、展开、总结、应用。典型的步骤划分也可用于工作技能学习。四步法顾名思义分为四个步骤，即准备、示范、模仿和完成。另外，各个步骤还将进一步得到细分，对此后文将展开详述。

四步法在"二战"期间诞生于北美所谓的工业培训计划（Training Within Industry，TWI）（下文参照 Bunk 1972，第 310 页及以后各页）。在美国，由于和平生产朝着战时生产转变，以及上级和技术专家应征入伍，对于替代上来的工作人员需要一种务实且易于理解的资质培训方案。由此，开发了相应的劳动指导、工作改进、员工关系处理和会议主持的培训课程。

"二战"后，TWI 计划引入德国，并结合当地情况得到继续发展和调整。首先局限于 TWI 工作组内部，后来于 1954 年被工作设计、企业组织和企业发展协会（REFA）采用。在先前的 TWI 计划的基础上，REFA 基础委员会劳动教育学分会将四步法作为工作研究和企业组织的方法（第 6 部分：工作说明，载 REFA 1975，第 110 页及以后各页；劳动教育学，载 REFA 1991，第 137 页及以后各页）。在 TWI 和 REFA 的工作中，四步法的发展与拜尔勒（P. Beyerle）的名字紧密相关。

指导的分层

在开展劳动指导之前，也就是说在传授如何掌握一个工作技能之前，必须以书面形式明确指导结构（以下参见 REFA 1975，第 119—128 页；Palme 1969，第 12 页及以后各页；Beyerle 1961，第 78 页及以后各页；也参见 REFA 1991，第 137—157 页）。

如果是完成技术任务，可以在明确指导结构之前给出以下信息：工作对象；工作任务；所需资源、工具、设备；材料；工作岗位安排；订单号；归档标识符。如果是完成非技术任务，例如提供服务，则需要给出与服务相关的信息。

在主体部分，指导结构由三个竖列组成（见概览 3.5）。在"学习段落"竖列中，工作过程被分解为几个重要的子过程。这里的重点是指出在每一个部分中需要学习或完成的内容。学习段落的安排依照工作的顺序。每完成一个学习段落，就意味着离完成整个工作任务更近了一步。最后通常会有一个停顿，这被认为是一个自然的中断。这个停顿可以保留，在这个时候整个任务已经初步完成，只是尚未彻底完成。学习段落的长短划分依据这样的原则，即学习者能够一次性吸收和掌握所有内容。

在"工作过程和工作提示"竖列中，对于学习段落进行了更加详细的划分。关键是要突出要点，即学习段落必须如何展开才能成功完成工作任务。劳动指导包括指导者必须告知学习者的行动或思想，以及学习者在完成工作任务时必须注意的内容。这样的指导具有如下好处：（1）使工作更容易，这些包括技巧、手段、记忆辅助和利用工作优势。

（2）提供指导，以便学习者成功完成工作任务并保证工作质量。（3）提供必要的职业安全说明，确保学习者不会危及自己和/或他人安全，也不会造成任何物品损失。

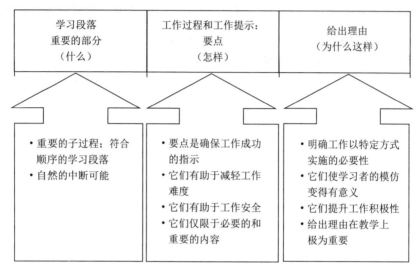

概览 3.5 教学大纲的主要部分

一个完整的劳动指导清单具有这样的好处，它可以确保在指导过程中不会遗漏任何事情。不过，为了保证不超出学习者的吸收能力，应该对清单进行重点选择。在这个过程中，仅应突出这些重点，即根据以往经验通常做得不正确、造成质量损害或造成危害健康的环节。

在"给出理由"竖列中，学习者应该了解为什么工作采用这种方式，而不是那种方式，也就是说，按照一种规定的方式去执行。学习者必须了解采用特定方式实施工作的必要性。学习者不应该在不了解逻辑关联的情况下简单地模仿。

为了清楚阐述以特定方式实施工作的理由，指导者被迫仔细考虑多年来认为理所当然的工作方法。在某些情况下，他会发现他已经不清楚为什么以这种方式执行工作而不是其他方式。因此，他给出理由时发现这个或那个工作过程如今可以更容易地执行，或已经不再需要。

为了澄清这一点，概览 3.6 显示了一个简化处理的指导结构的一部分，该结构已被浓缩为基本要素。指导结构针对的是组装安全气囊的工作活动。这个示例比较简短，但同时又很详细地展示了一个指导结构。另一个例子可以在鲍尔和舍尔滕的论著中找到（Bauer，Schelten 1993；Schelten 1995）。下文给出有关概览 3.6 安全气囊的一些基本信息。

> 关于安全气囊功能的细节：在发生事故时，集成在安全气囊中的气体产生器会制造压缩空气，通过管状喷枪借助高压到达安全气囊。该管状喷枪也是安全气囊的一部分。安全气囊在几分之一秒内充气完毕。
>
> 安全气囊的组装：安全气囊有不同的独立部件，需要在装配线上的多个工位进行组装。顺序依次是安全气囊的预组装、安全气囊的折叠、折叠包装的护套，以及将气体产生器插入带护套的折叠包装中。概览 3.6 再现了保时捷头部安全气囊装配线，展示了这四个工位中的前两个工位。

指导结构重点展示的是需要掌握的工作技能，同时忽略指导框架条件。指导框架条件包括：a）差异化的学习目标；b）学习者的学习先决条件（先前的知识、经验、方法态度、动机、成熟度）；c）指导者的教学先决条件（技术知识、方法技能、人际行为、教育理解）；d）媒体要求和选择（工作手段和设备）；e）实际指导过程中学习段落的顺序；f）对于学习成就的控制。

与备课一样，这些仅作为例子提及的要点必须包含在一个完整的指导准备中。由于指导结构在其他地方被混用，因此到目前为止只讨论了指导结构，而不是指导准备或指导计划（REFA 1975，第 119 页及以后各页）。REFA（1991，第 150 页及以后各页）谈到了与指导准备有关的工作分解。必须明确说明的是，指导结构只是指导准备的一个要素，不过它是一个关键的要素。

指导结构必须确保指导具有可理解、结构化、完整性、彻底性、易记忆的特征，并便于掌握。指导结构可以在指导完成后提供给学习者。

这样学习者就有了可以在工作中随时参考的程序规则。但是，指导结构不能替代指导本身。概览 3.6 中的示例清楚地说明了这一点。如果没有指导本身，将无法专业地组装和折叠安全气囊。

概览 3.6 关于安全气囊的组装、检查、折叠的一个简单指导结构

（参见 Olbert 2005，第 27 页及以后各页，有改动）

装配线：硅胶进气软管 保时捷（车型 9*7）			
工作任务：安全气囊部件组装 / 基本活动			
所需资源：安全气囊、喷枪、铆钉、环壳（压接环）、装配辅助装置			
操作工：史蒂芬·奥尔伯特			
顺序	学习段落：基本子过程 （什么）	工作过程和工作提示： 要点、技巧 （怎样）	给出理由 （为什么这样）
1	识别左右部件之间的差异	区别在于： ● 安全气囊的不对称性 ● 包装纸板箱的标记	左右部件都在一条生产线上生产。部件安装不正确会导致错误，从而浪费时间
2	第 10 站：预组装 	● 从包装中取出喷枪 ● 将压接环穿在喷枪上 ● 拉起喷枪上的袋子，袋口的朝向远离身体，孔眼袋和孔眼枪必须匹配 ● 将铆钉放在夹具上，然后用袋子按压喷枪	 正确放置，使得孔眼彼此重叠，因此按压更加容易
3	检查焊接点	视觉控制： ● 焊点的存在 ● 足够的焊点尺寸	如果缺陷产品没有剔除，可能会出现客户投诉
4	第 20 站：将预组装部件插入折叠机 	● 将部件插入夹具 ● 关闭夹紧杆时，将袋子向下折叠置于左拉杆下方 ● 将袋子滑到中间支架的后面 ● 将孔眼袋穿在心轴上 ● 压接环滑到传感器下方 ● 控制灯确认传感器的响应 ● 关闭防护门	 所有控制灯必须点亮，以便启动自动装置

续表

顺序	学习段落：基本子过程 （什么）	工作过程和工作提示： 要点、技巧 （怎样）	给出理由 （为什么这样）
5	拆卸折叠包 	●将拆卸装置放在折叠包装上 ●握住折叠包装并松开夹紧杆 ●用脚踩或按下黄色按钮，取下光栅 ●取出折叠包装，一只手垫在下面，将折叠包装放在存储托盘上	 否则，折叠包装可能会向下打开

　　指导结构的创建对于指导者的指导方法培训来说尤为重要。未来的指导者会看到教学材料是如何组织的，学习顺序是如何编排的。有条不紊地建立指导结构的系统方法有助于避免指导过程中的错误。指导者被要求从一开始就详细了解在学习掌握工作技能时会出现的相关困难。换句话说：未来的指导者学到了一些对教学工作非常重要的东西，即系统和精确地进行指导工作准备。

四步法

　　概览 3.7 详细呈现了四步法。在第一阶段，也就是准备阶段，学习情境得到展示，学习者做好技能学习准备。

　　第二阶段是示范阶段，学习者应该通过三个步骤理解并熟悉工作，达到第一次尝试也能够获得成功的程度。

　　第三阶段是模仿阶段，它与示范阶段是平行的。学习者变得更加积极，他不仅学会应付工作，并且达到可以自主学习的程度。根据劳动与学习理论，学习者在实施阶段的末尾建立了初步的框架协调（参见第二章第三节"三"）。

　　基于框架协调的学习成就，学习者进入第四阶段，即完成阶段或练习阶段。从指导者的角度来看，第四阶段意味着指导工作即将完成，因为他的指导活动现在明显减弱。从学习者的角度来看，这个阶段开始进行练习，也意味着他开始独立学习。在这个层级，学习者在指导者的指导下，继续提升一开始就已经获得的框架协调技能。依靠练习的强度，他实现了细节协调和微协调，能够稳定实施或掌握工作技能。应当强调的是，完成阶段或练习阶段也属于指导范畴。换句话说，指导者的职责并没有随着第三阶段而结束。从时间上看，第四阶段的时间最长，进一步凸显了这一阶段的重要性。

基于概览 3.7 的详细介绍，概览 3.8 给出了四步法的精简版。为进一步厘清四步法，概览 3.9 详细阐述了四步法的第二阶段和第三阶段，这两个步骤的平行特点从外部、特写和总体视角得到体现。

概览 3.7　劳动指导的四步法

（参考 REFA 1975，第 110—119 页；Bunk 1974，第 107 页；Palme 1969，第 9—12 页；Beyerle 1961，第 67—78 页；参见 REFA 1991，第 141—148 页）

通用程序	解释
1. 阶段：准备 （强调指导者） 1.1 创建前提条件 1.1.1 创建指导结构 1.1.2 提供所需资源和工作对象 1.2 学习者进入状态 1.2.1 吸引注意力	● 问候学员，介绍自己 ● 突出指导的缘由和目的
1.2.2 明确学习目标并激发兴趣	● 准确描述工作任务 ● 展示工作对象、部件和待生产工件 ● 解释待生产工件的用途和功能，解释要学会的工作技能的重要性 ● 指出工作正确执行带来的优势 ● 观察熟练的工作执行过程
1.2.3 明确先前知识	● 如果学习者拥有相关知识，让学习者试做，然后安排进一步的指导
1.2.4 正确站位	● 以这样一种方式让学习者正确站位，即在演示期间他看到指导者的手的朝向与他后来在跟进时看到自己的手的朝向相同（不要让学习者与指导者面对面！）

续表

通用程序	解释
2. 阶段：示范 （强调指导者） 2.1 第一种示范方式： 概述 / 初步示范	● 将工作作为整体进行完整展示，同时解释正在发生的**是什么**，每个 　学习段落依次逐步进行（参见指导结构中的学习段落序列） ● 不要详细说明细节（**怎么样，为什么**） ● 对于复杂工作需要多次完整示范 ● 如果是重复示范：在学习之前，由学习者命名该学习段落
2.2 第二种示范方式： 细节处理	● 基于学习段落展示工作过程，并详细解释和给出理由：**是什么、怎** 　**么样、为什么**。参见指导结构：学习段落；工作过程和工作提示的 　要点；给出理由 ● 反复示范困难部分 ● 在重复解释和给出理由时，使用相同的话语
2.3 第三种示范方式： 粗略示范 / 总结	● 流畅地完整示范工作，并以简短文本解释（**是什么和怎么样**）；参 　见指导结构中的竖列：学习段落、工作过程和工作指示的要点 ● 在示范之前命名每个学习段落，或由学习者来命名 ● 尽可能让学习者自己描述工作过程，自己下达工作指令
3. 阶段：模仿 （强调学习者） 3.1 第一种模仿方式： 概述 / 初步模仿 / 尝 试	● 允许学习者畅所欲言 ● 如果初步尝试获得成功，需要给予认可 ● 较少进行纠错干预：只处理在学习过程中不会自行减少的错误，以 　确保后续学习过程顺利进行 ● 如果初步尝试失败，教师会反复示范整个工作过程，尤其是学习者 　尝试失败的学习段落。让学习者以对话方式更多参与这些部分
3.2 第二种模仿方式： 细节处理	● 让学习者根据学习段落执行工作并发言，即详细解释和给出理 　由——是什么、怎么样、为什么；参见第 2 阶段 2.2 ● 注意解释与行动之间的关联
3.3 第三种模仿方式： 粗略执行 / 总结	● 让学习者流畅执行整个工作任务，并简短表达，解释正在发生的是 　什么以及它是怎样发生的；参见第 2 阶段 2.3 ● 在执行每个学习段落之前先给它命名 ● 对特别重要的工作过程和工作提示进行提问，特别是那些迄今为止 　给学习者带来最大困难的部分

续表

通用程序	解释
4. 阶段：完成 / 练习（强调学习者和指导者）	
4.1 独立练习	● 告知练习预计持续的时间 ● 让学习者依据自己的情况，在较长时间内独立练习
4.2 指定助手	● 有能力或有准备的同事为学习者提供专业陪伴，在练习时回答学习者的问题
4.3 开始时频繁地查看并在某些情况下提供帮助	● 注意参见 4.1
4.4 确定练习进度	● 观察进步情况，并让学习者自我跟踪：与学习者一起画出绩效曲线 ● 在最初的加速进展后，在练习过程中可能出现表现停滞（即"学习瓶颈"）或表现下降，指导者对此给出解释。也就是说，比如指出所获得的印象和信息如何在心理层面进行处理；参见第二章第三节"二"劳动与学习理论 ● 避免疲劳练习：在动作技能练习时提供多样性和中断性，缓解运动造成的肌肉紧张，以及感知和思维活动带来的疲劳
4.5 认可练习工作	● 口头给出关于学习进步的评价 ● 对练习工作进行纠正，避免对学习者的个人批评
4.6 正式结束指导	● 记录学习成就

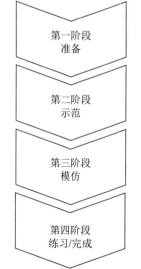

第一阶段 准备	学习者进入教学情景 缓解学习情景的紧张气氛 学习者为工作技能学习做好准备 动机激发，身份识别（激活）
第二阶段 示范	指导者首先示范完整活动，然后示范部分步骤，接着再次示范完整活动 按照三个示范步骤在心理层面进行演练 理解工作，作出最初尝试
第三阶段 模仿	学习者首先粗略完成整个活动，然后处理单独步骤，接着重新合成一个整体（启动自学过程） 发展框架协调
第四阶段 练习/完成	学习者摆脱对指导的依赖 在向自学阶段过渡中减少指导 发展细节协调的初步练习

概览 3.8　四步法简图，详见概览 3.7

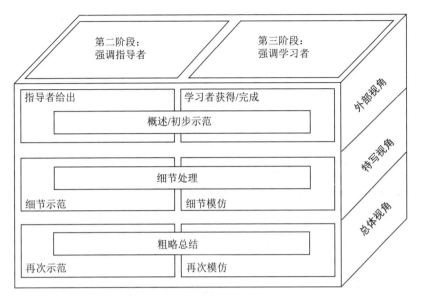

概览 3.9 四步法的第二阶段和第三阶段结构，详见概览 3.7

四步法不宜死板地套用，根据所要学习掌握的工作技能，特别是第二阶段和第三阶段可以结合起来同时进行。例如，在指导者完整演示工作过程之后，学习者可以在指导者第二次示范的时候开始模仿。指导者命名学习段落，边讲解边示范，学习者立即跟随模仿。学习者在模仿时，指导者起初可以没有解释，慢慢才给出解释，然后进行观察并纠正。接着进入下一学习段落。

如果工作活动特别简单，完全可以不用指导者的示范。在对整体工作进行简要说明后，指导者会逐步给出口头指导，让学习者完成工作。学习者跟进，指导者进行纠正。

如果工作无须一次性完成，那么可以一步步给出近乎完整的指导，涵盖第二阶段到第四阶段。如果学生一直卡在个别的、特别困难的学习段落，这部分可以在整个工作任务演示一遍后再进行单独指导（从第二阶段到第四阶段）。在完成这部分的学习之后，意味着工作得到了充分的指导。该指导程序代表了四步法的一种特殊形式：分析性劳动指导，将在下文第二节"二"中进行单独讨论。在分析性劳动指导过程中，通过系统的方法彻底练习单独的部分，偶尔也包括以前的练习，然后再重新组合在一起。

四步法的评估

四步法的评估分为三点。（a）基于行动调节的角度，遵循劳动与学习理论（第二章），明确四步法的适用范围。（b）根据工作活动分类法，明确哪些工作可以借助四步法进行指导（第二章）。（c）依据第二章中的劳动与学习理论，指出实践中对四步法存在的错误理解和应用。

关于（a）：四步法的重点在于系统化的指导结构，学习过程基于工作活动。指导者对学习者进行强有力的指导。学习者虽然在模仿阶段变得活跃，但到第四阶段也就是在练习阶段才摆脱对指导者的依赖。四步法不是从学习者的角度出发的教学方法，教学过程中涉及学习者主观学习过程的地方较少。四步法具有严格限制的特征，致力于实现某项工作活动的有效学习。同时这也意味着它仅在有限范围内实现行动调节，适用于通过指导者的具体示范和学习者的模仿能够掌握的技能。如果在学习掌握工作技能时更加突出学习者的独立性和自我调节，那么将引出更加复杂的行动调节规则。换句话说：这种指导方法面临更多限制，只能制定适用范围有限的行动调节规则。

关于（b）：四步法适用于这样的工作技能学习，对于学习掌握这些工作技能来说，示范和模仿就已经足够。需要强调的是，示范和模仿这两个特征对于指导持续稳定进行的工作活动更为有效，例如位于感知运动调节和行动计划层级的工作活动（关于这些层级参见第二章第二节）。针对位于子目标规划或协调多个行动领域层级的工作活动，则必须制定适合各种工作情况的复杂行动调节规则。由于认知渗透对工作活动的影响更为突出，需要就各种可能的程序作出决定。劳动指导仅仅依靠示范和模仿，已经无法满足这些要求。为了构建复杂的行动调节，劳动指导应当更多采用间接的方式，强调学习者积攒自己的经验，对自主调节提供更多的支持。

关于（c）：对四步法的误解应用包括，将指导过程等同于工作过程，并认为这是最合适的方法。但这样的等同在四步法中并不具有强制性。尽管指导结构需要按照时间顺序来划分学习段落。但工作过程并不能同时决定学习段落的顺序。四步法可以而且应该灵活安排学习段落的顺序，正如上文对这种方法的使用说明所解释的那样。

对四步法的误解同样包括，四步法仅仅指的是整体学习的观点，即四步法必须一气呵成完成一个工作活动。四步法的示范性、标准化结构可能导致这种观点。这种整体学习在许多情况下是有意义的，但是四步法同样也可以选择特定的学习段落。教师可以先对这一部分进行指导，然后再对整个工作活动进行指导。关于部分学习的可能性，上文对四步法的使用说明已经特别指出。

造成四步法错误使用的原因，基本上也存在于形式主义的教学步骤当中。教学过程遭到诟病：基于准备、发展、总结、应用等形式的教学，容易导致观念僵化和教学范式固化。教学设计必须反映并适应各自的学习情况。同样，四步法必须根据所要学习掌握的工作技能而富有变化地使用。

四步法只会使学习者陷入被动的观点也是不可接受的。使用四步法的过程中，指导者同样必须鼓励学习者保持主动性。这一点可以通过下述做法实现：（1）要求学习者采用有针对性的、高度专注的方式观察工作活动。（2）引导学习者独立再现工作活动。（3）要求学习者在工作活动期间和工作活动结束后用自己的话描述"是什么""怎么样""为什么"。因此，如果自始至终使用四步法，那么相关环节已经包含了观察、心理和语言训练的部分内容（参见本章第三节"一"中的心理调节强化训练方法）。

总结

劳动指导的四步法可以追溯到"二战"时期北美工业的工业培训计划（Training Within Industry）。该方法已迁移到德国并实现了本土化，获得了进一步发展。如今四步法已经成为劳动指导框架下 REFA 教学的一部分。

在应用四步法之前，需要创建一个指导结构。这一指导结构根据以下方面进行分解：学习段落、工作过程和工作指示的要点、给出理由（是什么、怎么样、为什么），以及所要传授的工作技能。

四步法依据学员实际情况进行：（1）准备活动。（2）指导者根据学习段落进行示范，强调并给出理由。（3）学习者进行模仿。（4）进入完成或练习阶段，即学习者进行独立工作的阶段，指导者给予控制和支持。单个步骤仍然可以进行细分（参见概览 3.7）。

四步法具有限制性的特征，因此实现行动调节的范围有限，适用于通过示范和模仿足以学习掌握的工作活动。也就是说，适用于感知运动调节和行动计划层级的活动，较少适用于子目标规划和协调多个行动领域层级的工作。

对四步法的误用包括，一方面将工作展开过程等同于指导展开过程，并认为这是最佳方法；另一方面，认为四步法仅仅指的是整体学习。事实上这并非绝对，四步法必须根据所要学习掌握的工作活动进行灵活运用。

重要的术语和概念

工业培训计划
（Training Within Industry，TWI）

指导结构：

● 学习段落

● 工作过程和工作提示：要点

● 给出理由

四步法：

● 准备（第一阶段）

● 示范（第二阶段）

● 模仿（第三阶段）

● 完成 / 练习（第四阶段）

四步法的严格限制

四步法的应用局限

四步法的误用处理

研究文献（精选文献）

Bunk, G. P.: Erziehung und Industriearbeit: Modelle betrieblichen Lernens und Arbeitens Erwachsener, Weinheim 1972

Dritter Teil, 3. Kap.: Die Herstellung betriebspädagogischer Bezüge mit Hilfe des Programms Training Within Industry – „TWI“

Dritter Teil, 4. Kap.: Kritische Würdigung des betriebspädagogischen Modells Mitmensch – Mensch und Arbeit

（G. P. 邦克:《教育和工业领域工作：成人企业学习和劳动的模式》，魏恩海姆，1972

第三部分，第 3 章：基于"TWI"培训计划开发企业教育参考资料

第三部分，第 4 章：对企业教育模式的批判性评价——人和劳动）

REFA-Verband für Arbeitsstudien und Betriebsorganisation: Methodenlehre der Betriebsorganisation, 3. Aufl., München 1991 (Autor G. P. Bunk)

Kap. 5.1: Der Stufenansatz

Kap. 5.2: Die Vier-Stufen-Methode der Arbeitsunterweisung

（REFA- 工作设计、企业组织和企业发展协会:《企业组织方法：劳动教育学》，第 3 版，慕尼黑，1991［作者：G. P. 邦克］

章 5.1：循序渐进的方法

章 5.2：劳动指导的四步法）

Ruschel, A.: Arbeits- und Berufspädagogik für Ausbilder in Handlungsfeldern: nach der neuen Ausbildereignungsverordnung, Ludwigshafen (Rhein) 1999

Kap. 5.2: Die Vier-Stufen-Methode

（A. 鲁舍尔:《面向培训师行动领域的劳动和职业教育学：依据新的培训师资质规定》，莱茵河畔路得维希港，1999

章 5.2：四步法）

Schurer, B.: Gegenstand und Struktur der Lernhandlung: Ein Beitrag zu einer lernerzentrierten Didaktik unter besonderer Berücksichtigung des arbeitsmotorischen Lernens, Bergisch Gladbach 1984

Kap. 4.2.3.1: Stufenmethoden

（B. 舒雷尔:《学习行为的对象和结构：职业动作技能学习视角下学习者中心的教学法》，贝吉施－格拉德巴赫，1984

章 4.2.3.1：循序渐进的方法）

练习

为您熟悉的感知运动调节或行动计划层级的工作创建一个指导结构，根据这个指导结构思考如何使用四步法。

二、分析性劳动指导

分析性劳动指导指的是，在工作活动分析的基础上，基于系统程序和初步练习，先是独立熟悉学习段落，然后再组合在一起。

在下文中，第一步将基于西摩（Seymour 1960，1966，1968）的理论对分析性劳动指导方法进行更加详细的描述。在第二步中，明确四步法在分析性指导中扮演的角色，以及这两种指导方法的区别。第三步更深入地处理分析性劳动指导的关键之处，即对感知技能进行分析。舍尔滕（Schelten 1995）以电子技术的微装配为例，解释了感知技能的分析，在此不再深入讨论。最后，如同在前一小节对四步法进行评估那样，在第四步中对分析性劳动指导也进行了评估。

分析性劳动指导描述

专业化的劳动指导、系统化的劳动指导和分析性的工作方法训练指的是同一个概念，即分析性劳动指导。西摩使用"基于技能分析的培训"概念对其进行了描述（Seymour 1968，第 7 页）。指导方案基于以下基本思想：必须分析有经验的员工的技能和知识，以便熟练、快速执行任务的工作方法得到有效传授和指导。

因此，分析性劳动指导的核心是工作活动分析（概览 3.10）。工作活动分析分为技能分析和知识分析两个部分。

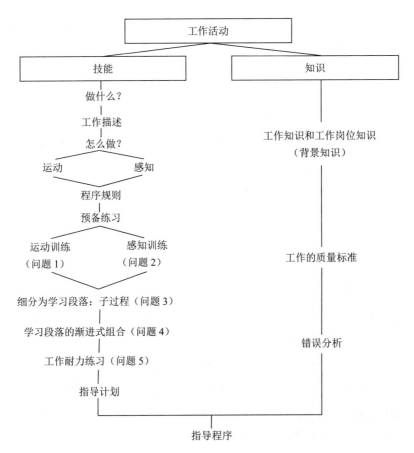

概览 3.10 在分析性劳动指导框架下，为开发指导程序而进行的工作活动分析
（依据 Seymour 1966，第 177 页；1968，第 62 页及以后各页，有改动）

关于技能

　　技能分析首先询问有经验的员工，他在执行工作时做了什么。也就是说，对工作进行详细描述。如果在较大的企业中具有深入的工作研究，可以参考劳动规划部门的资料。

　　这种初步理解回答了对工作活动作用方式的疑问：有经验的员工"怎样"实现"什么"？必须了解有经验的工人如何将他的四肢与感官

结合起来使用，换句话说，运动和感知是如何结合在一起的。掌握技能需要对感知进行特殊处理，因此特别需要明确有经验的员工的感知技能——同时需要对此作出解释。

掌握工业、手工、健康和护理领域的行动任务的困难不在于行动序列的学习，而在于获得相关的感知技能。掌握感知技能才能确保对工作活动进行控制和调节。筛选适当的感知并将这些感知与手头任务进行适当匹配，这是获得技能的关键步骤。经验丰富的员工对感官的优化使用，就是劳动指导必须传授的技能。

具体情况可以举例说明。比如在作出动作之前，有经验的人会看着工具稍后将要到达的目标位置，然后基于运动感知进行控制和调节，并将工具移向这个目标位置。同时他已经着眼于在后续工作过程中可以达到的另一个目标位置，从而预先估计到接下来的情况。在这个过程中，他可以从噪声中判断机器是否正常运行，工件是否正确夹紧。这种感官应用就是劳动指导的对象。

根据运动和感知明确了工作开展的方式之后，可以制定工作活动的程序规则。程序规则描述了必要的运动技能，并将它们与相应的感知技能进行匹配。在进行装配或护理工作时，可以区分左右手的动作和所需的感知点，如概览 3.11 中程序规则的网格所示。

概览 3.11　工作技能学习的程序规则

流水号	左手	感知点	右手

在描述感知点的竖列中展示的是，比如当用左手和 / 或右手执行操作时，眼睛应该看哪里，以及必须考虑哪些特殊的工作噪声或患者反

应，才能得到反馈并判断工作是否得到正确执行。

一旦为工作活动制定了程序规则，就可以通过以下五个问题更详细地确定指导过程（参见概览 3.10，也参见 Seymour 1968，第 57 页及以后各页，有改动）。

问题 1：工作活动是否在某些地方需要不寻常的动作技能？

如果工作的动作技能与日常的动作技能有很大差异，则可被视为不寻常。不寻常的动作可以是幅度极小的动作或者力量极小的动作，同时需要极大的控制力和准确性。如果需要不寻常的动作技能，则必须在开始指导整个工作活动之前设计初步练习。

问题 2：工作活动是否在某些地方需要不寻常的感知技能？

不寻常的感知技能要求感官具有非常高的辨识度。例如，工作活动中的某些环节可能需要劳动者必须具有特定的运动感知微调能力（"特殊的工作感觉"）或特殊视觉能力（"能够一目了然"）。如果需要不寻常的感知技能，则应在开始指导整个工作活动之前进行初步练习。工作活动需要完成感知技能练习，而不是动作技能练习。通常，工作活动与日常活动的区别在于所需的感知技能，而不是动作技能。

问题 3：工作活动划分为哪些学习段落（子过程），才能更有利于教学？

将工作活动进行分解并划分为子过程的依据，取决于整个工作活动中子任务的难度。必须完全学会各个子任务中包含的技术，并达到有经验的员工的掌握水平，然后才能与其他部分组合形成整个工作活动。

问题 4：学习段落（子过程）如何组合形成完整的工作活动？

孤立学习的工作子过程可以通过渐进学习的形式组合在一起：如果两个连续的子过程已经以所需的执行方式和目标速度得到掌握，那么两者就可以结合在一起练习。一旦掌握了第三个子过程，这三个子过程都将结合在一起练习。通过这种方式，可以创建越来越大的练习单元，直到学员按照既定方式在规定时间内一次性完成整个活动。概览 3.12 反映了学习段落渐进式组合的这种可能（方案 A），同时也明确了另一种组合可能（方案 B）。

问题 5：学习者如何获得有经验的员工所应当具备的耐力？

一旦学习者掌握了整个工作，他就必须学会能够在很长一段时间内反复执行该工作。为此需要为学习者制订工作计划，说明追随哪些步骤才能在工作时间内完成规定的绩效。

上述五个问题的答案和程序规则（见概览 3.10）是制订指导计划的依据。

在完成技能分析后，接下来探讨成功完成工作所需的知识。

概览 3.12　学习段落渐进式组合的两种可能：孤立的学习段落（子过程）渐进式地组合成完整的工作行动，子过程的数量是随意决定的

方案 A			
学习段落（子过程）	学习段落的渐进式组合		
	单独练习	组合练习	
		1. 2. 3.	
1	X		
2	X		
3	X		
4	X		

方案 B			
学习段落（子过程）	学习段落的渐进式组合		
	单独练习	组合练习	
		1. 2. 3.	
1	X		
2	X		
3	X		
4	X		

关于知识

工作知识和工作岗位知识（见概览 3.10）指的是学习者所应具备的背景知识。这是学习者完成工作必须具备的知识，因此也是在指导过程中应该得到传授的知识。从狭义上来看，这包括具体的工作知识，例如了解机器零件和工具的名称以及机器的运行方式，了解书面工作订单形式、职业安全规则和薪酬类型。在更广泛的意义上，背景知识意味着学习者了解自己工作处在怎样的整体关联当中。例如在生产领域，背景知识意味着对上游和下游生产环节的了解。背景知识应当展示学习者所制造的工件与成品的关系，并明确学习者的工作对于整个生产过程的作用。

对于学习者手头工作的质量标准，应在质量说明中给出详细描述。在指导过程中必须有一个反映工作任务要求的质量清单，为学习者提供参照。例如所制造工件的尺寸精度、外形精度、位置精度或表面光洁度这些特征需要得到体现。

经验丰富的员工可以立即识别工作中出现的错误并知道如何应对。因此，分析性劳动指导包括错误分析。在错误分析中，汇总工作执行过程中可能出现的错误，并根据以下标准进行归类：错误的名称、错误的出现和原因、错误对产品的影响、错误的责任、错误的消除行动及预防措施。概览 3.13 使用一个简单示例显示了错误分析的概况。

概览 3.13　木螺钉生产的错误分析的截取片段
（Seymour 1968，第 50 页，作者译）

错误分析　木螺钉的缺口和切割：切口		
错误	缺口太深	缺口太浅
外观	缺口的深度大于标准深度	缺口的深度小于标准深度
原因	锯子在顶部放置得太深	a）锯子在顶部放置得不够深 b）顶部表面切割了太多金属

续表

错误分析　木螺钉的缺口和切割：切口		
后果	顶部被削弱——形成废弃物	槽口的深度不足以正确使用螺丝刀——形成废弃物
责任	员工	a）员工 b）员工
消除行动	重新插入锯子，并根据尺寸要求切割得更浅	a）重新插入锯子，并根据尺寸要求切割得更深 b）重新插入切割工具，确保顶部表面切割的金属更少
预防措施	经常检查和完全拧紧	a）经常检查 b）正确的插入和调节

　　劳动指导计划基于对知识和技能的分析（见概览 3.10），它具体定义了劳动指导的内容和过程。分析性劳动指导的过程在概览 3.14 中得到正式呈现。

概览 3.14　分析性劳动指导的过程

分析性劳动指导
1. 传授工作知识和工作岗位知识（背景知识）
2. 预备练习，在必要时加入实施环节
3. 学习段落（子过程）的单独学习： ● 根据有经验的员工的方法，特别注意所需的感知技能 ● 直到完成时间符合有经验的员工的目标时间 与学习段落（子过程）的学习并行： ● 工作质量标准的介绍 ● 关于错误识别、消除和预防的培训
4. 学习段落的渐进式组合： ● 对第 3 步单独学习的子过程进行合成。练习单元越来越大，直到在有经验的员工的目标时间内完成整体工作
5. 耐力练习： ● 在越来越长的时间段内重复执行整个工作

分析性劳动指导和四步法

在分析性劳动指导中，整合了上一节介绍的四步法。指导者在指导预备练习和学习者在处理工作的子过程时，通常会按照四步法的第二步和第三步（示范和模仿）进行。例如，学习者在有经验的员工的目标时间内练习一个子过程，他首先必须慢慢地、详细地学习这个子过程，并彻底熟悉每一个动作。对于这样的学习过程来说，四步法是适合的。四步法以有经验的员工的工作方法为基础。

不同的是，四步法的第四步（完成或练习）更加强调学习者独立地工作，但在分析性劳动指导中不会发生这种情况。在分析性劳动指导中，学习者在指导者的监督下，采用有控制和有计划的方式进行练习。学习者按照有经验的员工的方法在规定时间内练习子过程，然后按照既定计划，将渐进式的局部学习组合成一个整体性的工作。

四步法既允许局部学习，也允许整体学习。不过在实践中，四步法教学往往采用整体学习的方法。相比之下，分析性劳动指导总是采用局部学习的方法逐步进行。局部学习是该指导过程的基本思想。

另外，与四步法相比，分析性劳动指导还侧重于分析感知技能。熟练使用感知技能是学会工作技能的基础，对于完成工作来说必不可缺。分析性劳动指导的主题便是传授这些感知技能，感知技能是有效完成工作的要素。因此对感知技能的分析将在下文进行深入讨论。

在分析性劳动指导的背景下对感知技能的分析

简而言之，感知技能的分析基于以下考虑：如果知道哪种感官胜任哪种技能任务的熟练执行，就可以有针对性地对学习过程施加影响，以实现感官的最佳应用。

日常生活中的例子可以说明这一点：驾驶汽车时，运动反馈感知起到控制和调节作用，指挥左脚控制离合器踏板，指挥右脚控制制动踏板。眼睛不再关注这个过程，而是用于控制车辆的行驶。控制和调节挡位依赖的是运动感知。只有找不到挡位时，才需要眼睛进行协助。换挡的时间点取决于发动机转动的声音，一般情况下，眼睛并不会看车速表指针并从中读取换挡的时间点（在此跑车司机可能是个例外）。通过运动反馈感知制动踏板时，压力得到非常精细的控制和调节。如果您用左脚而不是右脚踩下制动踏板，您会注意到这一动作是多么精细。尽管如今有制动助力器，但左脚制动仍然会有些生涩。您需要一些时间才能使左脚为这项活动建立必要的运动反馈感知。

日常生活中的例子清楚地表明：任务需要得到划分，使得每种感官都承担最适合的任务。换句话说：能手通过不同感官获得工作执行所需的信息，不同感官以最有效和最轻松的方式为他提供这些信息。

基于这样的基本考虑，参考西摩（Seymour 1966）和舍尔滕（Schelten 1983a）的观点，如果工作活动属于感知运动调节或行动计划的层级（参见工作活动分类，第二章第二节），感知技能分析可以分为四个步骤：

1. 感官使用的优化。

2. 特定感官的敏锐度调整。

3. 工作活动引导性信息的确定（感知）。

4. 感官作用图式的结构化。

这些分析步骤将在下文进行详细解释。

关于 1. 感官使用的优化：

在熟练执行相关工作活动的各个单独工作步骤或子过程的时候，应用了感官通道内的哪些感知（例如视觉、听觉、味觉、嗅觉、触觉和 / 或运动感知通道，参见第二章第三节"一"）？

要逐一回答这些问题，必须为各个感官通道定义这些通道处理的感知。例如对于视觉通道，这种感知可以是：对比感、敏锐度、空间性和深度检测等。感知必须根据相关工作要求得到专门描述。如何根据工作活动定义这些不同的感知，可以参考第二章第三节"一"对感知的一般描述。

关于 2. 特定感官的敏锐度调整：

在熟练地执行相关工作活动时，感官通道的相关感知必须具备什么样的敏锐度（或者说适应性）？

根据步骤 1 明确单个工作步骤或子过程所需的特定感知后，需要明确相应的感知敏锐度。这种敏锐度必须依据相关工作对感官的要求作出专门规定。是否可以定性或定量地确定这种敏锐度，取决于所讨论的工作活动。

关于 3. 工作活动引导性信息的确定：

在熟练执行相关工作活动时，感知到的信息中存在哪些关键信息？这些关键信息必须调整到必要敏锐度，并得到有效应用。

有经验的员工不再处理所有感知到的信息，而只处理应对工作活动所必需的最低限度的关键信息。关键信息指的是熟练掌握工作活动所需要的引导性信息。哪些是熟练掌握工作活动所需要的引导性信息，这一问题必须得到明确回答。

仅使用引导性信息会减少感知的工作量，因此可以减少感知的疲劳感。

关于 4. 感官作用图式的结构化：

有经验的员工在熟练执行相关工作活动时，采用什么步骤顺序或者子过程顺序来依次使用分析步骤 3 提取的关键信息？

在前三个步骤中，针对个人感知进行分析。在步骤 4 中，着重分析如何实现这些感知对于相关工作活动的协调性。

基于对感知技能的完整分析，可以综合设计分析性劳动指导，不过，只有在所有四个分析步骤都已处理后才能得出结果。步骤 2、3、4 需要一定的分析工作，这种分析工作接近科学研究。对于身处实践现场的指导者来说，他有可能仅仅提供了分析步骤 1。分析步骤 1 也被简称为感知运动分析，它为有效地指导提供了第一手的重要信息。在此不再详细地提供示例，详见舍尔滕论著（Schelten 1995）。作者曾经阐述了电子技术微组装的工作示例，另见《REFA 通讯》1989 年第 4 期专刊。

分析性劳动指导的评估

与四步法相比，分析性劳动指导更加系统化和结构化，指导过程更加突出计划性。在分析性劳动指导的背后，是对工作及其最佳方法的异常详细和充分的分析。这可能是分析性劳动指导获得成功的真正秘诀。基于这种分析方法设计的劳动指导富有成效。正如西摩反复证明的那样，它只需要更短的学习时间（Seymour 1966），这一点令人印象深刻。例如，西摩文本最初的标题是《工业操作员培训》（"Operator Training in Industry"），翻译成德语之后标题为《更短的学习时间》（"Verkürzung der Anlernzeit"）（Seymour 1960）。

然而，分析性劳动指导的实施需要投入时间和精力。全职工作的专业教学人员似乎更容易管理这项工作。此外，只有在使用常规方法来学习掌握工作技能需要三周或以上时间时，才值得使用分析性劳动指导。常规方法指的是四步法或非教育专业表达的"过程伴随"方法。对经验丰富员工的表现进行分析，彻底掌握一个工作技能所需的时间越长，使用分析性劳动指导就越明智（Seymour 1966，第 8 页）。在此需要特别提及对分析性劳动指导的误用情况：如果将工作细分为部分学习步骤，则很容易导致类似演习的培训，这使得学习者缺乏挑战。他不再根据自己的能力学习，而只是机械地学习。这种对分析性劳动指导的错误理解，很容易招致对这种方法的轻率批评。而这对于真正的分析性劳动指导来说是不公平的。

对于分析性劳动指导的评估需要澄清下述问题：a）它为行动调节过程作出什么贡献？b）这种方法可以在哪些工作活动中得到使用？

关于 a）：在这里可以重复关于四步法已经讲过的内容（参见本章第二节"一"）。分析性劳动指导具有限制性特征，根据本书所指的劳动与学习理论，只允许在有限的适用范围内制定行动调节规则。分析性劳动指导基于对工作过程的解构，其解构程度远远超过四步法。在分析性劳动指导适用范围内建立行动调节规则时，需要计划到最小的细节。学习者的自主活动和自我控制受到搁置，否则将导致更加复杂的行动调节。也就是说，学习者在学习过程的所有方面都受到指导。

同时，这也体现了分析性劳动指导的长处。对学习者从简单到复杂有条不紊地指导也意味着学习变得更加容易。在新的工作环境下，工作压力得到减轻。不过应该注意的是：分析性劳动指导的优势在于它与泰勒式工作组织是对应或平行的。正如泰勒式工作组织是基于精细分工的理念（参见第一章），这种详细的分析性劳动指导同样基于精细分工的理念。

关于 b）：分析性劳动指导特别适用于感知运动调节和行动计划层级的工作活动。针对这两个层级的工作活动，分析性劳动指导的优势得到充分展现。不过，从原则上来说分析性劳动指导也可用于更加复杂的工作活动，例如位于子目标规划和协调多个行动领域层级的工作活动（此类工作活动信息参见第二章第二节）。有关示例请参见西摩的论著（Seymour 1960，1966）。不过，一旦在复杂工作活动中使用分析性劳动指导，它就会失去其形式和方法的严谨性。如果使用概览 3.10 中的正规方法程序，那么技能分析将让位于更加复杂的工作活动的知识分析。因为对于掌握这些工作活动来说，知识起到决定性的作用。复杂工作通常都具有迥然不同的内容，对知识的分析只能以一种适应不同活动的方式进行。统一的程序并不存在。因此人们不能再谈论一种脱离工作内容的、易于传授的指导方法。

总结

分析性劳动指导的特点在于，设置预备练习，独立完整地完成段落学习，然后将这些段落进行组合。

指导之前先进行工作活动分析：针对有经验的员工，分析他们工作方法的技能和知识。在此基础上制订指导计划。指导计划决定了指导的内容和过程。

分析性劳动指导的过程始于传授工作知识和工作岗位知识以及初步练习。在初步练习中，必要时会练习感知和运动技能，这些感知和运动技能对于掌握工作过程来说具有决定意义，而且学习时可能面临特殊困难。初步练习后，学习者需要根据有经验的员工的方法彻底学会工作活动的子过程，直到符合目标时间。同时，必要的工作知识（质量标准、错误识别和错误排除）得到传授。然后孤立的段落学习以渐进组合的形式组合在一起。接下去进行耐力练习。

作为工作活动分析的一部分，感知技能的分析尤为重要。该分析遵循四个步骤：1）感官使用的优化；2）特定感官的敏锐度调整；3）工作活动引导性信息的确定；4）感官作用图式的结构化。

分析性劳动指导的第一步也称为"感知运动分析"，它提供了第一手的重要指示，帮助指导者科学设计劳动指导。

如果对分析性劳动指导进行评估，以下内容适用：a）在这种方法的背后，有对工作活动异常详细的分析。在此分析的基础上，采用高度系统化和计划性的方式设计指导活动。b）由于使用这种方法需要详细计划指导过程，因此分析性劳动指导制定行动调节规则的应用范围有限。c）这种方法的优势在于，它非常适合指导位于感知运动调节和行动计划层级的工作活动。

重要术语和概念

工作活动分析	工作质量标准
感知技能	错误分析
预备练习	指导计划
渐进式的局部学习	分析性劳动指导的限制性特征
耐力练习	分析性劳动指导的特点：
教学计划	● 方法论
知识	● 系统性

- 细节化
- 结构化
- 学习指导

感知技能分析：
- 感官使用的优化
- 特定感官的敏锐度调整
- 工作活动引导性信息
- 感官作用图式的结构化

研究文献（精选文献）

REFA-Verband für Arbeitsstudien und Betriebsorganisation: Methodenlehre der Betriebsorganisation: Arbeitspädagogik, 3. Aufl., München 1991 (Autor G. P. Bunk)

    Kap. 5.3: Der Analyseansatz

    Kap. 5.4: Das analytische Unterweisungsverfahren

（REFA- 工作设计、企业组织和企业发展协会：《企业组织方法：劳动教育学》，第 3 版，慕尼黑，1991［作者：G. P. 邦克］

    章 5.3：分析方法

    章 5.4：分析性指导过程）

Seymour, W. D.: Industrial skills, London: Pitman Publishing 1966

    Part Ⅲ : Imparting Industrial Skills and Knowledge

    Chapter 10: Scope and Principles

    Chapter 11: Procedures

（W.D. 西摩：《工业技能》，伦敦：皮特曼出版社，1966

    第Ⅲ部分：传授工业技能和知识

    第 10 章：范围和原则

    第 11 章：程序）

Seymour, W. D.: Skills Analysis Training: A Handbook for managers, supervisors and instructors, London: Pitman Publishing 1968

    Chapter 2: Why we use Skills Analysis Training

    Chapter 4: What is a Skills Analysis Course?

    Chapter 6: Imparting the Skills Content

（W.D. 西摩：《基于技能分析的培训：经理、主管和讲师手册》，伦敦：皮特曼出版社，1968

    第 2 章：我们为什么采用基于技能分析的培训

第 4 章：什么是技能分析课程？
第 6 章：传授技能内容）

Schelten, A., S. Gaidzik: Sensumotorische Analyse von Mikromontagearbeiten und
　Arbeitsplatzgestaltung, in: REFA Nachrichten 42(1989)4, S. 9–27
（A. 舍尔滕，S. 盖兹克：《微装配工作的感知运动分析和工作岗位设计》，载于
　《REFA 通讯》42〔1989〕4，第 9—27 页）

练习

　　请对您熟悉的位于感知运动调节或行动计划层级的工作，草拟一个
分析性劳动指导方案。在这过程中，可以参照概览 3.10 中的工作活动
分析方法。

第三节　较新的方法

一、行动调节指导

　　在行动调节理论（第二章第一节）中，行动指的是基于内在想象或
图式而发生的前瞻性活动。当有意识地发展这些内在想象或图式时，人
们就可以认为这是一种行动调节指导。

　　自二十世纪七十年代以来，开发了许多不同的行动调节指导方法。
所谓的"心理调节强化训练方法"标志着这个系列的开始。在"组合
指导"中，行动调节实现了与传统指导方法的整合。"语言强化指导"
是行动调节的另一种形式。"认知指导法"是这一系列中的重点方法。
这些单独的方法在此将不再深入介绍，详细信息请参阅舍尔滕的论著
（Schelten 1995）。这里仅概述心理调节强化训练方法的起点和认知指导
法的展开步骤，然后介绍对这种方法的归类和评价。

心理调节强化训练方法

在学习掌握某项工作技能时，为了建构内在行动图式和心理模型，需要不断地在精神层面重复该活动。心理调节强化训练方法试图为此提供支持，并将学习者的观察、想象、思维和语言活动纳入指导和学习过程。心理调节强化训练主要分为观察训练、心理训练和语言训练（概览 3.15，参见 Ulich 1974；Ulich，Triebe，Wunderli 1976；Triebe，Wunderli 1976；Wunderli 1978，1980；Warnecke，Kohl 1979；Matern 1980a，b；Triebe 1980；Schelten 1983a，第 57—60 页，1983b；Hacker，Skell 1993，第 341—361 页，"总结"）。

概览 3.15　心理调节强化训练方法

心理调节强化训练方法		
观察训练	心理训练 ●强调认知 ●强调想象	语言训练 ●指导者和学习者之间的沟通 ●学习者的自我指导

观察训练指的是，对于他人进行有计划、有目标的重复性观察，在此基础上学习掌握相关工作技能。在他人示范所要学习掌握的工作活动时，学习者在观察时具有内在心理参与。因为所谓的意念运动原理，相关肌肉群得到一定的锻炼。意念运动原理指出，人们看到或想象一个动作时，会产生执行它的倾向。肌肉活动的电位记录表明，相关肌肉群受到兴奋刺激并参与了运动执行（参见 Rohmert，Rutenfranz，Ulich 1974，第 98 页）。

心理训练被理解为在学习掌握工作技能时，系统性、针对性地反复思考和内心演练。在反复思考时，心理训练强调认知，在内心演练时，心理训练强调想象。

强调认知的心理训练依托对工作活动的思考，通过富有计划的通盘思考再现所要学习掌握的动作，尤其是特别困难的部分。强调想象的心理训练重点在于对工作活动进行密集化和可视化的心理再现。也就是说，对要学习掌握的动作技能展开富有计划的想象。

强调认知的心理训练更适合那些遵守特定步骤的工作活动，例如操作机器或设备以及提供服务。心理训练时，学习者需要作出过程描述，即还原工作计划（参见 Ulich, Triebe, Wunderli 1976, 第 84 页及以后各页；Wunderli 1980）。

强调想象的心理训练有助于学习者掌握动作导向的工作技能，尤其是需要整个身体配合的工作技能。

意念运动原理在两种形式的心理训练中都有效，无论是认知训练还是想象训练。在意念运动中，即使没有执行动作，与执行动作相关的中枢神经系统也已经得到激活。

对于指导者来说，语言是最重要的引导工具。语言训练指的是，在学习掌握某项工作技能的时候借助语言活动的支持。一方面可以是指导者和学习者之间关于需要掌握的工作活动的口头交流，另一方面可以是学习者的自我对话。

在指导者与学习者的交流中，对于工作活动的条件或组成部分，之前没有口头表述的，要用语言大声表达出来。以此，动作技能在概念理解层面得到加强（参见 Hacker 1986, 第 478 页，1998 新版）。对于正确执行需要学习掌握的工作活动来说，所需的动觉——尤其是运动感知——将得到口头解释。

学习者应意识到自我指导的重要性。自我指导是在动作顺序出现困难时使用的内心语言。自我指导促进了对工作活动的有意识调节，促进了工作活动某些部分的顺利进行，并创建语言绑定的行动调节单元（参见 Hacker 1986, 第 265 页及以后各页，1998 新版）。

对于劳动指导来说，将单个的心理调节强化训练方法组合起来是有意义的。如果它们与传统的教学方法例如四步法和分析性劳动指导进行关联，就会形成组合指导（Warnecke, Kohl 1979；Kohl 1982a, b；Bullinger, Kohl 1983，详见 Schelten 1995）。

语言强化指导是组合指导的一种特殊形式（Witzgall 1982a, b,

1984，称为语言辅助培训，另详见 Schelten 1995）。简而言之，在语言强化指导中，心理训练指的是员工在学习掌握新的工作技能时系统地表达思想：从对工作活动的详细语言描述到简短的语言描述，再到内心的自言自语。换句话说：员工以这种方式用自己的话描述所要学习掌握的任务。特别是学习者必须解释他"用什么做"、"做什么"、"怎么做"、"为什么"要这样做。

借助语言表达，指导者能够控制和支持员工的学习过程。尤其值得指出的是，在学习过程中语言的使用确保了员工的心理参与，决定了对应工作技能的精确心理图式发展。这种内在心理图式能够有效地控制和调节工作活动。

从心理调节强化训练方法，延伸到组合指导和语言强化指导，认知成分越来越得到强调。所有方法过程的共同点是，对所要掌握的工作技能构建行动调节机制。

认知指导法

位于子目标规划层级或协调多个行动领域层级（参见第二章第二节）的复杂工作活动是认知指导的对象。学习者必须能够为复杂工作活动设定子目标。子目标是对行动结果的一种心理预期。通过当前的工作情况来预测未来的工作情况。为完成工作任务，在这方面需要一个规划管理。

在心理调节强化训练方法中强调认知和心理训练（概览 3.15），意味着将认知即理性看成一种实践的手段。对于学习掌握复杂工作技能来说，认知既是实践的手段，也是学习的对象。

但是应该如何设计指导过程，才能使掌握这种复杂工作技能的认知成为可能呢？认知指导法试图为此提供答案。认知指导法诞生于以行动心理学为基础的劳动心理学。在民主德国时代，哈克（Hacker）及其同事实践了这种心理学。从劳动心理学导出的认知指导法被引入职业教育领域。民主德国中央职业教育研究所尝试将认知指导法作为容易操作、便于理解、实践导向的指导方法进行贯彻，用以提升职业教学实践中技能训练的有效性。对此戈伊特等人有过总结（Geuther 等 1985）。认知指导法提供启发式思维辅助，这是一种具有前途的方法，在此将得到更详细的介绍。

认知指导法得到吕勒（Rühle 1988）的广泛使用（参见 Volpert，Frommann，Munzert 1984），也得到松塔格进一步的使用和发展（Sonntag 1989）。特别值得一提的是松塔格对认知指导法的概述（Sonntag 1993）及其使用说明（Sonntag 1996，第 151 页及以后各页）。哈克和斯凯尔（Hacker，Skell 1993，第 230—271 页）对认知指导法也进行了详细解释。下文将进行概述，详细阐述可以参见舍尔滕的论著（Schelten 1995，第 166 页及以后各页）。

认知指导法：启发式思维辅助

认知指导法指的是构建一种通用程序，在处理复杂工作任务时，这种程序能够帮助完成信息搜寻、计划、决策、实施和控制环节。启发式思维辅助工具可以被简单地翻译为"发现规则"（源自希腊语，启发式＝创造性）。它们旨在帮助学习者获得独立计划和管理复杂工作活动的能力。概览 3.16 给出了启发式规则的目录。它以民主德国时期电工培训职业的学徒为例，展示了启发式规则如何为学徒展开维修工作（Höpfner 1983）提供指导。在概览 3.16a 中，赫普夫纳给出了更加详细的规则，以支持行动的计划、实施、控制和评估（Höpfner 1991）。

启发式规则并非绑定特殊的工作活动，因此可以迁移到其他类似的任务当中。表现出色的学习者可以成功地应用这些规则。学习能力较弱的人则会面临困难，他们需要更加具体的规则指导。不过即使是具体的指导也适用同样的规则，即规则需要具备很大程度的普遍性，不能局限于特定的工作活动。以状态维护工作为例，学习者所提问题不是"需要完成哪些子目标"（概览 3.16 规则 4），而是"您从哪个搜索步骤开始？下一步是什么？再下一步又是什么？"（Höpfner，Skell 1983，第 164 页）；关于更多具体的启发式规则示例参见赫普夫纳（Höpfner 1983，第 31 页；Höpfner 1991，第 89 页及以后各页）、哈克和斯凯尔（Hacker，Skell 1993，第 230 页及以后各页）以及松塔格（Sonntag 1996，第 151 页及以后各页）的相关论著。

概览 3.16　帮助学习者完成复杂工作活动的启发式规则目录：
初始情况分析的示例，后续见概览 3.16a

（参见 Höpfner 1983，第 29 页）

1）在寻找任务解决方案之前，请熟悉初始情况并注意给定目标！
2）这项任务对您有什么具体要求？
3）有什么是在任务中没有直接说明，但是需要考虑的？
4）需要完成哪些子目标？
5）有哪些可能的解决方案？
6）使用所有信息，例如来自环境、同事和工作文件中的信息！
7）再想一想！这些包括全部可能的解决方案吗？
8）选择您认为最有利的可能！
9）弄明白是否作出了适合工作任务的选择！

相应的简略形式（忽略规则 2、3 和 6）：

a）首先：初始情况——目标设置（参见 1）
b）子目标？（参见 4）
c）可能的解决方案？（参见 5）
d）反思！这些是全部吗？（参见 7）
e）选择最有利的可能！（参见 8）
f）控制！（参见 9）

概览 3.16a　帮助学习者完成复杂工作活动的启发式规则目录：
工作实施情况及其结果分析的示例，延续概览 3.16

工作实施
10）停止！在实施解决方案各个步骤之前，请考虑它是否最有利！是否还有其他尚未考虑的可能？
11）是否有新信息会影响您的策略？
12）注意子目标的处理！下一个子目标是什么？
13）时刻关注总体目标！
结果分析
14）您是否在各个方面都实现了自己设定的目标？是否存在解决方案中没有考虑到的方面？怎么能做得更好呢？
15）根据您的实施情况和结果，您能否对实施情况和 / 或生产手段的改进提出建议？

续表

规则的简略形式：

g）考虑解决方案的每一步！（参见 10）
h）新资料？（参见 11）
i）下一个子目标？（参见 12）
j）注意总体目标！（参见 13）
k）解决方案是否适合？（参见 14）
l）改进建议（参见 15）

启发式指导工作分两个阶段进行（Höpfner 1983；1991，第 91 页及以后各页）。在第一阶段，指导者介绍规则，并以讲义形式发给学习者。针对状态维护工作中出现的一些问题，学习者在指导者的监督下试着应用规则。第一阶段大约持续两次，每次两个小时。在这个阶段结束时，学习者必须已经熟悉规则。

在第二阶段即实践阶段，学习者依据自身情况，在规则指导下开展独立工作（大约三周）。他们完成状态维护，并准备有关解决方案的文档记录。每周学习者都会在小组中与指导者讨论一次，基于文档记录讨论完成状态维护任务的过程。根据松塔格的解释，在独立使用启发式规则的过程中，两个学习者进行角色分工并一起完成某项任务："一个学习者对任务实施进行控制，对另一个学习者的工作和思考给出规则指示，在其犯错或遇到困难时进行提问，并提示下一步该做什么。然后在其他任务中再进行角色互换。"（Sonntag 1993，第 60 页）

使用启发式规则的目标是，学习者通过内化一种抽象的过程方法来胜任复杂的工作活动。尤其是在动手之前进行思考，应该成为一种习惯。如果在状态维护工作中使用启发式规则有意识地练习思考，那么这一习惯也能在装配工作中得到保持（Höpfner，Hübel 1984）。

借助启发式思维辅助工具了解认知指导的概况之后，接下来探讨的是如何对行动调节指导法进行一般性的评价。

行动调节指导法的评价

行动调节指导包含各种方法，可以根据其适用于不同工作类型的特点对这些方法进行区分。

心理调节强化训练方法及其特殊形式包括组合指导和语言强化指导，适用于较为简单的工作活动类型，即位于感知运动调节或行动计划层级的工作活动（参见第二章第二节）。

认知指导法适用于更加复杂的工作活动。这些活动位于子目标规划或协调多个行动领域层级（参见第二章第二节）。认知指导的前提条件是知识是可用的，对于掌握复杂的工作任务来说是足够的。此外，必须掌握感知运动调节和行动计划方法，因为它们在子目标规划或协调多个行动领域阶段这些复杂工作活动中同样需要用到。

如果并置比较传统四步法与心理调节强化训练及其特殊形式，包括组合指导和语言强化指导，可以得出以下结论：如果从始至终地、正确地使用四步法，那么就可以建立它与心理调节强化训练方法之间的关联。例如在四步法中，在学习新的工作技能时，学习者应该借助语言表达（参见第三章第二节"一"四步法中的步骤 3.2 和 3.3）。四步法与心理调节强化训练方法之间存在亲缘关系也会导致这一点，即指导实践普遍较少使用心理调节强化训练及其特殊形式，包括组合指导和语言强化指导。不过，重要的是，指导实践受到这些方法的启发并将相关要素融入传统指导方法，如融入四步法和分析性劳动指导。

对于更加复杂的工作活动，必须探索新的路径。路径之一是使用启发式思维辅助工具。这似乎是一种特别有效的方法。复杂工作活动指导的基本思路是，为学习者在工作活动中的认知渗透提供思维辅助。因此辅助只能是一种指引，用来帮助学习者独立自主地应对复杂的工作任务。

如果并置比较基于启发式思维辅助的认知指导法与本章第三节"二"将要讲到的引导文本法，会发现认知指导法与引导文本法具有相似之处。引导文本法起源于联邦德国，与民主德国的认知指导法是同时发展的。认知指导法是为支持学徒独立计划工作过程而给出启发式规则的一种变体（Geuther，Siemon，Weigert 1987，第 60 页及以后各页）。它与引导文本法的相似之处特别明显。站在民主德国传统立场的哈克和斯凯尔，将引导文本法描述为包含启发式行动指导的复杂的自学习系统。在阐述使用规则进行学习的文章末尾，他们介绍了引导文本法，强调了在职业教育过程中，在学习动作技能的同时必须进行思考（参见Hacker，Skell 1993，第268页及以后各页）。

在结束对行动调节指导的评估时，有必要回顾劳动与学习理论（第二章），已经讲述明白的是：根据工作活动分类法（第二章第二节），哪些工作任务适合什么指导方法。

在实现行动调节时，这些指导方法被认为作出很大贡献。比如针对感知运动调节和行动计划层级工作活动的行动调节方法，通过心理调节强化训练程序得到加强。心理调节强化训练方法旨在让学习者有意识地建立要学习掌握的工作技能的内在图式。这同样适用于使用启发式思维辅助的认知指导。思维辅助工具要求学习者通过目标、条件和路径分析，独立为复杂工作活动构建具有层级顺序的行动调节方案。

总结

行动调节指导法旨在有意识地创建所要学习掌握的工作技能的内在图式，为此可以使用各种方法。这些方法可以分为两种类型。一种适用于感知运动调节或行动计划层级的工作活动（参见第二章第二节）：心理调节强化训练方法及其特殊形式包括组合指导和语言强化指导。另一种适用于更加复杂的子目标规划或协调多个行动领域层级的工作活动（参见第二章第二节）：认知指导法。

心理调节强化训练方法包括观察训练、心理训练和语言训练。从始至终地、正确地使用四步法，可以为这些训练过程提供参考。

在认知指导法中，使用启发式思维辅助的指导是一种很有前途的方法。在掌握复杂的工作任务时学习者会获得特定的思维辅助，用于分析目标、条件和路径。民主德国时期出现的认知指导法与联邦德国同时开发的引导文本法具有相似之处。

心理调节强化训练和认知指导法的重点在于，在解决工作任务时需要构建行动调节程序。这些方法与前文介绍的劳动与学习理论具有一致性（参见第二章）。

重要术语和概念

行动调节指导：

- 心理调节强化训练方法
  - 观察训练
  - 心理训练
  - 语言训练
- 认知指导法

启发式思维辅助的认知指导

研究文献（精选文献）

Hacker, W., W. Skell: Lernen in der Arbeit, hrsg. vom Bundesinstitut für Berufsbildung, Berlin 1993

　　Kap. 11: Lernen durch Regelnutzung: Denken bei der Ausbildung der Tätigkeitsregulation

　　Kap. 16: Erwerb von Fertigkeiten und Kenntnissen als Grundlage von Arbeitsverfahren

（W. 哈克，W. 斯凯尔:《在工作中学习》，联邦职业教育研究所，柏林，1993

　　章 11：基于规则的学习：学习动作技能时的思考

　　章 16：作为工作过程基础的技能和知识的习得）

Höpfner, H.-D.: Entwicklung selbständigen Handelns in der beruflichen Aus- und Weiterbildung: Ein auf der Theorie der Handlungsregulation begründetes didaktisches Modell, hrsg. vom Bundesinstitut für Berufsbildung, Berlin 1991 (Berichte zur beruflichen Bildung, Heft 142)

　　Kap. 3.4: Methoden zur Entwicklung des selbständigen Handelns

（H.-D. 赫普夫纳:《职业教育和继续教育中独立行动的发展：基于行动调节理论的指导模型》，联邦职业教育研究所，柏林，1991［《职业教育报告》，第 142 期］

　　章 3.4：发展独立行动的方法）

Rühle, R.: Kognitives Training in der Industrie: Aufdeckung und Vermittlung psychischer Regulationsgrundlagen von Arbeitstätigkeiten, insbesondere der Mehrstellenarbeit,

Berlin (Ost) 1988

　　Kap. 2.2: Methodische Grundlagen

　　Kap. 3.3: Vermittlung kognitiver Lehrinhalte

（R. 吕勒:《工业领域的认知训练：揭示和传授工作活动尤其是多工位工作的心理调节基础》，柏林［东］，1988

　　章 2.2：方法基础

　　章 3.3：认知性学习内容的传授）

Sonntag, K.: Lernen im Unternehmen: Effiziente Organisation durch Lernkultur, München 1996

　　Kap. 4.3.1: Denktrainings bei komplexen betrieblichen Aufgaben

（K. 松塔格:《在企业中学习：通过学习文化实现高效组织》，慕尼黑，1996

　　章 4.3.1：复杂操作任务的思维训练）

Volpert, W., R. Frommann, J. Munzert: Die Wirkung allgemeiner heuristischer Regeln im Lernprozess – eine experimentelle Studie, in: Zeitschrift für Arbeitswissenschaft 38(1984)4, S. 235–240

（W. 福尔佩特，R. 弗罗曼，J. 蒙策尔特:《一般启发式规则对学习过程的影响——一项实验研究》，载于《劳动学杂志》38［1984］4，第 235—240 页）

Wunderli, R.: Psychoregulativ akzentuierte Trainingsmethoden: Felduntersuchung zum Einsatz von observativem, mentalem und verbalem Training in einer Lehrwerkstatt, in: Zeitschrift für Arbeitswissenschaft 32(1978)2, S. 106–111

（R. 文德利:《心理调节强化训练方法：在学习车间进行观察、心理和语言训练的田野研究》，载于《劳动学杂志》32［1978］2，第 106—111 页）

练习

请您思考，对您所熟悉的工作领域的不同块面而言，哪些形式的心理调节强化训练方法是适用的。

二、引导文本法

引导文本法出现于二十世纪八十年代的企业培训。具体而言，它诞生于大企业的培训车间，起源于项目导向的职业教育过程。它的目标是找到一种灵活的学习组织，摒弃传统课程教学整齐划一的学习方式（参见 Ploghaus 2003）。在这个过程中，尤其采用这样的做法：引导文本法与项目结合起来，自主开发促进关键资质提升的培训方案。比如西门子公司以项目和迁移为导向的培训（PETRA）一开始就广为人知（参见 Borretty，Fink，Holzapfel，Klein 1988）。

最迟自二十世纪九十年代以来，随着行动导向教学的推广，引导文本法也受到职业学校的关注。在职业学校，引导文本法配合学校学习作出形式上的调整，用以指导自主学习过程。下面，仅介绍在企业内部学习中出现的引导文本法。

引导文本法概述

引导文本法借助书面材料来指导自主学习，系统地指导学习者思考所要掌握的工作活动。指导者作为顾问和支持者提供额外的专业帮助。

概览 3.17 显示了引导文本法的阶段或衔接方案。学习者在独立应对工作时应具备六个阶段的行动能力。某些特定的方法辅助工具用于确保各个阶段的任务完成。六个阶段描述了一个完整的行动，因此也可以构成行动导向教学的基础。信息阶段代表感知，计划和决策代表思考，实施代表行动和控制，评价代表反馈。

概览 3.17　引导文本法的过程

阶段或衔接方案	方法辅助
1. 信息 "应该怎么做?"	引导问题、引导原则或工作信息单
2. 计划 "人们是怎么做到的?"	引导问题、工作计划
3. 决策 "确定生产或实施方法和准备工作设备"	与指导者进行专业讨论

续表

阶段或衔接方案	方法辅助
4. 实施 "制造一种产品或开发一种服务"	指导者按需提供建议
5. 控制 "订单是否得到专业的执行?"	控制表
6. 评价 "哪些做得好,哪些需要下次做得更好?"	与指导者进行专业讨论

关于 1. 信息:

在这个环节,团队由两人、三人或四人组成,学习者需要清楚了解有待解决的工作任务。书面形式的"引导问题"为学习者提供帮助。例如来自关于"阅读图纸:阅读一组图纸"的文本的引导问题:识别各个部分之间的连接! 哪些部分是直接连接的? 例如第 1 部分和第 2 部分,第 3 部分和第 4 部分,第 5、第 6 和第 7 部分,这些部分是如何连接的? 是否可以通过焊接、铆接、螺栓等进行连接? "引导原则"对相关的工作知识进行简短总结。在有必要获取、更新或加深知识范围时,学习者可以利用这些引导原则。引导原则也被称为工作信息单,比如在关于钻孔的引导原则中,用文字和草图来解释圆形零件的夹紧工作。

关于 2. 计划:

在这个阶段,学习者在心理层面预演工作的过程。工作步骤和必要的辅助材料以及工具体现在书面形式的工作计划中。在制订工作计划时,可以使用企业内部的相关表格,引导问题可以是例如确定加工原始工件的顺序或识别加工步骤的前后关联特征。同时,学习者还设计了评价标准的控制表,用于在任务完成后判断工单是否得到正确执行。

在信息和计划阶段,除了引导问题和引导原则,还应当为学习者提供适当的学习环境支持,比如提供专业文献、说明材料和带有多媒体软件设备的个人电脑。

根据引导文本法的理想形式,在信息和计划阶段更适合采用小组形式,由学习者自主开展工作。教育者即指导者,在随后的决策阶段出现的频率更高。

关于 3. 决策：

在这个阶段，学习者与指导者进行技术讨论。学习者向指导者展示工作计划和控制表，并分析可能存在的错误。在小组讨论中，可以有针对性地对知识进行查漏补缺。在技术讨论时，指导者必须充分考虑学习者的工作计划，即使是异乎寻常的方法也要有准备接受的开放态度。完成技术讨论后，工作计划得到批准实施。如果涉及复杂且昂贵的工作订单，工作计划的批准可以限定为部分批准。处理完部分批准的工作后，再与指导者就下一步的程序进行技术讨论。

关于 4. 实施：

密集的工作准备确保了后续实施过程是经过深思熟虑的。这通常使得学习者能够独立完成工作。在这过程中，指导者可以提供帮助。

在使用引导文本法时，采用集体决策和单独实施的方式。在计划阶段由小组集体制定决策，但后面保留了个体独立完成的环节。在实施阶段学习者必须依靠自己，这促使学习者有意识地参与信息、计划和决策阶段的工作，因为在实施阶段几乎没有来自协作网络的任何支持。控制和评价阶段可以重新采用小组协作的形式或者单独进行。

关于 5. 控制：

在这个阶段，学习者独立检查工作计划是否得到专业执行。为此，他可以使用在第 2 阶段"计划"中设计并在第 3 阶段"决策"中制定的控制表。他分析目标和实际之间可能存在的偏差，并判断错误的原因。通过自我控制，学习者获得了评价自己工作表现的能力。在未来的工作中，任务执行和质量保证应该融合在一个工作步骤中。

关于 6. 评价：

学习者将他的工作结果连同控制表一起呈现给指导者。指导者基于外部视角进行控制。在技术讨论中，指导者强调成功之处并讨论错误及其原因尤为重要。学习者需要获得反馈，这样他下一次能够做得更好。

为了计划接下来的学习步骤，指导者与学习者一起考虑需要重复、深化或继续的内容。

　　根据引导文本法，学习者可以单独开展工作。然而，以两人、三人甚至四人为一组进行工作也是适合的。回答引导问题、研究引导原则、制订工作计划和起草控制表，都特别受益于工作意见的交流。

　　引导文本法已经有多种确定的形式。它可以分为一般引导文本和特殊引导文本（概览 3.18）。此外，根据应用领域的不同，可以分为基础引导文本、实验引导文本、探索引导文本 、课程引导文本、项目引导文本或订单引导文本。

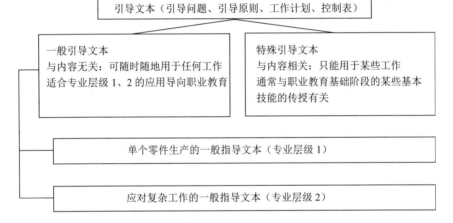

概览 3.18　引导文本的创建

引导文本的创建

　　在编写引导文本时，实践证明，应当：（1）从学习者为了解决工作任务而必须完成的工作活动开始着手（以下根据 Koch，Selka 1991，第 97 页及以后各页）。成功完成工作任务所需的心理层面操作也应记录下来，例如需要识别的特定处理顺序。（2）分析工作活动后列出专业执行工作任务所需的知识。（3）所需知识决定了学习者所需的信息来源。此类信息来源可以是教科书、手册、图表手册、操作说明、技术文档、图纸和电路图。（4）最后制定引导问题或引导指示。在这过程中，需要着重考虑学习者在工作之前和工作期间必须思考和执行的事情。引导问题和引导指示旨在确保学习者从信息来源中获得必需的知识，从而能够专业地执行工作任务（参见 Rottluff 1992，第 93 页及以后各页）。除了上述提及的专业文献，在此需要补充指出，作者曾经对职业学校跨学科教学和行动导向课堂的自主学习材料编写有过类似考察，详细信息参见舍尔滕的论著（Schelten 1994，第 294 页及以后各页）。

对于引导文本法的评价

引导文本法特别重视的是，有计划地促进专业的思考和行动。学习者可以了解到，正确执行工作的关键在于考虑周全。引导文本能够指导思考的过程。引导文本可以在职业教育开始时以密集的步骤提供这些指导，在结束时以宽松的步骤提供这些指导。

在运用引导文本法时，指导者扮演顾问和支持者的角色。指导者调整着学习过程。他指导学员尽可能独立地使用书面学习材料，并重视学员在合作中相互支持。换句话说，引导文本法的学习过程是特别突出学习者中心的：很多活动要求都转移到了学习者身上，学习者必须具有充分主动性。对于指导者来说，这意味着他必须对应引导文本法来安排自己的工作。当他采用四步法进行指导时，他处于行动的中心，而按照引导文本法，所有的知识和技能都不再由他自己传授。他需要示范和指导学员的频率大大降低。他的作用更多转移到这些方面，即制定引导问题、引导原则、控制表、计划辅助工具，并讨论学习者的答案、建议、问题和结果。如果进行深入彻底的专业讨论会占用大量时间。因此指导者的工作并没有变少，只是将重点转移到制订方案、提供咨询和支持这些活动。概览 3.19 比较了四步法和引导文本法中指导者和学习者的不同任务。

概览 3.19　四步法和引导文本法中指导者和学习者的任务对比

（Koch，Selka 1991，第 15 页）

四步法			引导文本法		
指导方法		学习方法	指导方法		学习方法
指导者通过······ 讲授		学习者通过······ 学习	指导者通过······ 讲授		学习者通过······ 学习
解释		倾听	开发引导问题	▷	
				◀	独立查询信息
			讨论答案	▷	
示范		观看	开发计划辅助工具	▷	
				◀	独立计划
			讨论建议	▷	
纠正		模仿	制定引导原则	▷	
				◀	独立实施
			讨论问题	▷	
评价		练习	开发控制表	▷	
				◀	独立控制
			评价结果	▷	

对于阅读速度慢、学习不擅长或成绩较差的学习者来说，基于引导文本的学习会带来额外的困难。不过，这种基于引导文本的自主的、个性化的学习，反过来也使得指导者能够更多关注成绩较差的学习者，给予他们特别的帮助和指导。

最初采用引导文本法时，信息搜寻、工作计划和决策阶段（见概览3.17）仍然占据较长时间。学员一开始不习惯这种学习方式，因为不能再采取以往被动接受的学习态度。随着对引导文本法熟悉程度的提高，计划时间会有所减少。尽管它们仍然花费较长时间，但是经过密集的计划，工作可以很快进行，因此较长准备时间通常可以得到平衡。

二十世纪八十年代联邦德国在探索项目式职业教育时开发了引导文本法，这与民主德国开发的启发式思维辅助的认知指导法是类似的。这一点在本章第三节"一"中已经提到。但是，与使用启发式思维辅助的认知指导法相比，引导文本法有其自身的地位，因此在本教材中单独开辟章节对之进行介绍。认知指导法的方法论还较多处于开放状态。相比较而言，引导文本法在方法论层面已经得到更多的标准化。引导文本法包含六个步骤的过程图，对每个步骤都给出条理清晰的支持，且该方法的使用并不局限于小范围试点。这些使得引导文本法已经成为一种方法清晰、易于操作的指导过程。它是一种标准化的指导伴随的自主学习系统。

需要注意的是，撇开此处介绍的技术工商领域的引导文本法，其他领域事实上也有相关的教学方法。例如在护理培训中，学习者依据指南来确定护理资源和患者的当前状况，例如：呼吸/循环功能、运动、洗漱/穿衣、吃/喝、排泄、调节体温等，并进行书面记录。护理计划规定了护理问题/资源、护理目标和护理措施这几个方面。

最后，在对引导文本法进行评价时，让我们将视线重新回到劳动与学习理论（第二章）。

对于构建行动调节程序来说，引导文本法被认为具有较多的意义。引导文本法的要素，诸如引导问题、引导原则、工作计划、控制表和专业讨论等，为学习者独立构建具有不同层级的行动调节程序提供了支持。

根据工作活动的分类，引导文本法特别适合指导更复杂的工作，适合位于子目标规划或协调多个行动领域层级的工作。学习者在应对复杂的工作任务时获得有条不紊的辅助引导。使用引导文本法来掌握一项复杂的工作技能，对于关键资质的发展尤其具有意义。它促进了学习者的认知能力，发展了带有不同个性特征的个人能力。在团队学习的情况下，学习者的社交技能也得到了提升（参见第五章关键资质的概念）。

总结

引导文本法诞生于大企业的项目式职业教育过程。它促进了灵活组织学习，摒弃了传统课程教学整齐划一的学习方式。

采用引导文本法，意味着借助书面指导文件控制自主学习过程。引导文本法指导学习者系统地思考有待掌握的工作活动。指导者以顾问和支持者的角色提供额外的帮助。大量的活动和主动行为发生在学习者一侧。

引导文本法由六个过程步骤组成，每个过程步骤都提供系统帮助：（1）在引导问题和引导原则的支持下搜寻信息。（2）在引导问题和工作计划的支持下制订计划。（3）与指导者进行专业讨论，并作出决策。（4）进入工作实施环节。（5）学习者使用自己设计的控制表进行检查。（6）最后通过与指导者的专业讨论作出评价。

引导文本又可以区分一般引导文本和特殊引导文本，引导文本可以根据应用领域进行区分。

在创建引导文本时，必须以工作活动为基础，以需要用到的知识为依据。对于需要用到的知识给出信息来源。引导问题和引导指示应帮助学习者从信息来源中获取知识以解决任务。引导文本法的重点是指导者提供方案、咨询和支持活动。

引导文本法是为独立构建具有层级的行动调节程序而设计的。该方法特别适用于指导较为复杂的工作活动，比如在子目标规划阶段或协调多个行动领域阶段的工作活动。它与使用启发式思维辅助的认知指导法有关（参见本章第三节"一"）。如果使用引导文本法处理复杂的工作活动，关键资质也能得到提升。

重要术语和概念

引导文本法：

- 六个阶段：信息、计划、决策、实施、控制、评价
- 方法辅助：引导问题、引导原则、工作计划、专业讨论、控制表、一般引导文本、特殊引导文本、特定应用领域的引导文本

创建引导文本

评价引导文本法

研究文献（精选文献）

Fischer, H.-P., H. Merkel, R. Walz: Projektorientierte Fachbildung im Berufsfeld Metall: Ein Gestaltungsansatz der Lernorganisation im Werk Gaggenau der Daimler-Benz AG, Berlin 1982 (Modellversuche zur beruflichen Bildung, Heft 9)

Kap. 3: Lernorganisation der Ausbildungskonzeption Daimler-Benz Gaggenau

Kap. 4: Ermittlung der Ausbildungsinhalte der Speziellen Fachbildung und Strukturierung in Ausbildungsabschnitte

（H.-P. 菲舍尔，H. 默克尔，R. 瓦尔茨：《金属加工领域项目导向的职业教育：戴姆勒－奔驰公司嘉格纳工厂的一种学习组织设计方法》，柏林，1982［《职业教育模式探索》，第 9 期］

章 3：戴姆勒－奔驰公司嘉格纳工厂职业教育的学习组织理念

章 4：调查特定职业的培训内容和结构）

Koch, J., R. Selka: Leittexte – ein Weg zu selbständigem Lernen, Teilnehmerunterlagen, hrsg. vom Bundesinstitut für Berufsbildung, 2. völlig überarbeitete Aufl., Berlin 1991

Kap. 2: Leittext-Theorie – gar nicht grau

Kap. 5: Leittexte entwickeln

Anhang: Beispiele aus der Praxis

（J. 科赫，R. 塞尔卡：《引导文本——通往独立学习之路》，包含学习者资料，联邦职业教育研究所，第 2 次完全修订版，柏林，1991

章 2：引导文本理论——丝毫不晦涩

章 5：创建引导文本

附录：来自实践的示例）

Riedl, A.: Didaktik der beruflichen Bildung, Stuttgart 2004

Kap. 8: Leittexte in der beruflichen Bildung

（A. 里德尔：《职业教育教学法》，斯图加特，2004

章 8：职业教育中的引导文本）

Rottluff, J.: Selbständig lernen: Arbeiten mit Leittexten, Weinheim 1992

Kap. 1: Die Methode unter der Lupe

Kap. 3: Bisherige Erfahrungen – ein Überblick

（J. 罗特鲁夫：《独立学习：引导文本的使用》，魏恩海姆，1992

章 1：方法详述

章 3：已有经验——概述）

Schelten, A.: Begriffe und Konzepte der berufspädagogischen Fachsprache. Eine Auswahl, Stuttgart 2000

（A. 舍尔滕:《职业教育专业术语和概念精选》，斯图加特，2000）

练习

对于您熟悉的复杂工作活动，创建用于理解工作任务（信息阶段）的一般引导问题，以及用于制订工作计划（计划阶段）的一般引导问题。起草控制表（控制阶段）以检查工作过程。

第四节　劳动与学习理论视角下的指导

在介绍了指导方法之后，下文是对劳动与学习理论的总结回顾，为此将从两个方面进行展开：（1）指导方法对行动调节的贡献；（2）基于工作活动分类的指导方法分类。

（1）指导方法对行动调节的贡献

根据劳动与学习理论，资质化措施应使员工学会有意识地在工作中进行行动调节。学习过程的特点必须是指导者逐步减少控制。在资质化过程中劳动指导的标志是：基于指导者的教育学建议，学习者能够独立上手一个新的工作任务。指导方法的设计必须确保这一点，即学习者能够独立地建构一个范围广泛的具有层级顺序的行动调节程序。换句话说：学习者必须为有待学习的工作技能创建一个普遍适用的同时又具有差异化的内在图式。学习者还必须有机会开发一个专门用于自我优化的行动调节程序。为了能够灵活应对未来不断变化的职业要求，这一目的贯穿整个指导过程。

如本章第一节至第二节"二"中所述，传统的指导方法直至分析性劳动指导，确实包含用以胜任新工作活动的行动调节因素，但是贡献不大。从行为调节的角度来看，学习者只建立了认知渗透有限的工作活动的内在图式。学习过程由指导者直接控制，学习者仅仅完成机械重复的行动。在学习过程中，很少对习得的规范进行具有重要意义的扩展。这会导致学习者缺乏自主能力，习得的行动缺乏灵活性，缺乏面向新环境的可迁移性。换句话说：建立起来的具有层级顺序的行动调节规则或者说行动计划作用范围有限。行动计划更多面向特殊的具体的行动，没有得到抽象化提炼，因此未能形成广泛适用的特征。

在传统指导方法中，只有有意识地强调心理调节成分，如同行动调节指导展示的那样，才能打破四步法、分析性劳动指导等传统指导方法的较大局限。相反，认知指导，特别是引导文本法允许发展不受限制的行动调节程序，从而克服了传统指导方法如四步法和分析性劳动指导等限制性更强的缺点。

（2）基于工作活动分类的指导方法分类

如果从劳动与学习理论当中导出工作活动的分类方法，就可以相当明显地看到，传统的指导方法更局限于较低的分类水平：传统的指导方法（参见本章第一节和第二节）大多涉及感知运动调节或行动计划层级，并不适用于更高水平的工作活动，例如位于子目标规划或协调多个行动领域层级的工作活动。同样，强调心理调节的做法更多适用于传统的指导方法，例如为人熟知的行动调节指导方法。

行动调节指导框架下的认知指导法，目标在于指导更高层级的工作活动，比如位于子目标规划或者协调多个行动领域层级的工作活动。其中，引导文本法（本章第三节"二"）在朝着指导更高级别工作活动的方向迈出了明确的一步。

对于富有挑战性的工作岗位而言，在传授宽泛复杂的行动调节技能方面，需要特殊的指导方法。这种指导方法涉及的是位于子目标规划或协调多个行动领域层级的工作活动。在行动调节指导框架下，认知指导法为此提供了可能，相应地，引导文本法朝着这个方向获得了更多进展。

总结

指导方法的设计必须确保这一点，即学习者能够独立建构一个范围广泛的、具有差异化和层级顺序的行动调节程序。为了能够灵活应对未来不断变化的职业要求，这一目的贯穿整个指导过程。

传统的指导方法，特别是四步法和分析性指导（本章第二节）具有更加严格的性质。它们会导致应对新工作情景的行动缺乏灵活性。使用这些方法建立的行动计划适用范围有限。有意识地强调心理调节成分，打破了传统教学方法的限制性特征。不过，与更高层级的例如位于子目标规划或协调多个行动领域层级的工作活动相比，传统的指导方法还是能够为感知运动调节或行动计划层级的工作活动提供更多支持。

行动调节指导框架下的认知指导法尤其是引导文本法（本章第三节）使得制定差异化的行动调节成为可能。对于子目标规划或协调多个行动领域层级的工作活动而言，行动调节指导框架下的认知指导法较为合适，尤其是更具一贯性特征的引导文本法。

重要术语和概念

指导方法对行动调节的贡献

基于工作活动分类的指导方法分类

第五节　指导者的语言

下文讲述的不再是关于具体的指导方法，而是关于在指导框架内进行基础研究的方法。正如学校教育学很早就在教学研究过程中处理了教师的语言（例如 Spanhel 1971，Bellack 等 1974；在更广泛的意义上也包括 Schelten 1976，其概述参见 Spanhel 1991），劳动教育学在指导研究过程中也需要处理培训师的语言。

为了分析培训师或指导者使用的语言，作者进行了实证研究，在此以简化的形式呈现要点。更多细节参见舍尔滕和格林德尔林的论著（Schelten，Gründling 1986；Schelten 1995）。这些调研涉及培训师在具体企业指导情景中的语言行为。除此以外，正如塞默尔、巴尔、施特丁（Semmer，Barr，Steding 2000）在他们的相关研究中所总结的那样，几乎没有任何其他实证研究。

调研的问题设置

从行动调节的观点来看（参见第二章第一节），指导者必须进行解释、指示、引导、要求、更正、确定等。简而言之，他在指导过程中需要通过语言活动，帮助学习者有效地建构内在行动图式。因此，在针对实践指导的调研过程中，应该明确指导者的语言对建构工作活动的内在行动图式的贡献。换句话说，要分析的问题是：指导者如何通过教学语言促进学习者行动调节，为其学习掌握新工作技能提供了或可以提供哪些帮助。已有调研可以参考舍尔滕的论著（Schelten 1995，第199页及以后各页），不过这些调研仅有间接关联。

调研对象

调研对象的呈现基于五个指导过程。这些指导过程采用录音方式记录。录音于1984年和1985年在汉堡制作完成。具体而言，在电子技术职业和继续教育中心制作了三份指导录音，在跨企业建筑技术培训中心制作了两份。电子技术包括三名不同的指导者，他们都采用单独指导的形式。建筑技术的两份指导录音来自同一名指导者，他采用了小组指导形式。四名指导者均拥有多年的指导经验，并拥有《培训师资质条例》规定的劳动和职业教育学知识。

指导的工作活动依据分类标准属于感知运动调节层级。电子技术的工作活动包括："电缆拆除"、"连接技术——电缆线端成型"和"捆扎电缆线束"。建筑工程的工作活动包括"处理榫眼机"和"处理刨床"。每个指导过程平均需要 30~45 分钟。方法选择以四步法（参见第三章第二节"一"）为基础。培训师的讲解示范在所有指导过程中占据主导地位。研究者为每条指令都创建了文字记录，将其作为分析基础。

为了对研究工具进行补充，还可以使用来自职业动作技能学习过程研究的成果，即指导过程的文字记录（Schelten 1983a）。指导过程是金属基础课程的一部分，该课程在位于吉森（Gießen）的一家机床厂的培训车间进行，历时三个多月。

调研工具

调研工具主要依据哈克（Hacker）关于语言和言语在手动操作型工作中扮演何种角色的思考。依据哈克（Hacker 1986，第 252 页及以后各页，1998 新版）的观点，语言和言语在工作中的调节功能基本上可以区分为三种：

（1）交际功能。它指的是向员工介绍工作过程相关的任务、规范、知识和程序。按照哈克的观点，这意味着传授特定技能知识，促进专业内容的理解。这些可以是有关材料、工具或机床的信息。为了避免培训事故，也给出安全生产信息。

（2）认知功能。语言活动的认知导向功能涉及更加差异化的工作知识。差异化的工作知识借助这些途径得到传授：通过语言活动将注意力引导到工作的特定方面，提升感知敏锐度，促进概念信息处理。

（3）内在调节功能。内在调节功能是指语言的使用直接关系到行动计划和内在行动图式的发展。上面提到的交际功能和认知导向功能只是间接地做到这一点。而在使用语言实现内在调节功能的过程中，谈论一项有待学会的工作活动——尤其通过自我指导的形式——可以使各个部分受到有意识的调节。在技能学习时通过口头言语描述动作，意味着学习者可以形成客观印象，而不仅仅是主观印象。这种客观化是影响和纠正动作技能的先决条件。同时也促进了所学技能内在行动图式的演练。在构建行动调节的内在模型时，仅需借助语言使用，无须同时执行技能。

根据语言使用的理论功能和它在传统指导过程中的实际功能，作者基于调研材料显示的实际做法创建了类别方案，如概览 3.20 所示。该方案包含九个类别，尝试概括指导者语言的不同功能。此外，还有四个所谓的零类别，指的是无法归入上述语言使用三个功能的情况。如概览 3.21 所示，这些类别在接下来的几页中进行了更详细的描述，并基于指导过程录音的示例进行了说明。

如上文所述，工作中的语言和言语的交际功能在广泛意义上包括类别 1.2 以及 1.6 至 1.9（技能学习、工作过程、知识传授，以及结果的确定、评价、确认或不确认）。

认知导向功能包括其余类别，即 1.1 以及 1.3 至 1.5（吸引注意力、感官使用、概念图式和行动的可能性）。

对于语言使用的内在调节功能，在技能学习调研中没有发现任何材料。即使是最广义意义上的都没有，因此在分析方案中也未能列出这一功能类别。这意味着这里接受调研的培训师没有在教学中使用语言活动的内在调节功能。塞默尔、巴尔和施特丁在一项类似研究中得出了同样的结论（Semmer，Barr，Steding 2000）。

概览 3.20　用于指导者语言分析的类别范畴，详见概览 3.21

1. 指导者语言的功能
1.1 吸引注意力 1.2 技能学习 1.3 感官使用 1.4 概念图式 1.5 行动的可能性 1.6 工作过程 1.7 知识传授 1.8 结果的确定 / 评价 1.9 确认 / 不确认

续表

0. 零类别
0.1 学习前提
0.2 组织培训
0.3 短语
0.3.1 让指导听上去更轻松自然
0.3.2 不同部分之间的过渡
0.3.3 不同想法之间的过渡
0.3.4 职业安全 / 说明
0.4 不可分类

概览 3.21　概览 3.20 中用于语言分析的类别范畴的定义和示例

1. 指导者语言的功能
1.1 吸引注意力
学习者的注意力集中在有待学会的工作活动上。方式是： a）命名工作活动。 b）描述工作活动的作用。 c）询问工作活动的基本方面。 d）与学习者打招呼。
示例： a）指导者（U.）：今天我们要处理导线的拆除问题。（来自：电缆拆除） b）U.：……接线盒中需要这根导线，用来连接几根电缆。（来自：电缆拆除） c）U.：……我们现在要注意什么？（来自：凿击） d）U.：……真的吗，你看到了吗？！（来自：连接技术——电缆线端成型）
1.2 技能学习
学习者的注意力集中在所学技能的各个方面：工作技能的重要特点得到强调，并且附带给出理由，以便成功实施工作任务。
示例： U.：所以我们首先必须把螺纹钻头放在一个角度上，用肉眼判断，使它尽可能倾斜。（来自：螺纹切割） U.：所以我必须看到钻头正好进入孔口，进入中间。（来自：钻孔） U.：我们必须确保导线护体始终长出两厘米。（来自：电缆拆除） U.：所以，小心用刀，不要随意——像这样——切割，这是危险的。（来自：电缆拆除）
1.3 感官使用
学习者的感官使用需要更加精确：对感官通道发出指示，使它以最有利或最有效的方式应对特定的技能要求。

续表

示例： U.：你必须了解螺纹钻头的力道，就扭矩而言，某处是有限制的，如果我让它负担太重，它会断裂。（来自：车螺纹） U.：所以从这里开始，不要用力过猛，要轻轻转动。（来自：车螺纹） U.：所以我必须经常注意凿子边缘，不要向后看（即不要看凿头——作者注）。（来自：凿击）
1.4 概念图式
对于所要掌握的工作技能，学习者熟悉相应概念图式：一项技能由几个动作序列组成。每个序列都被标注了一个特征性的、提纲性的概念。
示例： U.：第一，设置转速；第二，调整铣削主轴；第三，调准铣削；第四，助力进刀……（来自：用木工机器铣削）
1.5 行动的可能性
向学习者展示了几种技能使用的方式或方法。
示例： U.：为此，我们需要适当的工具，即斜口钳、剥线钳、电缆拆除刀。所以在剥离时有不同方法。（来自：电缆拆除）
1.6 工作过程
向学习者示范和描述工作过程： 指导者一边执行工作活动，一边进行口头描述。 学习者通过视觉记录技能施展过程，同时通过指导者的简单口头描述理解工作过程。
示例： U.：然后我们右手拿刀，左手拿电缆……（来自：电缆拆除） U.：像这样。再把刀拿开，把电缆弯曲一下，拉下来。（来自：电缆拆除）
1.7 知识传授
为学习者提供特定的技能知识： 名称解释或命名，描述与技能学习相关的工作设备和工作对象。
示例： U.：但首先应该说，NYM 的意思是，N 代表标准化的线路，Y 代表绝缘层，M 代表护套。换句话说，它是具有四个芯和保护导体的护套电缆。（来自：电缆拆除）
1.8 结果的确定 / 评价
训练动作的结果通过确定 / 评价反馈给学习者：这包括学习者执行的动作以及指导者执行的动作。

续表

示例： U.：所以，现在你已经去掉了绝缘层。（来自：电缆拆除） U.：我们闭合了孔眼。我们以顺时针方向弯曲它，它就会收紧。（来自：连接技术——电缆线端成型）
1.9 确认／不确认
对于计划和执行的行动的正确性，需要向学习者表示确认或不确认。指导者可以通过特定的简短陈述确认或不确认。
示例： U.：没错！——U.：嗯，是的！——U.：这样不行。——U.：是的！（来自：电缆拆除）
0. 零类别
0.1 学习前提
明确学习者的学习前提。
示例： U.：你是左利手还是右利手？（来自：电缆拆除）
0.2 组织培训
向学习者提供有关组织培训和技能学习的一般性的信息和说明，以及解答其他有关培训的问题。
示例： U.：嗯，你可以再练习一次，现在再练习一次、两次、三次。（来自：电缆拆除） U.：或者你对此有什么疑问吗？（来自：电缆拆除） U.：我会说，你对初始接头和结束接头做一些练习。如果你认为已经准备好了，那么你再告诉我，然后我们可以在最后再次讨论结果如何。（来自：捆扎电缆线束）
0.3 短语
指导中包含的日常短语，作用是： 0.3.1 让指导听上去更轻松自然。 0.3.2 意味着指导话题过渡到另一个部分。 0.3.3 作为指导者特有的个人词语，用于两种想法之间的过渡。 0.3.4 职业安全注意事项提醒。
示例： 0.3.1　U.：所以，首先，祝你有美好的一天。（来自：电缆拆除） 0.3.2　U.：是的。所以，现在让我们慢慢把它拆除。（来自：电缆拆除） 0.3.3　U.：（然后我们要闭合孔眼）对吧？（来自：连接技术——电缆线端成型） 0.3.4　U.：不要让自己受伤。（来自：电缆拆除）

续表

0.4 不可分类
所有无法归到 1.1 至 0.3.4 类别的指导语言都标记为不可分类。

调研过程

在对指导过程文字记录进行编码时，需要基于类别变化来确定分析单元。换句话说，只要适用的类别发生变化，文字记录中就会出现一个新的单元。例如，指导者在向学习者打招呼后开始引入正题："今天我们要处理导线的拆除问题……"（1.1 "吸引注意力"）他用以下语句打断了这句话："而且您也会得到关于……的指导。"随着这个插入，类别更改为 0.2 "组织培训"。指导者继续插入另一个内容："但首先应该说，NYM 的意思是，N 代表标准化的线路，Y 代表绝缘层，M 代表护套……"这意味着类别更改为 1.7 "知识传授"。

确定一个分析单元从开始到结束，除了包含类别变化这个特征，它还包含另外一个特征，即一个单元由一个事实组成。该事实逻辑贯穿在整个单元当中，不能随意拆解。

简而言之，笔者按照这个过程完成了五个关于劳动指导的实证调研资料的编码（参见上文）。如果想要了解详细的文字记录解码示例，以及分析方案的可靠性和信效度检查，请参阅舍尔滕的论著（Schelten 1995，第 207 页及以后各页）。

调研结果

关于一个单元中包含多少类别，计算方法如下：每个单元无论长短，类别仅计算一次。

概览 3.22 以百分比的形式显示了在一个指导过程中类别出现的频率。例如，在"电缆拆除"指导过程中，N=82 个解码单元，其中类别

1.1 "吸引注意力"占比 7%。整个指导期间总共有 560 个解码单元。

关于概览 3.22 中的百分比，必须考虑到出现频率较少的类别可能在内容方面覆盖更广范围。如果需要更加详细的解释，必须使用完整解码的文字记录。

此外，需要指出的是：分析结果只能定性地看待。即使结果在概览 3.22 中得到定量呈现，也只能作出定性解释。如果考虑分析方案的类别有不同的赋权，那么类别 1.4 "概念图式"反映的是语言使用质量的不同，它不同于 1.9 的两种类别即 "确认 / 不确认"。

概览 3.22　指导者语言分析的类别在指导过程中出现的频率
（ + 表示发挥认知功能的类别； & 表示发挥交际功能的类别 ）

单位：%

指导者语言分析的类别占各解码单元之比	指导过程分析				
	电子技术解码单元			建筑技术解码单元	
	电缆拆除 N=82	连接技术——电缆线端成型 N=205	捆扎电缆线束 N=139	处理 榫眼机 N=96	处理 刨床 N=38
1.1+ 吸引注意力 占比	7	4	13	3	2
1.2& 技能学习 占比	26	8	13	7	24
1.3+ 感官使用 占比	4	2	1	1	—
1.4+ 概念图式 占比	1	—	—	—	—
1.5+ 行动的可能性 占比	1	—	—	—	—
1.6& 工作过程 占比	11	11	19	2	2
1.7& 知识传授 占比	5	4	3	32	16

续表

指导者语言分析的类别占各解码单元之比	指导过程分析				
	电子技术解码单元			建筑技术解码单元	
	电缆拆除 N=82	连接技术—— 电缆线端成型 N=205	捆扎电缆 线束 N=139	处理 榫眼机 N=96	处理 刨床 N=38
1.8* 结果的 确定 / 评价 占比	6	6	5	——	——
1.9* 确认 / 不确认 占比	12	22	7	10	11
0.1 学习前提 占比	1	——	——	——	——
0.2 组织培训 占比	10	7	8	18	11
0.3 短语 占比	11	29	27	23	26
0.4 不可分类 占比	5	7	4	4	8
总数	100	100	100	100	100

调研结果讨论

从概览 3.22 可以看出，关注指导中语言使用的认知导向功能的类别很少。涉及认知功能的有类别 1.1、类别 1.3 至 1.5（吸引注意力、感官使用、概念图式和行动的可能性）。其余类别 1.2、类别 1.6 至 1.9 属于交际功能（即技能学习、工作过程、知识传授、结果的确定 / 评价和确认 / 不确认）。这意味着语言的认知功能，即那些与工作知识相关并且对行动调节具有重大贡献的话语，几乎没有被指导者使用过。

根据行动调节理论，在工作活动示范时，指导者的口头解释必须使学习者能够有效地建立内在行动图式。口头解释必须以这样一种方式持续发挥作用，即在后续练习中，学习者的自我指导对内在行动图式的发展能够产生积极影响。为此，还必须在指导期间发挥语言的认知功能。但实际上很难做到这一点。指导者对学习者行动调节程序构建作出的贡献有限。

为何认知功能只能在较低程度实现，可能有两个原因。一方面，由于对行动调节并不了解，指导者缺乏相应意识，因此未能将语言使用聚焦于认知功能。另一方面，如果工作活动位于感知运动调节的层级，实现语言的认知功能并不合适。换句话说，更高层级的工作活动应该更容易体现认知功能，例如位于行动计划层级，特别是子目标规划及协调多个行动领域层级的工作活动。此外，还应考虑在这些工作活动中使用语言的内在调节功能。这一点在语言分析类别范畴当中未有体现。

塞默尔、巴尔和施特丁（Semmer，Barr，Steding 2000）做过一项同类调研，调研的问题是：对于处在感知运动调节和行动计划层级的工作活动，指导者在企业实践中要给出会面临哪些困难的良好解释。这里的重点也是调查指导者在指导期间的日常行为。结论之一是，关于如何给出良好解释的原则，即便对于有经验的指导者来说也绝非易事，需要进行专门培训。

调研的用处

在此介绍的指导者语言的相关调研，概括起来其用处主要可以分为两个方面：（1）使指导者的指导更加有效；（2）使指导准备得到优化。

关于（1）：劳动指导方法如四步法或分析性指导法，对正在成长的指导者来说，仅仅能够显示劳动指导的粗略结构。在指导者接受教学法培训时，对指导者语言的分析会迫使指导者将指导过程分解为更加详细的结构。指导者应当弄清楚，在指导过程中依次使用哪些教学措施（即指导抓手，参见第三章第一节）。同时他需要发现在工作过程中或在解释思考过程中存在跳跃的地方。

关于（2）：在指导准备过程中，指导者可以依据上文描述的分析方案，确定在指导谈话中将会使用哪些类别。如果他发现也许仅仅使用了语言的交际功能，那么就应该寻找使用语言认知功能的可能。这将意味着对于语言的贡献进行规划，从而优化感官的使用，对于有待学会的工作活动建构概念图式，指出行动的可能性并唤醒注意力。指导者语言的分析方案使指导者了解在指导过程中可以使用的各种语言选项。

总结

指导者的语言可以使用分析框架进行差异化区分。依照劳动和学习的行动调节理论（参见第二章第一节），语言和言语功能分为交际功能和认知功能。交际功能包括诸如技能学习、描述工作过程、传授特定技能知识、对结果的确定和评价、对工作活动的正确性进行确认和不确认等。认知功能包括诸如吸引注意力、优化感官使用、建构工作技能的概念图式以及展示一个或多个行动的可能性等类别。

本节分析了几个指导过程，涉及感知运动调节的工作活动，总共解码了560个单元。事实证明，指导者的语言使用仅对学习者行动调节程序的构建作出了有限的贡献。语言的认知功能只是实现了极小部分。分析指导者语言的好处是，明确工作技能学习过程中特定语言和言语功能的结构特征，以及提升指导者教学法培训的有效性和指导准备工作的有效性。

重要术语和概念

指导者语言的调节功能：
- 交际功能
- 认知功能
- 内在调节功能

用于指导者语言分析的类别范畴：

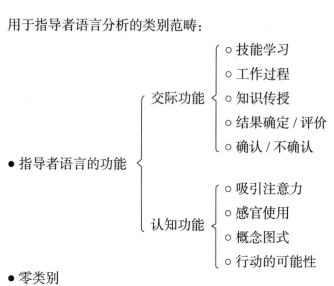

- 指导者语言的功能
  - 交际功能
    - ○ 技能学习
    - ○ 工作过程
    - ○ 知识传授
    - ○ 结果确定 / 评价
    - ○ 确认 / 不确认
  - 认知功能
    - ○ 吸引注意力
    - ○ 感官使用
    - ○ 概念图式
    - ○ 行动的可能性
- 零类别

指导者语言分析的用处：

- 指导者教学法培训
- 指导准备工作

研究文献（精选文献）

Hacker, W., W. Skell: Lernen in der Arbeit, hrsg. vom Bundesinstitut für Berufsbildung, Berlin 1993

    Kap. 6.1.2: Graphische oder sprachliche Darstellung

    Kap. 12: Lernen mit sprachlicher Unterstützung

（W. 哈克，W. 斯凯尔:《在工作中学习》，联邦职业教育研究所，柏林，1993

    章 6.1.2：图像或语言表达

    章 12：语言支持的学习）

Hacker, W.: Allgemeine Arbeitspsychologie: Psychische Regulation von Arbeitstätigkeiten, Bern 1998

    Kap. 12: Zur Funktion der Sprache in der psychischen Regulation von Arbeitstätigkeiten

（W. 哈克:《普通劳动心理学：工作活动的心理调节》，伯尔尼，1998

    章 12：论语言在工作活动心理调节中的作用）

Semmer, N. K., W. Barr, G. Steding: Unterweisungen in der betrieblichen Praxis:

Von den Schwierigkeiten des guten Erklärens, in: Zeitschrift für Arbeits-und Organisationspsychologie 44 (2000)4, S. 211–228

（N. K. 塞默尔，W. 巴尔，G. 施特丁:《企业指导实践：关于良好解释的困难》，载于《劳动与组织心理学杂志》44［2000］4，第 211—228 页）

练习

请您对于熟悉的位于感知运动调节或行动计划层级的工作活动，设计劳动指导方案。确定指导谈话将会依据此处描述的分析框架中的哪些类别展开。寻找语言使用的认知功能的可能性。

第四章 工作场所经验学习：员工层面和组织层面的功能性学习

前文第三章聚焦指导方法，因此涉及的是基于工作的刻意的目的性学习。而第四章则从工作场所经验学习的角度出发，聚焦于工作活动中无意的功能性学习。每天在工作场所进行的非正式学习——例如在服务场所、车间和生产部门、办公室、实验室、装配现场——可以融入组织层面的学习，具有很高的资质获得效应。

完成工作，解决新任务和新问题，与上级、同事、客户和供应商进行技术会谈，阅读行业期刊和专业书籍，以及在互联网上进行信息搜索，这些导致不断的学习过程。从每一个胜任的场景中，都可以衍生出面向未来情况的决策辅助和行动辅助。

对"经验"进行词源分析，它和"漫游"或"探索"有着类似的意思。[①] 由此可以得知经验指的是在面对工作对象、工作条件和与人打交道的过程中获得的知识，这些知识对工作实践是有益的。功能性学习也就是工作场所经验学习，指的是在工作生活中收集和加工自己获得的知识或他人告知的知识。

下文重点说明促进或抑制工作场所经验学习的条件（第四章第一节）。接着简要介绍从劳动教育学的角度来看，适合在工作场所启动经验学习的方案（第四章第二节）。最后分析组织层面的学习（第四章第三节）。

---

① 这三个词的德文（分别是 Erfahrung、Erwandern、Erkunden）都有相同的前缀 er-，可以表示获得某种结果，达到某种目的。——译者

第一节　工作中的资质发展

在培训（Ausbildung）、学徒（Lehre）、职业教育（Berufserziehung）或职业能力获得（Berufsertüchtigung）等术语之外，"资质"（Qualifikation）一词不可或缺。资质指的是与工作活动相关的能力，它是满足工作岗位要求的必要前提。资质被理解为员工在工作场所完成工作活动所必须具备的条件，包括知识和理解（认知）、技能和能力（心理运动和认知）、态度和工作经验（情感和认知）的总和。

依据本书所涉及的劳动与学习理论（第二章），员工的资质被理解为构建具有层级的行动调节程序并完成工作活动的能力。换句话说，资质意味着员工达到所有层级的目标要求（即完成行动调节），从而完成他的工作任务。以此，资质化也描述了达到这种层级目标要求（即完成行动调节）的过程。

一方面，正如上面已经解释过的，资质化可以采用有意设计的培训措施的形式（第三章）。另一方面，资质化也可以基于工作过程进行。这意味着，在培训措施中有意创建的目标层级结构（行动调节）会随着工作任务的变化而不断发展。这种主要基于工作而得到长期发展的功能性资质正是下文关注的焦点。相反，亚当·斯密（Adam Smith）在两百多年前描述了单调、重复工作的"去资质"效应：

> 一个人如果每天只做几个简单动作，而且总是有相同或相似的结果，他就没有机会练习思考。由于没有障碍，他不必担心怎么消除障碍。所以他很自然忘记如何使用理智，变得迟钝和片面，能有多呆板就有多呆板。这种精神上的迟钝不仅使他无法享受或参与理性的对话，还使他对微妙的情感变得迟钝……以至于他可能会失去对许多事物的正确判断力，甚至对日常生活中的事物也是如此。
>
> （Smith 1776，引自 Ulich 1978，第 44—45 页，也参见 Ulich 2001，第 463 页）

工作活动对于人格发展的影响作用呈现各种各样的特征，也具有不同的操作空间。这在劳动心理学领域得到广泛研究。然而，由于效应问题的复杂性，在这里似乎很难基于经验研究来清楚明白、令人信服地证明工作活动与人格发展之间的相关性（参见 Ulich 2001，第 461—472 页；Büssing，Glaser 1991，1993）。

拜奇和弗赖（Baitsch，Frei 1980）在一家大企业的维修车间进行了探索性研究，调查了功能性资质发展的来源（详见 Schelten 1995，第 226 页及以后各页）。在这项研究中，员工的相关陈述清楚地表明，在工作中发展资质是可能的，在工作中发展资质的机会尤其蕴藏在特殊的工作情景当中。另外，在工作中发展资质需要前提，即前期相关负面经验没有导致员工放弃。总之，拜奇和弗赖（Baitsch，Frei 1980，第 232 页）明确指出：

> 如果能够独立应对干扰或问题，但不一定给出硬性规定；或者如果能够通过个人或集体工作应对错误决定，但不将其制度化；又或者如果能够充分考虑工人轮岗等愿望，那么工人将有机会利用特定工作体系内的工作活动余地所蕴含的发展潜力。这种机会的利用将取决于他自己。他应当独立挖掘这种发展潜力，从而以个性化的和自我控制的方式推动自身的资质获得。

下文将深入探讨工作中资质发展的影响因素。

工作中资质发展的影响因素

对于工作中的资质发展，存在客观影响因素和主观影响因素。客观影响因素取决于工作提供的资质发展可能。主观影响因素取决于员工获得资质的意愿（参见 Frei，Duell，Baitsch 1984，第 87 页及以后各页）。

工作中的资质发展可能主要是工作活动余地决定的，即工作活动开拓的自由空间。而一个员工获得资质的热情在很大程度上由员工的自身形象决定。因此，下文将按这两种因素——客观因素"工作活动余地"和主观因素"自我形象"——进行进一步探讨（其他影响因素参见Frei，Duell，Baitsch 1984，第 87 页及以后各页）。

工作活动余地

根据乌利希（Ulich 2001，第 175 页）的观点，工作活动余地包括行动、决策和设计余地。工作活动余地是指子活动或子行为的可变程度。它是关于员工在多大程度上能够根据自主选择的目标，来独立确定程序的问题。在下文中，设计范围被排除在外，工作活动余地聚焦于行动范围和决策范围，基于这两个组成部分的简化形式进行分析。以下内容以这个限制为前提。

简而言之，员工的工作活动余地在横向上指的是行动范围，在纵向上指的是决策范围（概览 4.1）。

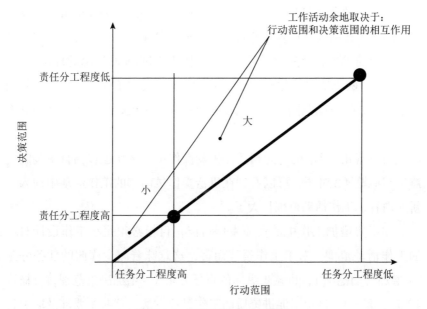

概览 4.1　工作活动余地的概念

（依据 Ulich 1984，修订版；另见 Baitsch, Frei 1980，第 15 页；Ulich 2001，第 175 页，有简化）

行动范围指的是员工在执行工作时的自由度，包括可以获得的程序选择、资源投入和时间分配的权利（Ulich 1984，修订版；Ulich 2001，第 175 页）。例如在装配活动中，如果可以选择装配步骤序列，而不必遵循固定的装配套路，就意味着有很大的活动余地。这同样适用于服务业，可以按照是否能够自由确定服务步骤的顺序进行衡量。行动范围大的一个必要条件是，员工之间的任务分工程度低。这样员工开展工作的灵活性就越高，行动范围就越大。这也意味着，如果要使员工的行动范围大，那么工作必须具有宽泛内容。

决策范围与员工在执行工作时所承担的责任范围有关。这个责任范围取决于员工自己必须执行的计划和控制任务。在员工执行生产任务时，如果养护和维修任务也分配给他们，就会增加责任和决策范围。在计划、生产、控制、养护和维修的工作组织方面，员工之间的责任分工程度越低，个人的决策范围就越大。决策范围越大，员工在工作方面的自主性就越大。

工作活动余地包括行动范围和决策范围。如果行动和决策的范围很大，那么工作活动余地就相应很大（参见概览 4.1）。

一个简单的、经过教学处理的示例可以阐明前面讨论的理论内容。概览 4.2 中的算法以简化形式显示了机器操作员的工作活动。活动单调且不断重复，行动范围很小。对于机器操作员来说，任务和责任的分工程度很高。

而概览 4.3 显示的与此相反，机器操作员的工作也包括自主装配机器。与概览 4.2 对照，可以看到在机器操作员已有的工作活动中加入了新的内容，工作活动范围扩大了。

如果要增加工作中的资质发展可能，目标必须是在工作设计时增加工作活动范围。对于工作设计而言，这意味着减少横向的任务分工（＝增加行动范围），也减少纵向的责任分工（＝增加决策范围，见概览4.1）。概览 4.4 显示了促进资质的工作设计方法。这些主要涉及职业技术工作领域，但也可以迁移到其他工作领域。

如开头所述，尽管工作活动范围被认为是关键条件，但是工作提供的资质发展可能不仅仅取决于工作活动范围，这一点应该在此得到强调。关于工作能够提供什么资质的问题，还取决于工作的时间压力、报酬形式、工作时间规定、心理生理压力等方面，另外也取决于工作的社会背景、与此相关的管理和组织结构以及升迁可能等（更多关于这些和其他决定工作资质因素的信息，参见 Frei，Duell，Baitsch 1984，第 87页及以后各页；Ulich，Frei 1980）。

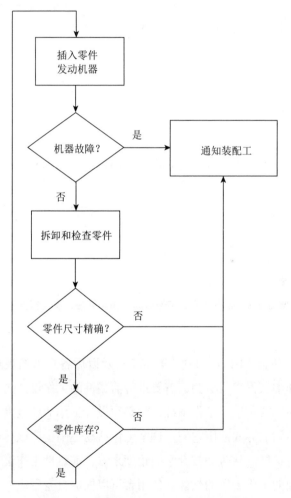

概览 4.2　机器操作员工作活动的简化算法
（Witzgall 1984，第 159 页）

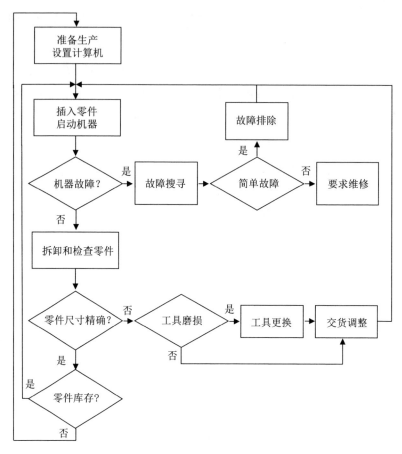

概览 4.3 自主装配工工作活动的简化算法，参见概览 4.2
（Witzgall 1984，第 164 页）

根据乌利希（Ulich 2001，第 177 页及以后各页）的观点，为了使员工在工作中获得发展机会，需要进行前瞻性的工作设计。一旦计划了新的工作系统或重组了工作系统，就必须设计工作活动范围。然后员工可以通过不同的方式使用它们。这个工作活动范围也应该尽可能地由员工本人进行扩展。从劳动教育学的角度来看，前瞻性工作设计的一个例子是开发面向工作场所的软件，使用者可以根据自身资质以不同的方式应用这些软件。依托不同的选择，员工资质获得进一步提升。

概览 4.4　促进资质的工作设计方法

（Witzgall 1982b，第 19 页，有改动）

	技术性任务领域	组织—决策任务领域
减少横向任务 分工	● 工作岗位的更换 ● 工作岗位的扩展（合并安装任务）	● 共同解决简单的跨工作岗位问题 　（例如材料运输） ● 工作岗位调换的自我组织
减少纵向责任 分工	● 工作内容扩展／组装（测试和维修 　任务的集成） ● 工作内容扩展／零件加工（机器装 　配工） ● 在制造系统中集成维护和维修任务	● 由工作组作出质量保证 ● 由工作组进行短期生产控制（半 　自主小组工作）

　　完整的工作活动始终有利于资质的获得。从劳动教育学的角度来看，这样的工作活动按照独立计划、实施和控制的步骤展开。这里参考了引导文本法（第三章第三节"二"）从信息搜寻到评价阶段的方案。乌利希（Ulich 2001，第 201 页）对此进行总结，从劳动心理学的角度描述了完整工作活动的五个特征，它们对应于独立计划、实施和控制的基本方案。依据乌利希的观点，促进资质的完整工作任务或活动包括：（1）独立设定目标。这些可以反过来整合到更高层级的目标中（参见第二章第一节中的行动调节理论）。（2）利用计划功能，独立完成行动准备。（3）选择工作手段，这也包括实现目标所需的工作手段的相互作用。（4）实施与过程反馈相伴相随，并不断进行行动纠正（参见第二章第一节中的行动调节理论）。（5）最后是控制，根据结果反馈可以检查行动结果是否与设定目标一致。

自我形象

　　员工利用工作中经验学习机会的意愿，本质上是由员工的自我形象决定的，员工的自我形象融入工作情景当中。简而言之，自我形象是一个人对自己的认知。它由关于自我存在的想法组成，来自对自身的能力和动机的看法。通过自我形象，一个人可以认识和评估自己，包括自己的重要性、实现目标的意愿、自身的潜力和局限。使用自我形象的概念可以观察、解释和预测自己的行为。

工作经历和自我形象相互影响。积极的工作经历可以增强自我形象，而消极的工作经历则会削弱自我形象。反过来，自我形象可以通过自我实现的预言来影响和塑造工作经历。这种由自我形象"预先决定"的工作经历反过来又加强了自我形象，无论是积极的还是消极的都是如此。

如果员工基于自我形象，认为自己无法胜任新的工作情景，那么他就无法积攒工作经验（不能利用资质发展可能）。员工没有利用工作中的资质发展机会，其原因可能是他们认为自己智商有限，或者他们怀疑自己在学习过程中自制力或意志力不足。在工作中出现特殊情况时，例如出现故障、机器损坏、待加工的工件具有特殊性或待执行的服务非常规，那么：

> 态度积极、富有创新地接近和满足行动要求，在此意义上获得资质的意愿……更有可能归因到这样的预期，例如自己具有"应对能力""成功预期""对模糊状态的容忍度""内在心理控制"等。如果认为自己在上述方面存在缺陷，那么在类似的情况下就可以观察到个体采取回避问题的策略，从而导致个体放弃获得资质的机会。
>
> （Frei，Duell，Baitsch 1984，第 102 页）

如果工作带来新的工作经验，那么只有当员工拥有一个能够给予安全感的自我形象时，他才会将工作挑战看作资质提升的机会。也就是说，要在工作活动中获得资质提升，可能意味着员工必须部分地质疑他的自我形象。如果失败的经历不能融入自我形象，就会阻碍员工进一步发展。自我形象或"自我概念是长期演化的，不可能突然改变；它们是凝固的，也许是硬化的。甚至想要改变一小部分也会遇到相当大的阻力"（Baitsch，Frei 1980，第 229 页）。

关于自我形象对工作中获得资质的作用清楚地表明，即使为员工提供了获得资质的客观条件，比如拓展工作活动余地，资质获得过程也并不一定真正发生。下文我们将更详细地介绍在处理工作活动时，如何真正地启动经验学习。

工作活动中的资质获得过程

对于工作中的资质获得过程，劳动心理学研究得出结论，简单地使用行动范围对资质提升的益处并不大（例如 Ulich，Frei 1980；Baitsch，Frei 1980；Frei，Duell，Baitsch 1984；Frei，Hugentobler，Alioth，Duell，Ruch 1996）。如果不是企业管理层，而是员工自己影响或改变行动范围，那么它会产生更多资质化效应。换句话说，如果工作设计变成员工的任务，那么工作资质的发展就会被提升到一个特殊的程度。一个促进资质发展的工作设计应当是这样的：员工参与改变工作活动或者工作条件，从而启动资质获得过程。员工能够获得新技能和发展现有技能。

弗赖、迪尔和拜奇（Frei，Duell，Baitsch）通过企业案例可以清楚地证明什么是促进资质发展的工作设计。以一家肉类和香肠加工企业的烘焙部门为例。烘焙部门的任务是制作香肠的填充物。该部门对八名技术工人和一名领班在噪声和潮湿等极端环境条件下进行了严格的分工，对员工的要求从低到高各个不同。在这样的工作环境中，员工自主完成工作任务并进行控制。一方面，不利的环境条件得以部分消除；另一方面，他们在部门内实现了半自主小组工作，基于各个工作岗位相互培训并交替担任领班职务。

促进资质提升的工作设计在其他地方得到多次讨论（参见 Frei，Duell，Baitsch 1984，第 12—24 页；Baitsch，Frei，Duell，Casanova 1983；Duell 1985；Duell，Frei 1986，第 74—82 页），其他全面介绍的案例研究，请参阅弗赖等人的论著（Frei 等 1996）。在此仅对几个最为重要的结果或特征进行总结（根据 Duell 1985，Frei 等 1996 进行补充）：

- 员工已证明他们可以成功地参与工作设计。

- 在环境条件或者工作条件受到干扰的情况下，员工获得工作资质发展。

- 与工作相关的资质化不仅仅是个人的变化，还包括个人工作嵌入的社会制度的变化。社会制度特别指的是工作组织。它的变化遵循三个步骤:（1）社会制度摆脱僵化（"解冻"）。（2）社会制度发生改变（"动摇"）。（3）变化得到巩固（"冻结"）。换句话说，促进资质发展的工作设计遵循三个阶段：解冻、改变、巩固。在这种情况下，我们谈到了能力发展的双螺旋。"螺旋"的字面意思是"螺旋线向上缠绕"。个人学习过程以螺旋式推进，被称为内螺旋，工作组织发展变化以螺旋式推进，被称为外螺旋（参见Frei 等 1993，第 21 页及以后各页，第 146 页及以后各页，1996新版）。

- 促进资质发展的工作设计必须适应具体操作条件，因此没有标准的解决方案。

- 基于绩效的工资制度阻碍了工作中的资质促进。基于绩效的工资制度强化了企业的层级结构，与参与式工作设计的原则背道而驰。只有在参与式工作设计中，员工才会积极参与塑造工作环境。因此更可取的是根据能力原则来区分薪酬。员工掌握多少工作技能成为基本考虑，个人能力成为薪酬基准（详见 Frei 等1993，第 165 页，第 359 页及以后各页，1996新版）。

- 在小组成员的资质获得方面，最好通过自我组织和相互培训的方式进行。如果小组规模较小，任务简单，获得工作任务要求的整体资质是有意义的。

- 参与式工作设计促进了工作中的资质发展，但不能异化为仅仅利用员工的专业知识，必须确保员工利用创新潜力的同时不会导致工作损失，否则这将成为参与式工作设计的缺陷所在（参见 Frei1984）。为此，员工权益需要通过劳资委员会和管理层之间的相应协议得到保障。

在工作中获得资质发展会遭遇抵触和阻碍，并需要具备相关条件。乌利希认为，在此有两点需要考虑（Ulrich 2001，第 428 页）：（1）员工在资质化和能力发展过程中，必须参与目标制定和决策过程，这意味着对传统层级关系模式提出质疑，意味着员工个人发展需要转换为组织发展。（2）与工作相关的资质和能力发展既不能按照过程和速度，也无法按照可达到的"水平"和"质量"进行精确计算，否则将导致相关工作结构的可规划性受到限制。

在讨论经验学习的过程中，这里只讨论了职业教育之外的基于工作的资质发展。需要指出的是，功能性学习对于职业教育同样具有独特的自身价值。这将在下面进行更详细的讨论。尽管重点在于讲述职业教育，不过这一系列的观点通常也适用于工作过程中的学习。

职业教育中的功能性学习

功能性学习即职业教育内的工作场所经验学习，与之相对的是职业教育外的目的性很强的教育过程。对于职业教育内的工作场所经验学习来说，受训者通常是尚未完全融入工作过程的学徒。按照理想标准，他们在培训师傅或其他培训人员的引导下，富有计划性和系统性地展开工作场所经验学习。提到职业教育内的工作场所经验学习，首先应当参考弗兰克和克莱因施密特（Franke，Kleinschmitt 1987；Franke 1993）的成果。他们的研究工作对工业和手工业领域的电子技术工作的相关培训进行了范围广泛的、高度差异化的分析。在工作中进行经验学习被视为职业教育的一部分，六个工作维度与学习相关，包括：（1）具有需要解决的问题；（2）涵盖足够的行动范围；（3）具有多样性；（4）具有行动完整性；（5）具有促进资质发展的功能；（6）获得社会支持（Franke，Kleinschmitt 1987，第 55 页及以后各页；Franke 1993，第 86 页及以后各页；Franke 1999，修订扩展版）。上述关于工作资质发展决定因素的陈述存在类似研究。在此需要提及的是，霍夫、伦珀特和拉佩（Hoff，Lempert，Lappe 1991）关于职业教育促进技术工人人格发展的研究，则超越了工作中的经验学习问题。

从二十世纪九十年代开始，一些大企业在开展职业教育时，除了发挥教育中心机构的作用，也突出了工作岗位作为分散式职业教育学习场所的地位（参见 Dehnbostel 1993；Dehnbostel 1994；Dehnbostel, Holz, Novak 1992；Dehnbostel 2003，2004）。对于中型企业的工作场所学习，可以参见富尔达、迈尔、席林、乌厄的相关论著（Fulda, Meyer, Schilling, Uhe 1994）。

根据德恩博斯特尔（Dehnbostel）的观点（见上文），三种与工作相关的学习概念是：

（1）与工作绑定的学习。

（2）与工作半绑定的学习。

（3）工作导向的学习。

（1）与工作绑定的学习指的是，学习地点和工作地点是相同的，包括企业学习站和工作岗位。在企业学习站或工作岗位，受训者与专业人员一起，直接参与生产或健康护理领域的护理过程。专业人员同时也充当培训人员。不过，工作任务和学习任务以及学习岛可以采取特殊的形式（见下文）。

（2）与工作半绑定的学习指的是，学习地点和工作地点是分开的。然而两者在空间和组织方面都是直接相连的。例如，与工作半绑定的学习发生在生产区域的技术中心。技术中心分散地设置在专业车间，确保企业教育系统的运行。在这里，学员得以直接熟悉他们的职业活动。由此，学员在设置、操作和维护生产专用机器和系统方面获得资质促进。另外，在问题解决小组中学习，例如质量圈或学习工场，也是与工作半绑定的学习的一部分（见第四章第二节）。

（3）工作导向的学习指的是，学习场所和工作场所之间没有直接相连。但是，工作场所在教学和方法层面树立了一个特殊的参考。这种学习发生在集中式的企业培训设施中，例如在应用领域的培训车间，那里也实施实际生产项目。另外，资质发展中心、学习办公室、练习工厂也都属于工作导向的学习。

工作中的功能性学习或者说资质发展的特点是（1）与工作绑定的学习。工作任务和学习任务以及学习岛整合了正式和非正式学习。

通过工作和学习任务的选择和教学准备，可以开辟和设计作为学习场所的工作岗位。工作和学习任务应包括整体性的工作和学习过程，比如覆盖自主计划、实施和控制环节。

二十世纪九十年代初创建了学习岛，从那时起就具有以下特点：

- 学习岛配置了学习设备，是对生产领域工作岗位的拓展。在学习岛，不同职业的受训者独立执行工作订单。
- 受训者在团队中工作，团队是在半自主小组工作模式的基础上构建的。
- 学习岛的专业培训师起到一个陪伴和引导的作用，同时他也是特定部门的专业员工。
- 工作订单符合整体工作的标准，并包含学习维度和设计维度。
- 学习岛成为工作过程创新站点，特别是当作新的工作组织和工作设计形式的先行试点和实验领域。（Dehnbostel 1993，第 6 页）

上面的第一个特点意味着学习岛具有双重基础设施（参见 Dehnbostel 1993，第 5 页）。一方面，它有一个与真实生产类似的工作基础设施。它与企业真实生产保持一致，具有相同的工作任务、技术、工作组织和资质要求。另一方面，它具有专门的学习基础设施。学习岛在常规工作岗位的基础上，根据学习需要额外配置了人员、空间和设备。

对于（1）与工作绑定的学习来说，企业学习站和工作岗位及其特殊形式，如工作和学习任务以及学习岛，是根据学习过程需求设计的。也就是说，受训者完成工作过程的同时也完成学习过程。构成学习过程的有初级过程（产品开发过程）、次级过程（经营和服务过程，如物流、维护）和方法过程（如持续改进、不同领域沟通、小组工作）。如果企业或服务机构的工作过程是工作和学习的重点，那么就可以说是过程导向的学习车间。面向工作过程的职业教育促进了功能性学习。

对工作资质化的研究引起了对员工隐性知识的重视。下文将对隐性知识的概念进行全面介绍。

隐性知识

显性（可言说、清晰的）知识对我们来说很熟悉。这种知识是有意识的、可表达的，可以基于反思得到纠正。不过，除了显性知识，一个成功的工作行为还包含隐性知识的特征。

隐性知识依赖于它与显性知识的相互作用。这意味着隐性知识是基于显性知识但不能表达的知识。

如果要对隐性知识进行科学阐述，将会涉及认知心理学、教育心理学、劳动心理学和企业经济学等。然而，这些阐述多有不同，并非代表决定性的、统一化的见解。在下文中，仅对隐性知识概念进行粗略介绍，主要目的在于突出劳动教育学与隐性知识概念的紧密关联。

隐性知识的特征

隐性知识不会或很难通过语言进行交流。换句话说，对于认知活跃的人来说，他们知道的比能用语言表达的要多得多。他或许能够展示技能，但不能完全解释它们。也就是说，他的行动表现超出他显性知识带来的预期。

隐性知识与显性知识一样，包含陈述性知识（表示事实和原因的知识）和程序性知识（过程知识）。它承载于个体身上，同时面向具体情境和特定背景。

隐性知识的获得基于以往有意识的学习获得的知识。然而，隐性知识也可以通过无意识的学习获得，因此不会得到反思。隐性知识可以无意识地影响或指导行动。隐性知识主要通过经验积累形成，也就是说通过工作中的经验学习获得。

隐性知识可以具有复杂的结构，但是它也可能是错误的。错误的消除只有在这种情况下才会发生，即隐性知识得到解释和反思。

概览 4.5 基于劳动教育学的视角，展示了隐性知识和显性知识之间的张力。

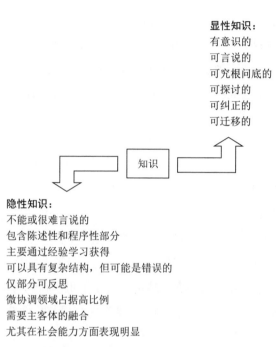

显性知识：
有意识的
可言说的
可究根问底的
可探讨的
可纠正的
可迁移的

知识

隐性知识：
不能或很难言说的
包含陈述性和程序性部分
主要通过经验学习获得
可以具有复杂结构，但可能是错误的
仅部分可反思
微协调领域占据高比例
需要主客体的融合
尤其在社会能力方面表现明显

概览 4.5　隐性知识和显性知识的张力

劳动教育学视角下的关联

隐性知识与职业动作技能学习（第二章第三节）之间是存在关联的。在职业动作技能学习过程中，职业技能发展从框架协调发展到细节协调，再上升至微协调阶段。对于微协调，动作序列的最佳方案设置了对情况、程序和目标的差异化预期。在微协调阶段，控制和调节通过锥体外系以一种更加无意识的方式进行。在微协调层面，职业动作技能具有很高的内隐成分，无法再用语言或只能非常勉强地用语言进行表达。

例如运动感知也是如此，难以用语言进行描述。职业动作技能的学习轨迹呈现出从显性模式到隐性模式的过渡。

技术能手达到很高的熟练程度，实际上依赖于显性模式之外的隐性模式。这一点基于以下事实：即使有干扰因素，能手的操作在观众眼里也显得轻松、自由和不费力。有经验的人可以"一目了然"地看到工具、工件和材料。为了"理解"干扰变量并让控制回路"发挥作用"，他们通常以较少的努力和较小的动作范围开始一项活动。双手和工具可以合二为一，工具被定义为双手的延伸，员工成为带有工具的员工。或者从一个更高的层面来说：主体（员工）和客体（工具、工件、材料）合为"一体"，从而隐含地克服了主客体的分裂。

对于处在子目标规划和协调多个行动领域层级（第二章第二节）的复杂工作活动，决策和计划能力是最重要的，在这方面，认知能力、个人能力和社会能力要求最为关键。这些活动也以隐性知识为特征，可以用"技术敏感性"或"与人打交道时的本能"等意义来表达。然而，在复杂工作活动中，对隐性知识的说明，还远不及职业动作技能完备。

工作场所学习意味着在各种情境和视角下巩固显性行动知识，并使其进一步灵活化。在这个过程中，需要隐性知识与显性知识携手并进。在指导者或培训者向学习者解释基于工作场所学习的经验积累时，将促进隐性知识的获得。

可以假设，关于社会行为方式的实践知识除了显性知识外，还具有高比例的隐性知识。这样的实践知识关注的是如何与他人互动。换句话说，它是关于某一个体行为对其他个体产生什么影响的知识。在企业中，其他个体可以是主管、同事、客户、供应商或所有与企业产生关联互动的人。在健康和护理领域的服务场所，也可以是患者和亲属。关于社会行为方式的知识包括适应技巧、谈判技巧、领导知识、跨文化技巧、冲突解决技巧等。关于社会行为方式的知识可能与个人、情景、经验和文化相关，难以用语言表达，因此是隐性知识。例如，新员工在担任关键职位时，失败的原因不是他的技术技能，而是他的社交技能，模糊地形容为"感知不对路"。这种通过日常语言和主观感受表达理由的做法表明，我们正在处理一个与隐性知识相关的问题。

与隐性知识概念相关的是基于工业社会学视角的主观化工作行动的建构（特别参考 Böhle，另见 Bauer，Böhle，Munz，Pfeiffer，Woicke 2002）。对此，这里仅作简要介绍。客观化行动是由知识或科学引导的，而主观化行动则是由经验引导的。正是后者能够更好地提升处理复杂工作活动的能力。

总结

工作场所经验学习指的是在工作过程中展开的功能性导向的非正式学习。客观和主观变量影响工作资质的发展。一个关键的客观变量是工作本身蕴含的活动余地。扩大工作活动余地意味着推动能够促进资质发展的工作设计。前瞻性的工作设计促进个人在工作中获得发展。完整的工作活动能够促进个人资质提升。

主观变量包括员工获得资质的意愿。这样的意愿本质上是由员工的自我形象决定的。在资质获得过程中，对员工有这样的期待，即他的自我形象必须得到进一步发展。单单具备工作活动余地，那仅仅提供了在工作中发展资质的可能，并非必定启动资质发展过程。

也就是说，仅利用工作活动余地尚不足以促进资质发展。如果员工自己参与工作设计，影响或改变工作活动范围，那么更能获得资质发展。因此这样的工作设计才称得上是促进资质发展的工作设计。换句话说：与管理层提供和指导的促进资质发展的工作设计相比，员工的工作设计更有可能启动工作中的经验学习。另外，促进资质发展的工作设计具有这样的特征，即从个人发展变成组织发展。

工作中的相关学习形式包括与工作绑定的学习、与工作半绑定的学习和工作导向的学习。工作中学习的特殊形式是工作任务和学习任务以及学习岛。与工作绑定的学习以企业或服务机构的工作过程为基础，工作过程同时也是学习过程。

对工作资质发展的研究引起了对隐性知识的重视。隐性知识包括那些建立在显性知识之上但无法表达的知识（概览 4.5）。在构建隐性知识时，需要基于劳动教育学视角进行考虑。

重要术语和概念

经验

资质

工作活动余地：

● 行动范围

● 决策范围

促进资质发展的工作设计

自我形象

完整的工作活动

工作中获得资质发展

与工作相关的学习：

● 与工作绑定的学习

● 与工作半绑定的学习

● 工作导向的学习

工作任务和学习任务，学习岛

过程导向的学习车间

隐性知识：特征，劳动教育学视角下的关联

研究文献（精选文献）

Büssing, A., J. Glaser: Qualifikationserfordernisse und Qualifikationsmöglichkeiten als gesundheits-und persönlichkeitsfördernde Merkmale in der Arbeitsfähigkeit, in: Zeitschrift für Arbeits-und Organisationspsychologie 37(1993)4, S. 154–161

（A. 比辛，J. 格拉泽：《资质要求和资质获得作为工作能力促进健康和人格发展的特征》，载于《劳动与组织心理学杂志》37 ［1993］4，第 154—161 页）

Dehnbostel, P.: Den Arbeitsplatz als Lernort erschließen und gestalten, in: Grundlagen der Weiterbildung 14(2003)1, S. 5–9

（P. 德恩博斯特尔：《开发和设计工作岗位作为学习场所》，载于《继续教育基础》14
［2003］1，第5—9页）

Dehnbostel, P., G. Pätzold: Lernförderliche Arbeitsgestaltung und die Neuorientierung
betrieblicher Bildungsarbeit, in: P. Dehnbostel, G. Pätzold (Hrsg.): Innovationen und
Tendenzen der betrieblichen Berufsbildung, Stuttgart 2004, S. 19–30 (Beiheft 18,
Zeitschrift für Berufs- und Wirtschaftspädagogik)

（P. 德恩博斯特尔，G. 佩措尔德：《学习友好的工作设计和企业教育工作的重新定位》，
载于 P. 德恩博斯特尔，G. 佩措尔德［主编］，《企业内职业教育的创新和趋势》，
斯图加特，2004，第19—30页［《职业和经济教育杂志》，附刊18］）

Franke, G., M. Kleinschmitt unter Mitarbeit von H. Borch, M. Fischer: Der Lernort
Arbeitsplatz: Eine Untersuchung der arbeitsplatzgebundenen Ausbildung in
ausgewählten elektrotechnischen Berufen der Industrie und des Handwerks, Berlin
1987 (Schriften zur Berufsbildungsforschung, Bd. 65)

Kap. 6: Die Arbeit der Auszubildenden

Kap. 7: Die Handlungsweise der Auszubildenden bei der Arbeit

Kap. 10: Unterstützung des Lernens im Arbeitsprozess

（G. 弗兰克，M. 克莱因施密特，H. 博尔希，M. 菲舍尔：《作为学习场所的工作岗位：
工业和手工业中电子技术职业与工作岗位相关的培训研究》，柏林，1987［《职
业教育研究》，第65卷］

章6：受训者的工作

章7：受训者在工作中的行动方式

章10：工作过程中的学习支持）

Frei, F., M. Hugentobler, A. Alioth, W. Duell, L. Ruch: Die kompetente Organisation:
Qualifizierende Arbeitsgestaltung – die europäische Alternative, Stuttgart 1993
(Neuauflage 1996)

Teil Ⅱ : Qualifizierende Arbeitsgestaltung

Teil Ⅲ : Fallstudien: Entwicklung einer kompetenten Organisation

Teil Ⅳ : Methoden der Veränderung

（F. 弗赖，M. 胡根托布勒，A. 阿利奥特，W. 迪尔，L. 鲁赫：《能力型组织：促进资
质的工作设计——欧洲替代方案》，斯图加特，1993［1996新版］

第二部分：促进资质发展的工作设计

第三部分：案例研究——能力型组织的发展

第四部分：变革方法）

Neuweg, G. H.: Könnerschaft und implizites Wissen, Münster 1999

    Kap. 1: Annäherungen an das Forschungsfeld

（G.H. 诺伊维格：《能手和隐性知识》，明斯特，1999

    章 1：研究领域导论）

Ulich, E.: Arbeitspsychologie, 5. vollständig überarbeitete und erweiterte Aufl., Stuttgart 2001

    Kap. 4.3: Vom Primat der Aufgabe

    Kap. 6.3: Qualifizierung durch Arbeitsgestaltung

    Kap. 6.4: Widerstand gegen Veränderungen

    Kap. 7.5: Arbeitstätigkeit und Persönlichkeitsentwicklung

（E. 乌利希：《劳动心理学》，第 5 次完全修订和扩展版，斯图加特，2001

    章 4.3：工作任务的决定性意义

    章 6.3：通过工作设计获得资质提升

    章 6.4：阻碍改变的因素

    章 7.5：工作活动和人格发展）

练习

    描述您熟悉的工作，确定工作活动余地的范围。考虑如何通过工作设计，扩大此类工作提供资质的范围。概述具体工作条件，以便启动由员工支持的、能够提升资质的工作设计。

第二节　问题解决小组中的工作学习

    在执行层面，问题解决小组特别适合开展工作场所经验学习。由基层员工构成的问题解决小组工作，包括质量圈和学习车间等小组活动。这些学习形式在二十世纪八十年代以及九十年代前半期在德国得到广泛研究和结构化发展。与此同时，它们也融入了更大的组织学习框架中（第四章第三节）。在此，仅简要介绍问题解决小组学习（详见 Schelten 1995，第 244 页及以后各页）。重要的是明确问题解决小组工作的劳动教育学意义。

质量圈主要从日本传到联邦德国。质量圈指的是：在组长的带领下，4~12 名员工在工作时间聚在一起，一起讨论自己工作领域的薄弱环节和问题所在。问题解决小组活动通常每周进行，持续一到两个小时。组长和员工系统地调查相关原因并给出解决方案，在小组力所能及的范围内实施。

学习车间的设置起源于德国，学习车间（Lernstatt）这个词语由学习（Lernen）和工作车间（Werkstatt）这两个概念组成。学习车间专门用来支持小组成员在现场一起学习工作。在二十世纪七十年代初期，学习车间仅提供语言培训，为外国雇员提供入职支持。基于学习车间，外国雇员能够在工作场所获得语言技能和工作经验。随着外籍新员工人数的减少，这些任务在二十世纪七十年代中期逐渐退居幕后。相反，企业特有的生产和质量改进问题、经验的相互交流和专业知识的迁移成为学习车间的重点。学习车间不再只针对外籍员工，它更多面向工作现场的德国员工。

总体而言，学习车间和质量圈是小团体活动，可以增加小组成员的工作积极性，让工作更有效率，更有质量。同时，工作现场学习得以启动。相关活动包括车间质量循环、零缺陷计划、企业建议计划或一般意义上的持续改进过程。所有小组活动的共同之处是员工参与解决问题。也就是说，除了发现问题，还包括解决方案的开发和实施。

根据青克和希克（Zink，Schick 1984）的说法，质量圈和学习小组都可以称为执行层面的问题解决小组。基本理念是，"问题和弱点可以在出现的地方得到最好的识别和纠正。这意味着员工……借助他们在问题解决小组中的成员身份，获得机会独立解决工作领域中阻碍或干扰他们日常工作的困难"（Zink，Schick 1984，第 35 页）。员工自己作为真正的专家，最清楚工作的弱点在哪里。他们拥有创新和寻找解决方案的潜力，这样的潜力迄今为止几乎没有得到开发。如果对于许许多多的小弱点置之不理，就有可能出现错误、提高成本和积累不满，因此需要寻找解决方案。

在作出进一步阐述之前，首先通过一个例子来展示工作场所问题解决小组的情况。下文给出的例子较为老旧，但是它通过语言描述非常清楚地传达了对问题解决小组的主观印象。

工作场所问题解决小组的示例

一家大企业运输部门的叉车司机拿到的订单表格涵盖大量信息，包括产品信息、执行号码、订货总量、仓库区域等。繁杂的信息使得订单处理变得困难。在工作场所问题解决小组工作中，6名叉车司机和2名组长对这张订单表格进行讨论（参见 Setulla，Weber 1983）。通过询问如何登记信息才能对叉车司机更有意义，表格得到重新设计。其中一位组长报告了这项工作：

> "小组花了较长时间来完成这个事情。首先，我们必须真正弄明白这个订单，因为几乎没有人知道订单上的许多数字和缩写是什么意思。还好运输部门的同事过来解答了大家的问题。这种合作也增进了仓库和办公室之间的相互了解。"（Setulla，Weber 1983，第41页）

> 在此基础上，小组拟定建议并与运输办公室进行协调，"双方作出妥协，然后提交给我们的上级。接下来是对我们来说最重要的事情：该建议在企业立即得到实施。由此我们收到了带有统一信息的订单表格，这样的表格是我们喜欢使用的"。（Setulla，Weber 1983，第42页）

问题解决小组工作的结构特征

问题解决小组工作的结构特征在很多地方都具有相似性，拥有共同的基本结构和过程方法。问题解决小组由现场员工组成，致力于发现和消除工作中的薄弱环节，其结构特征如下所示：

- 基于自愿原则参与。如果不是自愿的，那么就采用项目小组形式。

- 小组规模是有限的，原则上成员不得超过 12 人，不得少于 4 人，按照不同情况可以有所调整。

- 只处理与工作相关的问题。人事和薪酬等属于更高一级的话题，属于正式的员工利益代表机构例如企业委员会的责任范围。其他禁忌话题是企业目标、管理问题和结构组织。小组成员只能根据他们的工作知识和工作经验处理他们能够胜任的话题。

- 小组成员来自共同的工作领域，至少在问题解决小组工作开始的时候是这样。跨部门的工作小组具有不同的工作见解，会使小组工作变得困难。此外，在跨部门的小组中，容易出现过错责任推脱，这有可能喧宾夺主，忽略了解决问题的本意。

- 解决问题的责任在于小组。问题选择、问题分析、解决方案和结果控制由小组独立进行。当然，这不排除向业务部门的专家咨询意见。此外也不排除在开始小组工作时，管理层通过组长定下讨论的话题。

- 小组在组长（主持人）的领导下展开工作。通常情况下组长是组员的直接上级，当然这并非绝对。在工商业技术领域，适合担任组长的有工头、领班、师傅，他们擅长使用员工的语言。组长在分配任务前接受相关培训，培训主题包括小组工作、解决问题、解决冲突的技巧。

- 小组定期开会。大多数会议持续时间控制在两个小时以内。根据有待解决的问题，会议的次数会有所不同，从每月不到一次到每月四次到六次不等。

- 小组在工作时间开会：处理和解决问题是工作的一部分。如果由于工作情况无法做到这一点，小组会议将在正常工作时间之前或之后举行，但需要为额外付出的时间支付工资。

- 小组会议在靠近工作场所的空间举行。空间需要配备工作材料（如隔墙、活动挂图、白板、黑板等）。

上述特征构成问题解决小组的理想结构和工作过程。同时，它也不排除按照特定要求和框架条件进行企业内部调整。

问题解决小组的好处

问题解决小组的工作涉及质量改进、降低成本和处理员工社会经济诉求。总体而言，涉及所有依赖于持续改进过程的领域。

问题解决小组工作的好处可以从物质和非物质效应中看出。下面分别论述其劳动教育学意义。

一般来说，物质效应之一是提高企业的业绩能力。通过问题解决小组的工作，设计了合理的工作过程，降低了废品率，提高了生产效率，改善了产品质量，提升了客户满意度和实现了成本节约等。

不过，问题解决小组工作的非物质效应很可能更加显著。由于员工拥有参与工作设计的机会，因此他们的工作积极性和工作满意度得到提升。问题解决小组工作的另一个好处是改善员工和上级的关系，使得员工和上级更愿意沟通和合作，并且改进了员工的工作态度。最重要的是提高团队合作能力和养成团队精神。

基于上文提到的那个较为老旧但很形象的叉车司机问题解决小组的例子，可以清楚地理解上述说法具体意味着什么。一位叉车司机作为组长（主持人）领导了问题解决小组，他谈道：

> 在工作中我身上也发生了很多变化。我以前对很多事情都漠不关心。但是我一再被要求，也是小组的推动吧，我克服了对上司的恐惧和交流障碍，了解了更多……他（我的组长搭档——作者注）和我一样，通过学习车间得到了改变。他最大的学习成就，也是他最引以为豪的是，学会了更好地倾听。我们在与同事和上级打交道时都变得更有信心，这对企业很有好处。同事之间的关系也有了极大改善。虽然并不是每个人都参加了学习小组，但学习小组成员的魅力对整个企业都有影响。在我们小组中，目前大家正在研究这样

一个问题，即如何更多地了解我们的产品。（Setulla，Weber 1983，第 45—46 页）

问题解决小组工作的另一个非物质效应是，通过经验交流和小组学习，员工获得更高的资质。员工的专业能力、方法能力和个人能力以及社会能力（关于这些术语详见第五章）得到提升。

问题解决小组工作遇到的障碍

问题解决小组工作遇到的障碍可能导致小组工作面临困难或者失败，尤其是：

（1）期望短期的成功。

（2）遭到中层管理人员的抵制。

关于（1）：问题解决小组工作的物质效应，尤其是非物质效应，只有在经过长时间的熟悉和习惯后才会显现出来。期望在不到一年的时间内获得明确结果，这样的仓促方法不利于小组工作。问题解决小组的成功需要基于长期持久的工作。

对短期结果的期望不利于解决问题小组的工作开展。在德国初步兴起问题解决小组的时候，正如一位基层员工在一次谈话中提及的那样：

> "'您30年来对我们不管不顾，现在您突然来了，您想从我们这里得到什么？'我们不应该试图在30天内弥补这30年的不足。"（Kirchhof，Gutzan 1982，第 106 页）

按照如今的工作强度，人们更倾向于将改进过程整合到现有组织中，并使其成为日常工作的一部分（第四章第三节）。对于问题解决小组工作来说，在几个月内取得可衡量的结果较为切合实际。

关于（2）：问题解决小组工作遇到的另一个障碍可能是来自中层管理人员的抵制，例如工头、部门负责人或运营经理。问题解决小组工作报告一次又一次地提到这个"麻烦制造组"。

黑尔佳·克罗伊德（Helga Cloyd）是问题解决小组发展初期学习车间的联合创始人。在对她的采访中，她生动地阐述了中层管理人员的困难：

> "中层管理人员的存在，依靠的是从上层获得信息，然后将其贯彻到底部。中层管理人员是处于职业阶梯最底层的年轻管理人员。现在，当基层设置了小组，而中层管理人员没有立即到位时，他们必然感到恐慌。学习小组可以从信息顾问那里获得信息，而这些恰恰是中层管理人员故意隐瞒的。这意味着，中层管理人员在没有直接参与的情况下，会将学习小组视为可怕的存在。这是我们最难的关卡。因此在问题解决小组的介绍启动阶段，我们会让中层管理人员更多地参与，也就是说，我们会给出更多的时间让他们进行目标定位。我们更多地赋予中层管理人员顾问的角色，尽管如此，他们仍然是最难打交道的级别。"（Osterkamp 1984，第 54—55 页）

中层管理人员之所以在问题解决小组工作中感受到"威胁"，也可能是因为意识到，自己犯的错误也许会被小组发现。换句话说：对于任何违规行为，小组成员和管理层都有可能作出这样的解读，即认为这是中层管理人员的错误行为。不安全感会导致防御性反应，中层管理人员除了权力展示之外，还会质疑和破坏问题解决小组工作的基本方针。

正如上述访谈片段展示的那样，要消除来自中层管理人员的阻碍，解决之道只能是采取信任措施。例如在问题解决小组计划中包含足够的信息量和透明度，并邀请中层管理人员参与问题解决小组的活动。小组工作必须成为"他们的"计划。一般来说，问题解决小组工作需要一种公司或企业文化，允许公开地和渐进地处理基层员工提出的想法。

问题解决小组的劳动教育学意义

问题解决小组尤其适合基层员工，启动他们基于工作的学习。问题解决小组与工作实践和工作场所具有密切关系。尤其对于不习惯学习的员工来说，问题解决小组提供了更多学习的可能性。就非熟练或半熟练员工而言，这些问题通常很难通过认知导向的培训课程得到解决，学习很难在远离工作场所的培训室中进行。靠近工作场所开展培训，基于工作经验进行共同学习，这样的方式更适合他们。

换句话说：问题解决小组是一种贴近员工的企业培训形式。它不像面向学生那样简单地用常规的教学方法培训成人，它贴合了成人的特点。它拥有独特的方法，即通过自我控制的经验交流在内部开展小组学习。小组成员将他们现有的知识汇集在一起，在搜寻更多信息后共同制订问题解决方案。学习过程很少安排报告和教学活动，而是借助成员的参与和合作得到推动。问题在发生的地方得到解决，即在工作场所或工作场所附近或靠近工作场所的自习室中。对于参与者来说，学习动力和知识技能的增加交织在一起。依据劳动与学习理论（第二章），问题解决小组意味着促进工作活动中的认知渗透，将思考融入做事。

问题解决小组工作着重教导员工如何在团队中工作。员工的社会能力和个人能力得到提升。领导这样一个工作小组是对领导技能的良好训练。组长学习如何协调工作小组的自我管理。由此，组长学会合作管理的方式，组员从中获得体验。问题解决小组工作会导向半自主的合作管理方式。

在当今劳动世界快速变化的过程中，对于基层员工的资质要求也一直在发生变化。对于基层员工这一群体而言，他们越来越多地面临终身学习的需求。问题解决小组工作是一种工具，基层员工可以在正式学习中断多年之后重新开始有组织的学习。此外，问题解决小组工作增强了每个员工的质量意识。基于问题解决小组工作，员工在工作中实现自我组织和自我负责的愿望变得强烈。

总结

执行层面的问题解决小组设置了一个方案，用来启动工作场所经验学习。问题解决小组的形式包括质量圈和学习车间。两者都是小组活动，通过现场学习来增加小组成员的工作积极性，使得工作更有成效，达到更高质量。在组长的带领下，基层员工通常每周开会一到两个小时，讨论自己工作领域的薄弱环节和问题所在，在找出解决方案后，尽可能地自行实施。

问题解决小组工作的理想结构特征如下所示：
- 员工基于自愿参与，除非是项目小组。
- 小组规模有限（4~12 名成员）。
- 只处理与工作相关的问题。
- 小组成员来自同一个工作领域。
- 问题选择和完整处理由小组负责。
- 组长主持小组工作。
- 小组定期开会。
- 小组在工作时间开会。
- 小组在靠近工作场所的空间展开工作。

问题解决小组的工作通常会涉及所有依赖持续改进过程的领域。问题解决小组的好处包括物质效应和非物质效应两个方面。一般来说，物质效应包括提高企业的业绩能力。非物质效应是指通过小组经验交流和学习，提升员工的工作积极性和工作满意度以及提升员工资质。

问题解决小组工作遇到的障碍来自对短期成功的期望和中层管理人员的抵制。如果目标是整合到现有组织中的持续改进过程，那么预计将在几个月内实现可衡量的结果。

从劳动教育学的观点来看，问题解决小组提供了一个工具，使得基层员工能够通过工作（durch Arbeit）、基于工作（mit Arbeit）进行学习。问题解决小组作为现场经验学习，是一种面向员工、贴合成人特点的企业继续教育形式。它促进工作活动的认知渗透并推动团队合作。小组领导和小组成员共同体验合作管理风格。问题解决小组让学习者在劳动世界的快速变化过程中为未来的学习需求做好准备。它导向一种半自主小组工作。

重要术语和概念

问题解决小组：质量圈，学习车间

问题解决小组的结构特征

问题解决小组的效应：物质和非物质效应

问题解决小组工作遇到的障碍：期望短期的成功，中层管理人员的抵制

问题解决小组的劳动教育学意义：

- 经验导向的现场学习
- 适合员工和贴合成人特点的企业继续教育方式
- 促进小组工作
- 促进工作活动中的认知渗透
- 小组领导和小组成员体验合作管理的风格
- 为未来的学习做准备
- 过渡到半自主小组工作
- 对应自我组织和自我负责

研究文献（精选文献）

Bielenberg, K. M.: Der kontinuierliche Problemlösungsprozess: Konzepte – Schwachstellenanalysen – Optimierungsansätze, Wiesbaden 1996

（K. M. 比伦贝格:《问题解决的连贯过程：概念—弱点分析—优化方法》，威斯巴登，1996）

Geißler, Kh., S. Laske, A. Orthey (Hrsg.): Handbuch Personalentwicklung: Konzepte, Methoden, Strategien, Köln 2005 (fortlaufende Loseblattsammlung)

（Kh. 盖斯勒，S. 拉斯克，A. 奥尔塞［主编］:《员工发展手册：概念、方法和策略》，科隆，2005［持续编撰的活页集］）

Rosenstiel, L. v.: Grundlagen der Organisationspsychologie – Basiswissen und Anwendungshinweise, 5. überarb. Aufl., Stuttgart 2003

　　Kap. 2.4: Konzepte und Kriterien psychologischer Arbeitsgestaltung

（L. v. 罗森施蒂尔:《组织心理学基础——基础知识与应用说明》，第 5 次修订版，斯图加特，2003

　　章 2.4：基于心理学角度的工作设计的概念和标准）

Zink, K. J., G. Schick: Quality Circles: Qualitätsförderung durch Mitarbeitermotivation (Problemlösungsgruppen), München 1984

　　Kap. 4: Problemlösungsgruppen (Quality Circles)

　　Kap. 6: Zusammenfassende Beurteilung

（K. J. 青克，G. 希克:《质量圈：通过提升员工工作动机促进质量发展（问题解决小组）》，慕尼黑，1984

　　章 4：问题解决小组［质量圈］

　　章 6：总结性评价）

练习

　　对于您熟悉的工作，想想存在哪些问题和弱点阻碍或干扰了日常工作，它们是问题解决小组可以处理的吗？所有小组成员参与的问题分析应该是什么样的？可能的解决方案指向什么方向？这样的解决方案可以在多大程度上由小组成员自己实施？

第三节　组织层面的学习

　　第四章开篇涉及的是员工个体在处理工作时的功能性学习。在下文中，我们将目光从个体员工身上移开，关注他们在多大程度上有助于塑造他们所在的组织并改变这个组织。只要这种改变在概念上等同于学习，就可以说是组织学习。超个人经验、集体理性、独立于员工个体知识的制度和决策构成了组织学习的领域。

对员工提出的要求是，员工必须对于组织学习持有开放的态度。森格（Senge 1990）列举了理想情况下的五大原则，助力形成学习型组织并且能够减少组织惯性。下文仅作简要概述（详见 Picot，Reichwald，Wigand 2003，第 509 页及以后各页）：

- 自我领导（自我控制）：每个员工根据自己的个性和愿景不断努力，从而提供整个组织的智力基础。
- 质疑心智模式：这种模式认为，通过固定的想法和直观的解释模式，员工就可以解释他们所处的环境并预测结果。因此必须消除心智模式中的障碍，为学习和变革过程创造开放空间。
- 共享愿景：组织中所有员工共享的愿景是为实现目标而共同努力的手段。员工的自愿学习与共享愿景保持一致。员工个人的想法将转化为所有人共享的组织愿景。
- 小组学习：集体智慧高于员工的个人智慧。小组成员基于内在凝聚力达成共识。同时，需要识别和揭示群体内部和群体之间的防御行为。
- 系统思维：感知个别要素和整个系统，并考虑多因依赖关系。每个员工都必须学会在关联网络中思考。系统思维使组织的变革过程成为可能，同时它也整合了上述四个原则。

五大原则明确说明了员工的学习如何从个体层面转移到组织层面。依据滕贝格的观点，通常有两种方法可以促进这一过程（Tenberg 2004，第 40—46 页）。

（1）组织发展（Organisationsentwicklung，OD）：

在此，（学习）过程处于中心。学习更多对应于功能性学习。没有明确的组织学习过程，组织学习隐含地来自员工的个人学习过程。

（2）质量管理（Qualitätsmanagement，QM）：

在此，（学习）结果处于中心。学习更多对应于有意识的学习。员工有计划地完成包含完整行动的学习循环。

组织发展

组织发展与组织学习有关。组织学习是由众多因素决定的，如概览 4.6 所示。（1）组织学习首先是员工个人发展的总和。（2）这些单独的学习过程具有复杂的相互作用。（3）组织具有整合性知识库。它通过组织学习得到创建，并得到不断更新和扩展。（4）良好的沟通促进了个人知识的分享，实现了跨越个体的互动，并使累积的知识更容易获得。知识是否容易获得，不仅要根据其范围，还要根据其透明度来衡量。因为透明度可以保证员工轻松获得知识内容，并了解知识来源和情境关联。扁平的层级结构和员工的广泛参与使组织学习过程更加有效。（5）组织学习的结果表现为持续的结构调整和组织行动的变化。

组织学习的关键变量可以是能力管理和个人发展（概览 4.7）。能力管理也被视作知识管理。能力管理是为了更好地利用员工个人的潜力。它涉及显性和隐性知识的开发，旨在做好知识储备并按需进行提供。

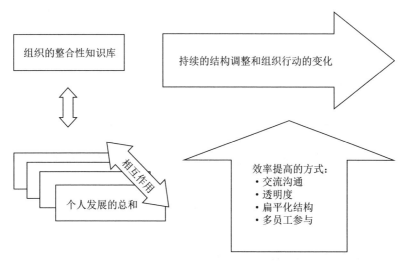

概览 4.6　组织学习的影响因素

（Tenberg 2004，第 41 页）

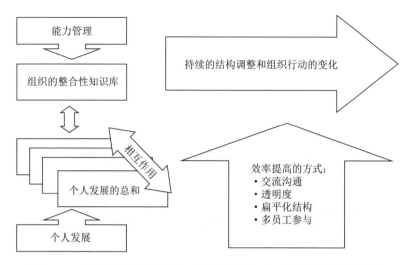

概览 4.7　组织学习的影响因素，包括能力管理和个人发展等关键变量，参照概览 4.6

（Tenberg 2004，第 42 页）

质量管理

质量管理关注组织及其产品和服务的最佳质量。质量管理是持续改进过程从一个小组（第四章第二节，问题解决小组）到整个企业的延伸，这种持续改进过程影响到所有员工、产品、服务和相关过程。它主要以顾客为导向，但在很大程度上也包括企业政策，以及企业员工、合作伙伴和可用资源。

为了实现广泛的改进过程，需要复杂的质量管理工具，比如欧洲质量管理基金会（European Foundation for Quality Management，EFQM）的质量管理工具，它是一个全面质量管理系统（Total Quality Management System，TQM-System）。

在此对于欧洲质量管理基金会本身不作展开，不过将详细介绍它的质量管理系统所包含的循环（概览 4.8）。

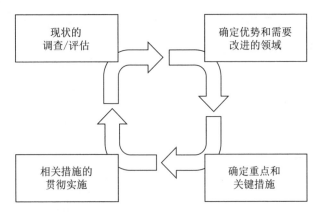

概览 4.8　欧洲质量管理基金会的持续改进过程

（Tenberg 2004，第 45 页）

首先，根据预定的标准对整个组织进行调查评估，例如领导、员工、政策和战略、合作伙伴和可用资源、工作过程，然后得出员工状态、客户状态、社会状态和关键绩效。由此，生成一份涵盖当前状态的综合性文档。

根据这份综合性文档，可以明确优势领域和需要改进的领域。为需要改进的领域设定重点，并考虑、权衡和决定所要采取的措施。详细描述这些措施的影响领域、执行过程和改进前景。然后执行这些措施并评估相应效果。依据更新的评估数据，生成当前状态分析。由此，循环再次开始。

下文将阐述的是，质量管理与企业教育工作之间的关联。

职业教育和继续教育的质量

企业的教育工作，无论是职业教育还是继续教育，都是企业全面质量管理（TQM）的一部分。事实上，这一点适用于所有形式的教育工作。教育目标要与企业目标相一致，教育目标不得背离企业目标。教育产品代表一种内部服务，教育产品的生产涉及讨论、训练、上课和指导，以及这些活动的准备、实施和评估。它的客户即企业的员工。

需要强调的是，教育产品比如上课和指导，必须避免使用简单的、显而易见的、客观化的质量标准进行衡量。例如，客观主义学习方法与建构主义学习方法的标准就很不同。上课和指导本质上是复杂的，其实施过程因指导者和学习者而异，所以几乎没有简单的质量标准。由于情境差异和个性差异，课程的准备、实施和评估过程没有固定的具体内容，这一点与上课和指导本身一样。

客户是需要提升资质的员工，正是此类员工需要参加企业的内部培训措施。员工必须将培训内容与日常工作结合起来，并且基于实践情况从主观角度感知教学措施的质量。

此处关于职业教育和继续教育质量的观点，在第五章中还将与教育控制结合在一起进行再次讨论。

总结

在组织学习中，人们将目光从员工个体身上移开，并关注他们在多大程度上参与了组织的塑造和改变。理想情况下，学习型组织有五个原则：自我领导、质疑心智模式、共享愿景、小组学习、系统思维。在组织层面促进学习一般有两种方法：组织发展和质量管理。

基于组织发展的组织学习具有很多相关因素。能力管理和员工发展等关键变量会对这些因素起到影响作用。在质量管理（QM）中，持续改进过程会影响企业所有员工、产品、服务和相关过程，以此影响企业整个运营过程。借助复杂的工具能够启动有计划的、周期性的学习循环。

企业的教育工作是全面质量管理（TQM）的一部分。教育工作的理念必须与全面质量管理保持一致。教育工作的过程和产品避免用简单的、显而易见的、客观化的质量标准，但这样往往也会产生问题。

重要术语和概念

组织学习

启动组织学习的五个原则

组织发展（OE）

质量管理（QM）

质量管理视角下职业教育和继续教育的质量：问题

研究文献（精选文献）

Picot, A., R. Reichwald, R. T. Wigand: Die grenzenlose Unternehmung, 5. Aufl., Wiesbaden 2003

　Kap. 9.4.2: Das Konzept des organisationalen Lernens

（A. 皮科特，R. 赖希瓦尔德，R. T. 维甘德：《不设边界的行动》，第 5 版，威斯巴登，2003

　章 9.4.2：组织学习的概念）

Reinmann, G., H. Mandl (Hrsg.): Psychologie des Wissensmanagement: Perspektiven, Theorien und Methoden, Göttingen 2004

　Kap. Wissensmanagement und Kooperation

（G. 赖因曼，H. 曼德勒［主编］:《知识管理心理学：视角、理论和方法》，格丁根，2004

　章节：知识管理与合作）

第五章　经济、技术—生产变化和资质化

下文聚焦于劳动世界的变化和由此带来的资质要求（第五章第一节）。在此，重点并非描述变化本身，而是揭示它对劳动教育学带来的影响。由于劳动世界的变化，在企业学习中数字化学习的意义更加凸显（第五章第二节）。在变化进程中企业学习面临持续的合法性压力。职业教育和继续教育的成本和收益被反复核算，成为企业教育控制的根本考量因素（第五章第三节）。

第一节　劳动世界的变化和资质要求

依据经济发展的长波理论，自1980年始开启了第五个康德拉季耶夫长波，即所谓的信息和通信长波（参见Maier 1994，第9页及以后各页）。每个康德拉季耶夫长波都基于一个新的技术和经济范式（康德拉季耶夫即这一理论的创始人），也为教育体系带来了新的挑战。自2000年以来，第六个康德拉季耶夫长波即所谓的健康长波是否已经取代并终结了第五个长波，这一点还存在争议，在此不作讨论。结合康德拉季耶夫长波理论，能够得出下列观点，现今经济和技术引起的生产变化主要源自下述三大发展趋势：

a）信息和通信技术的引入（二十世纪八十年代）。

b）精益管理，小组工作，学习型组织（二十世纪九十年代）。

c）过程导向的工作组织（始自2000年）。

这些发展趋势在第一章中已有提及。下文着重于从质性方面对 a)、b）和 c）进行追根溯源并补充描述。

技术变化

技术变化是渐进性的过程，基于已有的技术发展而来。这样的变化涉及两个方面。一是涉及新产品、新机器和新仪器的开发。二是涉及新过程的开发，用以提升产品生产、产品分配和服务的合理化程度。

技术发展的两个方面即产品创新和过程创新是融合在一起的。只有新产品比如微处理器的面世，才能支持自动化程度越来越高的生产方式。比如基于可自由编程的自动化执行设备即所谓的机器人，生产线才得以实现自动化。

对于计算机支持的专业工作来说，这两个方面都具有典型意义。就办公室工作而言，计算机支持的事务处理涉及网络数据加工、网络连接和电子数据存档。可以说，它指的是一个多功能的工作岗位系统。而在生产领域，它意味着计算机支持的灵活生产中心和机器人辅助的生产方式。

在基于计算机支持的生产机构中，员工被称为"系统维护师"。施普尔在二十世纪八十年代中期就已经贴切地描述了现实（Spur 1985，第 12 页）：

> 人们越来越具有这样的印象，基于计算机支持的自动化生产方式仿佛受到一组人员的指挥，进行整体比较的话，类似于驾驶船只或者操纵飞机。所有人员必须履行这样的工作职能：一方面执行任务，计算承载量和制订载货计划，进行原料采购，完成机器编程，设置运输功能和准备控制数据。另一方面对于能源消耗和原料消耗以及运行功能进行监控，并进行工具准备和状态维护。

除了信息和通信技术，下面这些也属于新技术：

- 新材料，比如高性能陶瓷，用于燃气涡轮机、发动机和催化剂，或者替代金属的增强纤维塑料制品，比如通用陶瓷、聚合物和高性能的黏合剂，用于机动车生产、机械制造、电子工业和化工行业。
- 激光和传感技术。
- 日益重要的生物技术和基因技术。
- 机电技术。
- 以及尤其得到强调的纳米技术。

知识因素不再仅存在于员工的脑袋里，而是越来越多地储存在智能机器中。知识越来越多地被输入信息加工系统，以此摆脱了对于员工个体的依赖。得到灵活组建的小组，其成员的资质和创意将决定某项工作的未来。相应地，下文将讲述变化对于资质要求的影响。

资质要求变化

人类已经习惯于借助工具比如锤子或者斧头等增强劳动能力，或者使用机器比如电力发动机等替代人力。这样的技术已经太过熟悉，它们的使用已经理所当然。新鲜的是，如今工作过程中可结构化的脑力劳动也能够被取代，并由计算机执行，甚至是复杂的工作，只要具有相似性和重复性，也能通过计算机控制的机器完成。

概览 5.1 对技术化等级和人的功能进行简化描述。在"体力"技术化等级上涉及的功能是劳作、操纵和监控。此处也包括向机械化过渡阶段的一些工具，如手动和脚动的工具，比如手摇钻机或脚踏缝纫机。

在机械化等级上，劳作的功能已经消失，依然得到保留的是操纵和监控，包括驱动机床，比如传统的使用杠杆和手动齿轮的车床。

在自动化等级上，手动执行的操纵功能被舍弃，依然得到保留的仅有监控。典型例子是计算机控制的车床。从根本上来讲，它是一种没有杠杆和手动齿轮的机械，取代杠杆和手动齿轮的是键盘和屏幕。

概览 5.1　技术化等级和人的功能

（Rohmert 1984，第 206 页）

技术化等级	由人完成的功能		
体力	劳作 +	操纵 +	监控
机械化		操纵 +	监控
自动化			监控

具体而言，这意味着人们通过视觉对每个手动步骤进行监控的操纵方式，被计算机控制程序取代。人们在使用计算机程序控制的机器加工工件之前，需要对整个过程所有细节进行通盘考虑，并借助过程图的方式进行描述，然后将这一过程图转化为机器程序。从这一过程中可以得出清晰的结论：工作内容和要求发生了极大的变化。以制图设计为例，可以极其明显地感受到这一点。在制图领域，已经不用德国标准化学会（DIN）A0 格式的绘图板，取而代之的是软件支持的个人电脑。简单概括一下，如今适用的是这句话：体力劳动者变成了脑力劳动者。

相应地，工作过程越来越缺乏可视化和感受度。为了顺利完成工作，越来越需要从具体手动的领域转移到抽象感知的领域。工作活动必须借助语言信息才能得到理解。

资质要求越来越多地转移到认知领域。同时，由于监控活动的增加，情绪工作也在增加。由于计算机控制系统的资本密集特征，确保系统无故障和无损坏运行的责任也随之增加。由此员工的工作强度提升了，或者说心理负担更重了。

总而言之，可以说员工直接加工材料的工作比例正在下降。另一方面，计划、准备、控制、编程、监控和维护的间接工作正在增加。

概览 5.2 总结了自二十世纪九十年代以来劳动世界的变化带来的工作任务和资质要求的变化。对于专业工人来说，除了技术要求的变化外，尤为明显的是计划领域的变化。未来个人能力和社会能力也将更受欢迎。相应地，能够独立进行计划、实施和控制，成为职业教育一个重要目标。自 1987 年以来，《培训条例》（Ausbildungsordnung）已将其定义为职业教育的一部分。由此，也引出了下文关键资质的概念。

概览 5.2 劳动世界变化过程中工作任务和资质要求的变化

（Zedler 1994，第 3 页）

专业工人：新的要求	
以前	**将来**
依据指示实施给定的计划	自主计划、实施和控制
■ 固定的工作时间	■ 灵活的工作时间，可在小组中协商
■ 工作计划给定细节	■ 工作任务自主规划
■ 由师傅安排任务分工	■ 在小组中进行任务分配
■ 出现故障时由师傅作出决策	■ 自主进行故障分析和故障排除
■ 仅师傅具有支配材料和工具的能力	■ 负责支配材料和工具
■ 质量控制由专人管理	■ 负责质量控制
■ 时间期限由专人管理	■ 负责时间期限管理
■ 师傅负责成本控制	■ 参与成本管理

关键资质和职业能力

劳动世界变化导致资质要求发生变化，资质适用范围必须得到扩展。它们被称为关键资质。简单地讲，关键资质也称为通用资质或跨学科资质。

关键资质旨在赋予人们这样的能力，即独立解锁未来的、快速涌现的新内容，从而实现终身学习。关键资质数量众多。以下是经常提到的（按照原文字母顺序排列）：在关联中思考、灵活性、沟通能力、创造力、解决问题的能力、独立性、团队合作、迁移能力和可靠性。了解关键资质的内容、关键资质概念的理论背景和关键资质面临的问题，可以参阅舍尔滕的论述（Schelten 2000，2004，第 165 页及以后各页）。

从关键资质概念当中引出了职业能力的概念。能力代表责任和才干，简而言之，能力是员工为完成工作而表现出来的本领。能力与主体捆绑在一起。能力是员工对工作岗位或职位要求的反应。借助能力，资质要求得到满足。职业能力由下述方面组成：

- 专业能力和方法能力。
- 个人能力。
- 社会能力。

专业能力包括专业知识、技能和能力。方法能力指的是面对复杂工作任务时，能够独立应用解决问题的路径，去寻找解决方案并进行反思。这个过程包括独立获得新知识、技能和能力的方法（即学习能力）。专业能力和方法能力往往相互融合，因此它们经常被合并在一起。

个人能力与积极的自我形象发展有关。它指的是有意识地去明确和反思自己的能力，以及与人格发展相关的动机和情感。除了个人能力（Personalkompetenz）的表述，在职业教育领域有时也采用人本能力（Humankompetenz）的表述。根据关键资质的定义，个人能力指的是履行工作美德的能力，例如准确性或可靠性。个人能力重点强调的是个人秉性，例如独立和自信，也强调道德能力，例如生态责任意识。

社会能力指的是与他人打交道的能力，如果更进一步，指的是在职业共同体中面向群体的行为。根据关键资质的定义，社会能力指的是与人打交道的能力或沟通能力等。

有关职业能力的更多详细信息，请参阅舍尔滕的相关论著（Schelten 2000，2004，第 171 页及以后各页）。这里从教育学角度出发，即从培养或促进职业能力的角度来进行解读。从劳动科学和劳动心理学的角度出发，能力的概念会有不同含义（参见 Erpenbeck，v. Rosenstiel 2003）。

为提升关键资质和职业能力，早在二十世纪八十年代就有大企业发展了基于引导文本的项目式职业教育。其中最为有名的是西门子公司，依托项目和迁移为导向的培训（PETRA），开发了培养关键资质的方案（Borretty，Fink，Holzapfel，Klein 1988；参见 Schelten 1995，第 286 页及以后各页）。从原则上来讲，当今在企业和学校提升关键资质和职业能力的重点在于，除了提供具有明确引导的课堂教学和劳动指导，还提供在开放和复杂的学习情景中学习的机会。换句话说：除了客观主义的学习方法之外，还采用建构主义方法，使得学习者与教师包括培训师、教练或讲师一起塑造学习过程（有关建构主义学习方法的更多信息，参见 Schelten 2000，2004，第 176 页及以后各页；Riedl 2004）。

行文至此，本章主要采用描述性和解释性的方式处理了劳动世界变化和资质要求变化的主题。下文将阐述关于资质研究的结果。在这过程中，必须区分宏观分析和微观分析的资质研究。

宏观分析资质研究

在宏观分析资质研究中，通过市场经济整体性调查，明确劳动世界变化带来的资质效应。调查对象是不同职业领域或特定经济部门。研究借助相对广泛的类别范畴，汇编具有统计代表性的职业变化的相关数据，这些数据产生于整个行业、工作领域或社会领域的变化过程。调查通常以定量分析为导向，属于劳动市场和职业研究，以及灵活性和前瞻性研究。

在这方面，多斯塔尔（Dostal 1982）的研究工作为宏观分析研究提供了一个生动例子（见概览 5.3）。

如今，德国联邦劳动局（Bundesagentur für Arbeit，BA）下属的劳动市场和职业研究所（Instituts für Arbeitsmarkt- und Berufsforschung，IAB）关于工作领域和资质要求的变化和预测的工作，也证实了这项早期研究显示的发展趋势。由此，得出了以下宏观研究结果并经常得到引用：

- 以生产为导向的工作活动正在减少。
- 直接服务在个别领域有所下降，但也有略微增加的情况，就其职业占比而言总体上保持相对稳定。
- 间接服务正在增加。

概览5.3　在资质研究中进行宏观分析的例子

（Dostal 1982）

多斯塔尔（Dostal 1982）得出结论，在技术变迁过程中，从事"自动化"工作的从业人员会增加，而执行"规定好工作"的从业人员会减少，"服务型"的从业人员数量保持不变。

从事自动化工作的是"技术生产者"，主要包括自然科学研究者、工程师、技术员、技术特殊人员以及相关组织人员。此类工作的特点主要表现在计划、组织、领导、管理、项目化、计算和制图。

从事规定好工作的是"技术实施者"，主要包括生产类职业的从业人员，比如组装员、助手、机械师和办公人员、数据处理人员、办公室辅助人员。此类工作的特点主要包括生产、分类、包装、装载、发货、原料准备、记账、通信、文字处理、档案管理。

从事服务型工作的是"技术伴随者"，主要包括生产类职业的从业人员，比如钳工、机械师、电工和数据处理人员、办公人员和安全人员。此类工作的特点主要是机器安装、调试、维护、修理、优化和保养，以及采购、销售、保险、算账、控制和调整。

多斯塔尔预测了一种变化趋势（参见 Dostal 1982，第89页），正如他对技术变化的预测：规定好的工作具有常规化、可重复和相似性的特点，这种工作可理解、可定义、可规划，将最早被自动化的生产工具和过程方式取代。这种工作如果在自动化之后还剩下一些，那么剩下的通常由服务型工作人员完成。这意味着从事规定好的工作的从业人员将减少。同时，从事技术创新的研发和实施的自动化从业人员数量增加。服务型从业人员的数量大致保持不变。技术设备虽然更加复杂和广泛，但是修理工作更加简单。在最简单的情况下，修理工作仅是更换部件即可。在最复杂的情况下会出现编程错误，自动化从业人员将参与修理。

以生产为导向的工作活动包括获得和制造、机器设置和维护、修理。非熟练和半熟练工人的比例正在下降，而高价值的工作依然存在。

直接服务包括一般性的服务，例如清洁、酒店餐饮、仓储、运输、安全、远程办公和商业活动。

间接服务包括研究和开发、组织、管理、指导、咨询、教学、出版。

总体呈现出这样的趋势，即在工业化土壤上滋生了服务型社会。

宏观分析资质研究的结果大多是面向全球的。他们隐藏了这样一个事实，即工作变化对资质的影响对于特定工作岗位来说可能会非常不同，而这恰恰就是微观分析资质研究发挥作用的地方。

微观分析资质研究

微观分析资质研究选择某个工作岗位、部门、企业和行业，并详细调查涉及的资质要求。因此，微观分析资质研究是与特定企业和行业相关的定性研究。

微观分析资质研究的一个富有启发性的例子来自克恩和舒曼在二十世纪八十年代进行的调查（Kern，Schumann 1984）。他们在汽车工业、机床制造和化学工业的核心部门，通过对各个工作岗位进行详细分析形成样本，进而判断新技术的合理化效果和资质要求变化。该项研究工作形成广泛影响。

微观分析资质研究显示以下趋势：

- 在技术和资质要求以及资质发展之间，如今不再存在令人信服的因果关系。
- 而在技术、资质和工作组织之间存在相互影响的三角关系，如概览 5.4 所示。在这个三角关系中存在设计可能性，用来框定新技术对资质的影响。也就是说，在工作组织方面如何安排使用新技术，这一点从根本上决定了资质要求。

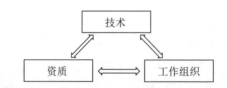

概览 5.4　技术、资质和工作组织之间的三角关系
注：⟺表示相互影响。

工作导向的设计

员工被赋予这样的期待，即他能够对技术、资质和工作组织之间相互作用的三角关系进行设计。在员工的参与下，技术、工作组织和资质的开发和使用得到协调和优化。根据乌利希（Ulich 2001，第 299 页及以后各页）的说法，这意味着员工参与了工作导向的设计。

　　与工作导向的设计方案相反的是技术导向的设计方案。在技术导向的设计方案中，工作组织和员工资质服从技术至上的原则。概览 5.5 对比了技术导向和工作导向的设计方案。两者的区别在于人的基本形象："人是被视为机器的延伸，还是机器被设计为人的延伸。"（Czaja 1987，第 1599 页，转引自 Ulich 2001，第 299 页）

　　根据乌利希（Ulich 2001，第 301 页）的说法，在工作导向的设计方案中，直接参与生产的员工成本高，间接参与生产的员工成本低。相应地，操作人员的积极性、设备的利用率和人力资源的使用情况良好。一方面，工作导向的设计方案服务于人的（人本）能力并促进这些能力。另一方面，当然也必须看到这种设计方案旨在推动工作合理化。也就是说，合理化通过人本化得以完成。

概览 5.5　对于计算机支持的工作，技术导向和工作导向的设计方案对比

（Ulrich 2001，第 300 页）

	技术导向的设计方案 ———▶技术设计	工作导向的设计方案 ———▶工作设计
人机功能分工	操作员执行未能自动化的工作	从工作计划到质量控制，操作员完整执行整个任务
人机系统的控制安排	集中控制 任务执行由计算机规定好内容和时间，操作员未有行动空间和设计空间	局部控制 在定义好的行动空间和设计空间中，任务执行由操作员决定
管理安排	上游领域集中管理	生产领域分散管理
信息获取	只有控制层才有权限获取关于系统状态的信息	关于系统状态的信息随时随地都能提取
协调和责任的分类	工作协调由专人完成，比如编程员和安装员	工作协调由操作员完成，他负责编程、安装、精细计划、检查和控制

劳动教育学的研究结果

梳理关于劳动世界和资质要求变化的陈述，最终应回归到劳动教育学的研究结果。这些研究结果处于相互关联当中（概览5.6）。

从"劳动与学习理论"中，引出对"劳动指导方法"和"工作场所经验学习"的理解。从这两个研究结果中又诞生了"经济、技术—生产变化和资质要求"的概念。这意味着，作为对经济、技术—生产变化的回应，劳动教育学必须发展一种资质方案，包括工作活动中正式的基于方法的资质化和非正式的基于工作的资质化。

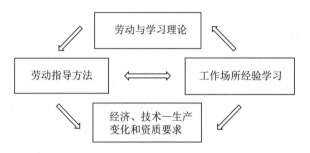

概览5.6　劳动教育学研究结果之间的关系

具体而言，以下内容必须得到强调：

- 劳动指导必须进行有意识的设计，使得认知要求渗透到工作活动当中（参见第三章）。这既适用于不太复杂的工作活动，例如位于感知运动调节和行动计划层级的工作活动（参见第二章第二节），也适用于较为复杂的工作活动，比如位于子目标规划和协调多个行动领域层级的复杂活动（参见第二章第二节）。
- 必须引入能够促进资质发展的工作设计，尤其是能够直接提升资质的工作设计；这样的设计为学习型组织开辟了道路（参见第四章）。

从根本上来说，在工作中学习应当依据这样的原则进行设计，即必须通过独立思考的方式完成工作。为了响应经济、技术—生产变化的需求，应当始终进行这样的精神力量训练。

总结

劳动世界的变化（参见第一章）来自三个发展趋势：信息和通信技术的引入（二十世纪八十年代）；精益管理，小组工作，学习型组织（二十世纪九十年代）；过程导向的工作组织（始自 2000 年）。

技术变革的特点是产品创新和过程创新交织在一起。基于计算机辅助的专业工人的工作发生了很大变化，知识越来越多地被构建到信息处理系统中。

工作中可模式化的脑力劳动被拿走，由计算机执行。员工的工作强度增加了。资质要求朝着认知领域发生更多变化。除了专业方面的要求发生变化，计划决策领域的变化尤为明显。

这些要求催生了关键资质和职业能力（专业能力、方法能力、个人能力和社会能力）的概念。这使得建构主义方法得到更多强调，并与客观主义方法形成补充。

资质研究的方式是宏观分析（整体市场经济，定量）和微观分析（特定企业和行业相关，定性）。从宏观分析资质研究来看，在工业化土壤上滋生服务型社会的趋势较为明显。微观分析资质研究表明，在技术、资质和工作组织之间的三角关系中，存在设计可能性。这样的设计可能性才真正决定了新技术对于资质的影响。与此相对应的是工作导向的设计方案。

劳动教育学的研究结果处于相互关联当中。劳动教育学需要开发一种资质提升方案，将正式的有计划的资质提升与工作活动中的非正式资质提升进行有机结合。

重要术语和概念

技术变革：产品创新，过程创新，新技术

资质要求变化

关键资质和职业能力（专业能力、方法能力、个人能力和社会能力）

资质研究：

- 宏观分析资质研究
- 微观分析资质研究

三角关系：技术—资质—工作组织

工作导向的设计方案

劳动教育学的研究结果

研究文献（精选文献）

Bayerische Staatskanzlei, Wissenschaftlich-Technischer Beirat der Bayerischen Staatsregierung (Hrsg.): Arbeits-und Unternehmensstrukturen der Zukunft, München 2003

Kap. 4.1.2: Technologische Megatrends

Kap. 4.1.4: Struktureller Wandel

Kap. 4.2.2: Zukunft der Arbeit

（巴伐利亚州总理府，巴伐利亚州政府科学和技术咨询委员会［主编］:《未来的工作和企业结构》，慕尼黑，2003

章 4.1.2：技术发展的大趋势

章 4.1.4：结构性的变化

章 4.2.2：工作的未来）

Kern, H., M. Schumann: Das Ende der Arbeitsteilung? Rationalisierung in der industriellen Produktion: Bestandsaufnahme, Trendbestimmung, München 1984

Kap. Ⅰ: Überraschungen bei der Annäherung ans Untersuchungsthema

Kap. Ⅲ: Die Automobilindustrie: Das Gesetz der Massenproduktion wird durchlöchert

（H. 克恩，M. 舒曼:《劳动分工的终结？工业生产中的合理化：现状和趋势》，慕尼黑，1984

章Ⅰ：接近研究主题时的意外发现

章Ⅲ：汽车行业：大规模生产的法则变得千疮百孔）

Picot, A., R. Reichwald, R. T. Wigand: Die grenzenlose Unternehmung: Information, Organisation und Management, 5. aktualisierte Aufl., Wiesbaden 2003

Teil 9: Der Mensch in der grenzenlosen Unternehmung – Neue Anforderungen an Mitarbeiter und Manager

（A. 皮科特, R. 赖希瓦尔德, R. T. 维甘德：《不设边界的行动：信息、组织与管理》, 第 5 次修订版, 威斯巴登, 2003

第 9 部分：不设边界的行动中的人——对员工和管理者的新要求）

Schelten, A.: Technischer Wandel und Berufsbildung, in: Pädagogische Rundschau 39(1985)2, S. 187–201

（A. 舍尔滕：《技术变革与职业教育》, 载于《教育学展望》39［1985］2, 第 187—201 页）

Schelten, A.: Einführung in die Berufspädagogik, 3. vollst. neu bearbeitete Aufl., Stuttgart 2004

Kap. C.3: Das Konzept der Schlüsselqualifikationen und der Berufskompetenz

（A. 舍尔滕：《职业教育学导论》, 第 3 完全修订版, 斯图加特, 2004

章 C.3：关键资质和职业能力的概念）

Ulich, E.: Arbeitspsychologie, 5. vollst. überarbeitete und erweiterte Aufl., Stuttgart 2001

Kap. 5: Konzepte für den Einsatz neuer Technologien

（E. 乌利希：《劳动心理学》, 第 5 次完全修订和扩展版, 斯图加特, 2001

章 5：新技术使用的方案）

Volpert, W.: Wie wir handeln – was wir können: Ein Disput als Einführung in die Handlungspsychologie, 3. vollst. überarbeitete Aufl., Sottrum 2003

Kap. 7: Arbeit, Technik und Organisation

（W. 福尔佩特：《我们如何行动——我们能做什么：作为行动心理学导论的争议》, 第 3 次完全修订版, 索特鲁姆, 2003

章 7：工作、技术和组织）

练习

请描述一项您熟悉的工作, 在过去 15~20 年中的技术—生产变化是如何发生的, 它带来了哪些工作变化和资质要求的变化？对于这项工作来说, 在三角关系"技术—工作组织—资质"中存在哪些设计可能性？

第二节　数字化学习

　　除了面对面的培训，企业越来越多地使用电子媒体对员工开展职业教育和继续教育。这些基于电子媒体的学习形式现在被称为数字化学习（E-Learning）。下文将对数字化学习的相关概念和问题进行概述。此外，也将基于阿德勒（Adler 2004）、滕贝格（Tenberg 2001）和弗格勒（Vögele 2003）在慕尼黑工业大学担任教育学教席教授期间进行的大型研究的结果和经验展开讨论。

概念定义

　　如同早先的"多媒体""电子通信""计算机辅助学习"等，"数字化学习"的概念也未能成功地进行统一定义。狭义的理解将数字化学习等同于基于数据网络（通常是互联网）的学习——而广义的理解则几乎无所不包。例如依据美国培训与发展协会（American Society for Training and Development）的定义，"数字化学习"几乎覆盖了所有的电子媒体。除了计算机辅助学习程序，还包括商业电视（学习内容通过企业内部的电视节目得到传授）或录像带的使用。

　　下文更多倾向于采用数字化学习的广义概念，不过对于广义概念进行了限定，排除了那些未将计算机作为交互和通信基础的形式（例如培训视频）。因此，数字化学习指的是借助计算机和相应的学习程序以及数据网络实现学习内容的传授。信息以数字形式存在于不同的媒体当中。通过带有相应数据网络的计算机，学习者和计算机（包括软件）之间、学习者和导师之间、学习者之间进行交互。

数字化学习的基本类型

　　概览 5.7 参考了施滕德尔和布伦纳（Stender，Brönner 2003，第 29

页）的观点，也区分了对数字化学习的狭义理解和广义理解。狭义的理解仅限于远程教学、远程辅导、远程合作和媒体支持的自主学习这些基本类型。在广义的理解中，这些基本类型由计算机辅助学习的"经典"形式补充。不过，在实践中这些基本类型或形式之间的重叠极其常见。

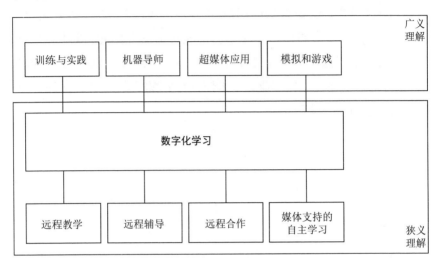

概览 5.7　数字化学习的基本类型

（参见 Stender，Broenner 2003，第 28 页及以后各页）

训练与实践是"最古老"的计算机辅助学习形式。它们主要基于行为主义的教和学的观点，与程序化教学非常相似。训练与实践项目用于巩固现有知识。它们由不同难度问题的任务池组成，学习过程类似于"提问—回答—分析—反馈"的模式。

迄今为止，机器导师是企业学习中采用最多的学习形式。机器导师介绍新内容之后，通过理解性的问题检查学习进度。类似于训练与实践形式，进度控制同样使用多项选择的程序。这种基本形式经常被称为"基于计算机的培训"（Computer Based Training，CBT）。

最著名的超媒体应用例子是互联网。信息由文本、图形、插图等组成并相互联网（相互链接）——学习者遵循一条个性化的学习路径，独立搜索解决任务所需的信息。

　　模拟和游戏支持发现探索、自主控制的学习。它们模拟一个复杂的系统或子系统。学习者如同在现实中一样采取措施，决策效果也以逼真的方式得到呈现。

　　以下形式（数字化学习的狭义理解）仅与网络支持的学习相关，即所谓的基于网络的培训（Web Based Training，WBT）。根据培训单元的实施情况区分为：通过企业局域网提供内部解决方案和通过公共互联网提供课程。

　　对于远程教学，学习单元通过通信服务传输。这可以采用同步即直播的方式，也可以采用异步的方式即录制课程并按需提供。学员可以通过回访渠道向老师提问，不过在实践中提问相当少见。

　　通过远程辅导，新信息的加工在很大程度上基于自我控制完成。学习者可以通过相应的网络服务向远程导师或其他学习者提出问题。

　　如果一个问题由物理上彼此分离但通过网络连接的成员共同解决，就被称为远程合作。

　　在媒体支持的自主学习中，学习内容由合适的学习平台提供。平台基于软件提供信息和通信渠道。在大多数情况下，学习内容融合了不同形式（文本、视频和音频），并提供了视频会议和聊天的可能。通过用户管理和课程管理可以为学习者分配不同的角色和权利。

　　使用计算机和数据网络进行职业教育和继续教育的经验清楚地表明，大多数学习者和导师以及其他学习者缺乏社交联系（见下文：数字化学习的局限）。因此更好的做法是，兼顾学习者的不同偏好，混合数字化学习和面对面授课，从而将两种学习形式的优势结合起来。这种数字化学习和传统面对面授课的混合形式被称为混合学习。

在企业内部培训中使用数字化学习

　　职业教育和继续教育是否使用数字化学习，主要取决于行业和企业的规模。数字化学习课程的设置在服务业最多，在制造业最少。各种研究表明，与员工数量较少的企业相比，数字化学习在大企业中更为普遍。最常见的应用形式是机器导师。在培训主题中，"计算机相关"内容占主导地位。这些培训课程一般聚焦于 Office 程序、应用软件或操作系统（参见本章末尾推荐的研究文献）。

使用数字化学习的实际数量与预测目标还有很长的距离。在使用计算机进行教育和继续教育方面，迄今为止新媒体仍旧未能满足二十世纪九十年代末设定的极高期望。无论是提供课程的质量还是数量都是如此。不同研究之间的比较也经常存在问题，比如对于概念的界定显示，关于企业数字化学习的研究还包括培训视频或商务电视。

数字化学习的理由

不同的研究结果显示，之所以采用数字化学习手段，最主要的理由是节约费用。与面对面的研讨相比，数字化学习省去了交通和住宿费用，减少了培训人员费用或研讨场地费用，通常更能避免时间损失。数字化学习也意味着更少的缺勤，并且任何空闲时间都可以用于学习（即变成"教学时间"）。劳动与学习之间的联系以及"工作岗位培训"可以实现这一点，即在出现任何问题时都能有效利用相应信息。使用数字化学习的其他论据包括，数字化学习能够获得最新主题的培训，与面对面活动相比，数字化学习能够获得更高的学习成就和学习动机。数字化学习能够确保时新性，主要指的是基于网络的培训课程。比如这种基于网络的培训课程使得快速、广泛地（在全球范围内）引入技术变革成为可能。个性化的自主学习（自由分配学习时间、安排学习速度、选择学习路径和监测学习成果）以及用不同形式呈现学习内容，意味着更高的学习成就和学习动机，例如除了文本和图表之外，还采用动画或模拟手段提升形象化程度。

数字化学习的局限

数字化学习的局限存在于两个方面，即学习者个性化的前提条件局限和技术性的前提条件局限。个性化的前提条件局限主要指的是多个学习者之间无法直接实现社会交往。除了较难满足社交动机之外，与面对面的课程相比，数字化学习的局限还包括耗时的疑问解答或困难的经验交流。关于个性化的前提条件，还需要考虑学习者基于自我负责和自我管理的独立学习能力（即自主学习能力）、基本态度以及数字化学习所需的资质；另外，这又取决于个体以前的经验，以及学习者对于课程的期望和可用的学习时间。

数字化学习的一个基本要求是相应课程的可用性和稳定性。对于基于网络的学习课程来说，技术要求主要包括传输速度或（内部）使用限制，例如通过防火墙等。对离线解决方案经常会有这样的批评，即课程缺乏质量。课程质量主要取决于可用资源，如开发和支持成本以及开发时间等。数字化学习课程耗费巨大，在开发阶段需要大量投入。上文提到数字化学习与面对面活动相比具有成本优势，但是这样的成本优势只有在有足够数量的员工参与时才会显现。另外，相应课程的开发时间往往超过一年，这与数字化课程的时新性背道而驰。

总之，无论是现在的还是将来的数字化课程都无法取代面对面课程，而更多的是基于合适的设计与面对面课程形成补充。

数字化学习课程的质量

数字化学习课程的质量评估可以使用清单等方式（例如 Stender, Brönner 2003，第 157 页及以后各页；Bromberger 2000，第 433—472 页）。以下内容在某些情况下可能已是理所当然，但也不妨碍重申它的有效性：一般来说，质量评估可以区分为产品导向和应用导向两种。以产品为导向的视角集中在内容、教学法、人体工程学和媒体使用这些方面。学习内容必须技术正确、完整、时新，并且学习范围对于学习者来说是适切的。教学方案遵循基本的教学理念，并与其他培训措施相协调 / 整合。考虑因素还包括学习者的交互和管理的可能性。屏幕设计和可用性等必须基于人体工程学标准。使用数字媒体时，应考虑与其他媒体的适当整合，这也包括非数字化媒体。

应用导向的质量评估重点在于学习者早期经验、态度、教育背景、学习偏好等。进一步的考虑因素涉及使用地点和整体方案融入。使用地点可以分为工作场所、培训室或居家书房。整体方案融入指的是，将数字化学习与面对面授课相结合等。

总结

二十世纪九十年代关于在教与学过程中引入新媒体的狂热，已经让位于更现实的观点。这些新媒体未能达到当初的高期望。原因在于，新媒体未能提供适合数字化学习的高质量职业教育和继续教育课程。与此密切相关的还有，新媒体未能满足学习者的期望。这涉及无法直接实现社会交往的愿望，或者以前在处理新媒体方面有不良经验或缺乏自学方法。学习课程的趋势朝着在线课程的方向发展，采用因特网或企业内部局域网的解决方案。与经典的计算机辅助基本形式，如训练与实践、机器导师或模拟相比，在线课程能够具备更大的灵活性。它可以更快地进行内容更新，还可以实现学习者与老师或机器导师之间的交流。

重要术语和概念

数字化学习概念

基本类型：训练与实践，机器导师，超媒体应用，模拟 / 游戏，远程教学，远程辅导，远程合作，媒体支持的自主学习，混合学习

数字化学习的理由，数字化学习的局限

研究文献（精选文献）

Adler, M.: Telekommunikatives Lernen in der beruflichen Bildung, Berlin 2004

　　Kapitel 2: Aktueller Forschungsstand und eigener Forschungsansatz

　　Kapitel 3: Telekommunikatives Lernen

（M. 阿德勒:《职业教育中的远程教学》，柏林，2004

章 2：最新的研究现状与自己的研究设想

章 3：远程教学）

Bromberger, N.: Anforderungen an Kriterienkataloge zur Beurteilung von Lernsoftware aus technischer und praktischer Sicht, in: Esser, F. H., M. Twardy, K. Wilbers: E-Learning in der Berufsbildung, Köln 2000, S. 433–472

（N. 布龙贝格尔：《从技术和实践角度评估学习软件标准目录的制定要求》，载于 F.H. 埃塞尔，M. 特沃迪，K. 维尔贝斯，《职业教育中的数字化学习》，科隆，2000，第 433—472 页）

Hohenstein, A., K. Wilbers (Hrsg.): Handbuch E-Learning: Expertenwissen aus Wissenschaft und Praxis, Köln 2005 und fortlaufend

Gruppe 3: E-Learning-Strategie entwickeln

Gruppe 4: E-Learning didaktisch gestalten

Gruppe 5: Hard- und Software für E-Learning auswählen

（A. 霍恩施泰因，K. 维尔贝斯［主编］：《数字化学习手册：来自科学与实践的专业知识》，科隆，2005 及后续更新

第 3 组：数字化学习的策略制定

第 4 组：数字化学习的教学设计

第 5 组：用于数字化学习的硬件和软件的选择）

Michel, L.: Wunsch und Wirklichkeit – E-Learning in KMU, in: Zinke, G., M. Härtel (Hrsg.): E-Learning: Qualität und Nutzerakzeptanz sichern, Bonn 2004, S. 105–114

（L. 米歇尔：《愿望与现实——中小企业的数字化学习》，载于 G. 青克，M. 哈特尔［主编］，《数字化学习：确保质量和用户接受》，波恩，2004，第 105—114 页）

Severing, E.: Gestaltungsansätze für E-Learning in KMU, in: Zinke, G., M. Härtel (Hrsg.): E-Learning: Qualität und Nutzerakzeptanz sichern, Bonn 2004, S. 115–125

（E. 泽韦林：《中小企业数字化学习的设计方法》，载于 G. 青克，M. 哈特尔［主编］，《数字化学习：确保质量和用户接受》，波恩，2004，第 115—125 页）

Stender, J., A. Brönner: Leitfaden E-Learning. Herausgegeben vom Verband der Bayerischen Metall- und Elektro-Industrie, München 2003

Kap. 1: E-Learning zwischen Anspruch und Wirklichkeit

Kap. 6: Zur Kosten-Nutzen-Analyse von E-Learning

（J. 施滕德尔，A. 布伦纳：《数字化学习指南》，巴伐利亚金属和电气工业协会出版，慕尼黑，2003

章 1：愿望与现实之间的数字化学习

章 6：关于数字化学习的成本效益分析）

Tenberg, R.: Multimedia und Telekommunikation im beruflichen Unterricht, Frankfurt am Main 2001 (Beiträge zur Arbeits-, Berufs- und Wirtschaftspädagogik, Bd. 21, hrsg. v. A. Schelten)

　　Kap. 2: Multimedia und Telekommunikation

　　Kap 3: Medien im beruflichen Unterricht

　　Kap. 4: Analyse von Medien

（R. 滕贝格：《职业教育教学中的多媒体和信息技术》，美因河畔法兰克福，2001［论文集《工作、职业和经济教育》，第 21 卷，由 A. 舍尔滕主编］

　　章 2：多媒体和电信技术

　　章 3：职业教育教学中的媒体

　　章 4：媒体分析）

Vögele, M.: Computerunterstütztes Lernen in der beruflichen Bildung, Frankfurt am Main 2003 (Beiträge zur Arbeits-, Berufs- und Wirtschaftspädagogik, Bd. 23, hrsg. v. A. Schelten)

Kap. 3.3: Computer im Unterricht

Kap. 4: Empirische Untersuchungen zu computerunterstütztem Lernen

（M. 弗格勒：《职业教育中的计算机辅助学习》，美因河畔法兰克福，2003［论文集《工作、职业和经济教育》，第 23 卷，由 A. 舍尔滕主编］

　　章 3.3：教学中的电脑

　　章 4：计算机辅助学习的经验调查）

第三节　企业职业教育和继续教育中的教育控制

在市场竞争全球化的过程中，企业面临着越来越大的降低成本的压力。这同样适用于企业教育工作。一位职业教育者，尽管以提升员工能力为主要目的，但也总是不得不从成本和收益的角度分析他们的教育工作。这一点已经在第四章第三节质量管理中有过提及，在此进一步展开详细分析。教育控制属于企业的质量管理体系的一部分。下文首先对企业内职业教育进行成本收益分析。接着从一般性意义上讨论教育控制。在这个框架下对教育控制的定义进行描述，并从定义描述入手，开始这一主题的探讨。

企业内职业教育的成本和收益

企业内职业教育的总成本包括：

- 受训者的人员成本（例如培训津贴；社会福利，无论其是否基于法律规定、劳资协议或者自愿方式）。
- 培训师的人员成本（例如全职培训师、兼职培训师、外部培训师）。
- 设备和材料成本（例如培训车间、工作场所、特殊培训室）。
- 其他成本（例如教学材料、培训管理成本、外部课程成本、报名和考试费用）。

在确定企业内职业教育的成本时，如果从总成本中扣除学员产生的收入，就得出职业教育的净成本。

总成本减去收入等于净成本，这个计算方法可以采用两种不同的成本考虑视角。两种不同的视角指的是（1）全部成本考虑和（2）部分成本考虑。

关于（1）：全部成本考虑以所有成本支出为基础。这意味着兼职培训师的成本也被考虑在内，特别是工作岗位培训以及部分的教学工场培训和企业内部培训。但是兼职培训师原本就是企业固定的专业人员。同样，培训管理费用也是企业人事管理的一部分。

关于（2）：即使企业不进行培训，企业也将承担兼职培训师和培训管理费用。因此，部分成本分析更加真实，它仅仅考虑了与培训直接相关的成本。这意味着兼职培训师和培训管理的成本不包括在内。以此降低了每位学员的年度平均净成本。

无论是全部成本还是部分成本，在小企业职业教育的成本更低。这些企业没有全职培训师，通常也没有教学工场和／或特殊培训室。

位于波恩的联邦职业教育研究所一直在统计职业教育成本。由于这些数字很快就会失去时效，因此在此处不作分析。这里参考的是联邦教育与研究部的年度职业教育报告。关于成本的一般性问题可以参考拜希特、瓦尔登和赫格特的论著（Beicht，Walden，Herget 2004）。

当以更加差异化的方式考虑受训者产生的收入时，净成本会进一步降低。在此区分职业教育的（1）直接收益和（2）间接收益具有意义（在下文中参考和拓展了 Cramer，Müller 1994 的观点）。

关于（1）：对于大型企业来说，直接收益包括那些受训者提供的直接有形的生产服务。比如在培训车间受训者按照顾客订单完成机器和设备的生产，或者将受训者安排到组装工位等。受训者的服务费用直接由客户支付，另外，专业部门受训者的生产收益也可以计算出来。

关于（2）：除了这种直接收益，职业教育还有间接收益，或者也称为机会收益。企业提供职业教育，可以创造以下可量化的机会收益。

通过自主培训降低了人员招聘成本。比如广告费用、招聘测试、招聘面谈、申请审核。

自主培训稳定了工资和薪酬结构，因为避免了在外部劳动力市场上招聘员工支付更高的工资和薪酬。这尤其适用于对专业工人的需求超过劳动力市场供应的情况。

自主培训可以节省入职培训成本。例如外部招聘的专业工人必须比自主培训的员工接受更长时间的入职培训。

此外，自主培训降低了资质适应的成本。通过完成企业内部职业教育，自主培训的专业工人已经具备企业特殊的知识、技能和能力，相比之下，外部招聘的专业工人需要更多的继续教育措施。

另外，还有其他机会收益，虽然较难计算，但客观存在。

开展职业教育的企业避免了错误的人事决策和由此产生的成本。如果自主培训专业工人，在职业教育过程中就可以观察到学徒的能力表现，以此能够判断他们对企业来说是否适合。

自主培训专业工人可以降低人员流动成本。经验表明，与外部招聘的专业工人相比，接受过自主培训的专业工人具有更高的企业认同感，相应地，员工流失的情况减少。

在熟练工人短缺的情况下，自主培训专业工人可以避免停机成本。从长远来看，自主培训的专业工人与外部招聘的专业工人之间可能存在业绩差异。

通过提供职业教育，企业在公众眼中的吸引力和形象能够得到提升。例如，企业借助职业教育发出信号，让人坚信它未来在市场上的存在。

在计算企业内职业教育的净成本时，除了学员产生的收入即直接收益，还必须考虑可量化的机会收益。这样的计算方法可以进一步显著地降低净成本。

一般来说，企业内职业教育的经济成本分析存在"收益困境"。职业教育的收益通常不会在短期内出现。事实证明，职业教育的收益对企业来说更具长期性质。在投资教育措施时，这样的收益是难以预测的。比如一个现代化的职业教育为工作导向的设计方案做好准备（第五章第一节），并为学习型组织铺平道路（第四章第三节）。再比如企业通过职业教育增强竞争力，并通过履行社会义务提升认可度。

企业继续教育的成本控制

在衡量企业继续教育的成功程度以及深入分析成本控制之前，需要为此主题创建一个参考框架。企业教育的业务领域归结为以下几个方面。

（1）咨询：

指的是在企业内进行过程咨询和过程伴随。例如，对某些工作岗位三角关系"技术—资质—工作组织"（第五章第一节）的设计提供支持。

（2）专业方面的继续教育：

这是一个极其重要的任务，处理的是技术、企业经济、数据处理、语言、工作方法等标准主题。

（3）职业教育：

上文已根据成本和收益对正规职业教育进行了探讨。

（4）高管发展：

这是另外一个极其重要的任务。例如，主持、会议技巧、冲突解决等主题研讨会，以及个人咨询、辅导和领导力建议。

（5）部门和组织发展：

与（1）相结合，聚焦于企业教育工作对学习型组织的贡献（第四章第三节）。

这五个业务领域被整合到两种企业培训模式当中，即 a）课程供应导向和 b）客户需求导向的企业培训模式。a）以课程供应为导向的企业培训也可以描述为一种企业—政策培训模式。例如，通过教育传达促进员工外语等人事政策方针。b）以客户需求为导向的企业培训，也可以理解为市场化的培训模式。它的定位基于客户需求，客户指的是企业部门或企业员工。对于资质提升而言，是否做到量身定制最为重要。因此，教育课程和教育服务按照客户需求进行提供。对企业内培训越来越注重成本和收益分析的情况下，培训是否以客户需求为导向成为关键考量因素。不过，课程供应导向和客户需求导向这两种模式也可以相互融合。

企业教育工作涉及不同的利益关切，（1）部门客户、（2）管理层和（3）教育系统分别遵循不同的指导方针。

（1）部门客户预期继续教育会带来好处，将使员工获得更高的生产力，提升经济或服务性能。（2）管理层主要考虑这一问题，即继续教育为确保企业或服务机构获得成功作出哪些贡献（创新方面）。教育应该为组织提供学习帮助，用以应对日益增加的灵活性（竞争方面）。教育应当促进员工的流动性（重组方面）。（3）教育系统以课程提供者、顾问、讲师或培训师为代表，从客户利益出发，并将客户利益与教育理念（教育目标）结合起来。虽然这些理念试图全部融入管理的理念，不过教育系统带有自身的视角，即努力提高员工的能力（参见第五章第一节）。教育是一个自主范畴，应该主要为员工本人服务。教育服务的目标群体也就是专业领域的客户，应该通过资质培训获得更多的安全保障。通过资质培训，目标群体能够获得自身发展的机会。

基于培训、讲授或研讨课程开展的继续教育是否成功，可以从两个方面进行鉴定。一方面，立刻安排考试来确定学习目标是否达成；另一方面，根据工作结果的改善来判断迁移是否成功。

研讨课程之后紧接着安排考试和测试，可以立刻知晓学习目标是否达成。如果研讨课程与资格证书相关联，或者面向晋升培训（例如工作设计、企业组织和企业发展协会［REFA］课程），那么这种做法尤其常见。特别常见的还有，在研讨课程结束之后立即和参与者进行交流评估。对研讨课程进行评估时，经常面向参与者发放简单问卷。基于评估量表，参与者在研讨课程结束后立即对各个项目进行评分。例如，关于课程资料内容、课堂氛围、学习环境、讲师或培训师的整体印象等，可以按照"1=非常好"到"7=非常差"的等级进行评估。在大学教学评估中，也经常由学生完成参与者问卷。此类问卷主要用于调查课程参与者的满意度。这种调查的特点是及时地、部分地完成了当下的评估。虽然这样的评估受情绪影响，并且缺少讲师、教练、培训师的角度，但它的优点也是显而易见的。在继续教育课程结束之后紧接着进行参与者问卷调查，具有可以快速执行的特点并获得初步的、粗略的效果判断。例如，如果评估结果非常负面，作为教育提供者会尽早得到警告，考虑是否进一步开展该活动，是否聘用该讲师、教练或者培训师。这样的警告后续可以跟进调查。

确定企业内部继续教育效果如何，后续步骤是检查迁移是否成功，也就是检查员工在接受培训之后工作结果的改善程度。为此，需要在培训结束后对工作绩效进行长期观察和衡量。可以向参加过培训的员工本人了解情况，以及对其上级进行询问。在此出现的问题是，认知领域的复杂学习目标难以衡量，行为领域（情感和社交）更是如此。长期教育理念是否实现很难判断，例如挖掘员工的资质潜力对学习型组织建设到底具有多少准备性、开拓性的价值？这里涉及课程教学和劳动指导质量管理中的问题，如第四章第三节所述（另见下文关于教育控制原则的问题）。

从迁移角度鉴定企业继续教育的效果，需要人员、财物和时间支出。也就是说，这种教育控制必须支付密集成本。因此，在实践中舍弃迁移控制并且采取替代做法，即在培训课程实施期间已经融入迁移保证。这意味着设计行动导向的研讨课程或遵循建构主义的学习方法（参见 Schelten 2004，第 176 页及以后各页）。

最后，在不区分职业教育和继续教育的情况下，就企业教育中的教育控制进行一般性讨论。

教育控制的原则

教育控制指的是，员工的个人资质提升与工作的具体要求相适应，员工的个人资质与企业的长期教育方案相适应。教育控制可以分为两种类型，一种是操作性的，一种是战略性的。

操作性教育控制指的是对教育过程进行可量化观察，从经济角度判断企业需要什么样的教育工作。战略性教育控制是定性的，主要检查教育工作的目标和重点是否与企业的理念目标一致。

在操作性教育控制中，教育工作采用指标形式记录。

指标如下。

● 以投入为导向的指标：

例如参与者的教育背景和知识准备，培训设备。

● 以数量为导向的指标：

例如教学活动的范围和结构、参与者人数和学时投入。

● 以成本为导向的指标：

例如每位员工的成本，根据成本类型、成本项和成本承担者进行计算。

● 以结果为导向的指标：

参与者满意度（评估量表值）、测试和考试结果以及培训中断率。

如果采用经济视角考量培训课程，教育控制需要回答一系列问题，尤其是下列问题较为常见。

- 关于成本：

教育控制需要投入时间、资金和人力，这尤其适用于诊断教育措施是否成功迁移。教育控制的投入和产出是相互关联的。

- 实证功能：

确定培训效果的关联数据很容易作为实证依据，支持基于"客观"标准的决策。

- 数量限制：

对于纯粹意义上的操作性教育控制来说，收集数据至关重要。如果收集的数据过多，则存在几乎不作分析的风险，并且误将教育控制本身作为目的。"数字崇拜"可能会出现，即过分强调信息的数量，而不是信息的意义或信息的目的。

- 归因问题：

这涉及教育控制的效度。例如，参与继续教育措施的某位学员在后来某个时间获得成功。这一成功即使归因于特定的教育措施，也仅是部分归因，教育措施之外的其他因素也应当包括在内。

- 效果衡量问题：

教育成功没有统一的衡量标准，因此也没有继续教育措施的跟进。课程教学和指导效果难以衡量，这一点可以参见第四章第三节关于质量管理执行的部分。由于培训措施结束后效果不能立刻显现，因此更加提升了效果衡量的难度。

- 只专注于正规教育：

例如继续教育研讨是受到教育控制的正式课程。非正式的工作措施（"基于工作的学习"）在计算支出时往往被忽视，例如工作岗位指导、员工的入职指导和工作岗位变动以及教育建议。

教育控制的基本目标应该是从操作性控制开始，然后转向战略性控制。对于企业内部培训来说，基于定量支持的定性考虑最为重要。

总结

在确定企业内职业教育的成本时，无论是基于全部成本还是部分成本分析，都必须从总成本中扣除受训者产生的收入，以此得出职业教育的净成本。

就收入而言，可以区分直接收益和间接收益。直接收益包括受训者提供的立即可以衡量的生产绩效。机会收益属于间接收益，包括可量化和不可量化两种。一般来说，企业通过职业教育获得竞争力，并通过承担社会义务提高认可度。

企业教育的业务领域被整合到以课程供应为导向、以客户需求为导向两种模式当中。企业教育工作涉及不同的利益关切：来自专业部门的客户、管理层和教育系统，他们遵循着不同的指导方针。

一方面，以培训、课程或研讨形式进行的继续教育的效果评估取决于学习目标控制和参与者问卷调查。另一方面，也会尝试根据工作结果的改善来确定迁移是否成功。为了实现这一目标，在培训课程中就应当保证迁移效果。

从原则上来说，教育控制区分为操作性控制与战略性控制。操作性控制对培训过程采用量化观察方式，并结合指标进行审视。战略性控制属于定性工作，检查培训工作的目标和重点是否与企业的理念目标一致。教育控制主要从经济角度考虑教学工作，它与许多问题有关：比如成本、实证功能、数量限制、归因问题、效果衡量问题、只专注于正规教育。在操作性教育控制的基础上，应当优先考虑战略性教育控制。

重要术语和概念

职业教育：

- 总成本
- 收益：直接收益和间接收益
- 净成本

- 全部成本考虑和部分成本考虑
- 间接收益：机会收益（优势收益）
- 可量化和不可量化的机会收益

继续教育：

- 企业教育业务领域
- 以客户需求为导向的企业培训
- 以课程供应为导向的企业培训
- 不同的利益关切：来自客户、管理层和教育系统
- 效果衡量：学习目标控制，参与者调查，迁移成功，培训课程的迁移保证
- 操作性教育控制（关键数据）
- 战略性教育控制
- 教育控制的问题

研究文献（精选文献）

Beicht, U., G. Walden, H. Herget: Kosten und Nutzen der betrieblichen Berufsausbildung in Deutschland, Bielefeld 2004 (Berichte zur beruflichen Bildung, Heft 264)

Teil II : Kosten der Ausbildung

Teil III : Nutzen der Ausbildung

（U. 拜希特，G. 瓦尔登，H. 赫格特：《德国企业内职业教育的成本和收益》，比勒费尔德，2004［《职业教育报告》，第 264 期］

第 II 部分：职业教育的成本

第 III 部分：职业教育的收益）

Bergmann, B.: Training für den Arbeitsprozess: Entwicklung und Evaluation aufgaben- und zielgruppenspezifischer Trainingsprogramme, Zürich 1999

Kap. 7: Trainingsevaluation

（B. 贝格曼：《工作过程培训：制订和评估针对特定任务和目标群体的培训方案》，苏黎世，1999

章 7：培训评估）

Falk, R.: Betriebliches Bildungsmanagement: Arbeitsbuch für Studium und Praxis, Köln 2000

    Kap. 8: Bildungscontrolling

    Kap. 9: Bildungsmarketing und Qualitätsmanagement

（R. 法尔克:《企业教育管理：研究与实践手册》，科隆，2000

    章 8：教育控制

    章 9：教育营销与质量管理）

Pieler, D.: Weiterbildungscontrolling, Wiesbaden 2000

（D. 皮勒:《继续教育控制》，威斯巴登，2000）

参考文献 [1]

Achtenhagen, F., T. Tramm: Übungsfirmenarbeit als Beispiel handlungsorientierten Lernens in der kaufmännischen Berufsbildung, in: C. K. Friede, K. Sonntag (Hrsg.), Berufliche Kompetenz durch Training, Heidelberg 1993, S. 161–184.

Adler, M.:Telekommunikatives Lernen in der beruflichen Bildung, Berlin 2004.

Anochin, P. K.: Physiologie und Kybernetik, in: Kybernetik und Praxis: Neue Beiträge, Berlin (Ost) 1963, S. 148–188 (Taschenbuchreihe Unser Weltbild, Bd. 36).

Anochin, P. K.: Das funktionelle System der Grundlage der physiologischen Architektur des Verhaltensaktes, Jena 1967 (Abhandlungen aus dem Gebiet der Hirnforschung und Verhaltensphysiologie, Bd. 1).

Anochin, P. K.: Beiträge zur allgemeinen Theorie des funktionellen Systems, Jena 1978 (Abhandlungen aus dem Gebiet der Hirnforschung und Verhaltensphysiologie, Bd. 8).

Baitsch, Ch., F. Frei: Qualifizierung in der Arbeitstätigkeit, Bern 1980 (Schriften zur Arbeitspsychologie, Nr. 30).

Baitsch, Ch., F. Frei, W. Duell, R. Casanova: Qualifizierende Arbeitsgestaltung: Bericht über zwei Veränderungsprojekte, Bd. 2, Lehrstuhl für Arbeits- und Betriebspsychologie der Eidgenössischen Technischen Hochschule Zürich 1983 (Manuskriptdruck).

Bauer, K. H., A. Schelten: Unterweisungsplan für eine sensumotorische Arbeitsaufgabe: Ein Beispiel für eine Unterweisungsübung in der REFA-Ausbildung, in: REFA Aus- und Weiterbildung 5(1993)2, S. 25–28.

Bauer, H. G., F. Böhle, C. Munz, S. Pfeiffer, P. Woike: Hightech-Gespür: Erfahrungsgeleitetes Arbeiten und Lernen in hochtechnisierten Arbeitsbereichen, Bielefeld 2002 (Berichte zur beruflichen Bildung, Heft 253).

Bayerische Staatskanzlei, Wissenschaftlich-Technischer Beirat der Bayerischen Staatsregierung (Hrsg.): Arbeits- und Unternehmensstrukturen der Zukunft, München 2003.

---

[1] 本书正文引用的所有文献都列在此处。参考文献原文后附上翻译，以便读者对照查找。——译者

Beicht, U., G. Walden, H. Herget: Kosten und Nutzen der betrieblichen Berufsausbildung in Deutschland, Bielefeld 2004 (Berichte zur beruflichen Bildung, Heft 264).

Bellack, A. A., u. a.: Die Sprache im Klassenzimmer, Düsseldorf 1974.

Bergmann, B., J. Wiedemann: Lernbedarfsanalysen bei der Störungsdiagnose und- behebung in der flexibel automatisierten Fertigung, in: Zeitschrift für Arbeitswissenschaft 48(1994)4, S. 217–224.

Bergmann, B.: Training für den Arbeitsprozess: Entwicklung und Evaluation aufgaben- und zielgruppenspezifischer Trainingsprogramme, Zürich 1999.

Beyerle, P.: Das methodische Vorgehen bei der Arbeitsunterweisung, in: J. Riedel, Arbeitsunterweisung, 6. überarb. u. erw. Aufl., München 1961, S. 67–86 (Das REFA-Buch, Bd. 4).

Beyerle, P.: Das Lehrgespräch: Die Technik des gelenkten Gesprächs mittels der Konferenzmethode, Berlin 1967 (Sonderheft der REFA-Nachrichten).

Biäsch, H.: Das Anlernen und Umschulen von Hilfsarbeitern in der Industrie: Eine Anleitung zur Einführung von Instruktoren, Bern 1953 (Schriften zur Arbeitspsychologie, Nr. 1).

Bielenberg, K. M.: Der kontinuierliche Problemlösungsprozess: Konzepte– Schwachstellenanalysen – Optimierungsansätze, Wiesbaden 1996.

Birbaumer, N., R. F. Schmidt: Biologische Psychologie, 4. Aufl., Berlin 1999 (Neuauflage, Berlin 2002).

Bonz, B.: Methoden der Berufsbildung: Ein Lehrbuch, Stuttgart 1999.

Borretty, R., R. Fink, H. Holzapfel, U. Klein: PETRA Projekt- und transferorientierte Ausbildung: Grundlagen, Beispiele, Planungs- und Arbeitsunterlagen, Berlin, München: Siemens AG 1988.

Bromberger, N.: Anforderungen an Kriterienkataloge zur Beurteilung von Lernsoftware aus technischer und praktischer Sicht, in: Esser, F. H., M. Twardy, K. Wilbers: E-Learning in der Berufsbildung, Köln 2000.

Bullinger, H.-J., W. Kohl: Higher qualifications in new work structures–development and testing of new industrial qualification procedures, in: Int. J Prod. Res. 21(1983)1, p.1–15.

Bunk, G. P.: Erziehung und Industriearbeit: Modelle betrieblichen Lernens und Arbeitens Erwachsener, Weinheim 1972.

Bunk, G. P.: Revision der kaufmännischen Berufsausbildung: Ein Beitrag zur didaktischmethodologischen Ausbildung der Ausbilder, Heidelberg 1974.

Bussing, A., J. Glaser: Zusammenhänge zwischen Tätigkeitsspielräumen und Persönlichkeitsförderung in der Arbeitstätigkeit, in: Zeitschrift für Arbeits- und Organisationspsychologie 35(1991)3, S. 122–136.

Bussing, A., J. Glaser: Qualifikationserfordernisse und Qualifikationsmöglichkeiten als gesundheits- und persönlichkeitsfördernde Merkmale in der Arbeitstätigkeit, in: Zeitschrift für Arbeits- und Organisationspsychologie 37(1993)4, S. 154–162.

Cramer, G., K. Müller: Nutzen der betrieblichen Berufsbildung, Köln 1994.

Cramer, G. (Hrsg.): Jahrbuch Ausbildungspraxis 2004, Köln 2004.

Czaja, S. J.: Human factors in office automation, in: G. Salvendy, (Ed.), Handbook of Human Factors, New York, S. 1587–1616 (zitiert nach Ulich 2001).

Dedering, H.: Pädagogik der Arbeitswelt, Weinheim 1998.

Dehnbostel, P.: Ziele und Inhalte dezentraler Berufsbildungskonzepte, in: P. Dehnbostel, H. Holz, H. Novak (Hrsg.), Lernen für die Zukunft durch verstärktes Lernen am Arbeitsplatz: Dezentrale Aus- und Weiterbildungskonzepte in der Praxis, Berlin 1992 (Berichte zur beruflichen Bildung, Heft 149).

Dehnbostel, P.: Konzepte für eine dezentrale Berufsbildung, in: Berufsbildung in Wissenschaft und Praxis 22(1993)3, S. 3–9.

Dehnbostel, P.: Erschließung und Gestaltung des Lernorts Arbeitsplatz, in: Berufsbildung in Wissenschaft und Praxis 23(1994)1, S. 13–18.

Dehnbostel, P.: Den Arbeitsplatz als Lernort erschließen und gestalten, in: Grundlagen der Weiterbildung 14(2003)1, S. 5–9.

Dehnbostel, P., G. Pätzold: Lernförderliche Arbeitsgestaltung und die Neuorientierung betrieblicher Bildungsarbeit, in: P. Dehnbostel, G. Pätzold (Hrsg.): Innovationen und Tendenzen der betrieblichen Berufsbildung, Stuttgart 2004, S. 19–30 (Beiheft 18, Zeitschrift für Berufs- und Wirtschaftspädagogik.

Dehnbostel, P.: Arbeit lernförderlich gestalten – theoretische Aspekte und praktische Umsetzungen, in: lernen und lehren 19(2004)76, S. 148–156.

Dostal, W.: Bildung und Beschäftigung im technischen Wandel: Bildungsökonomische und arbeitsmarktpolitische Rahmenbedingungen des technischen Wandels am Beispiel der elektronischen Datenverarbeitung und der Mikroelektronik, Nürnberg 1982 (Beiträge zur Arbeitsmarkt- und Berufsforschung, Bd. 65).

Dörschel, A.: Arbeitspädagogik, Berlin 1972 (Ausbildung und Fortbildung, Bd. 7).

Duell, W.: Humanisierung der Arbeit und Kompetenzentwicklung, in: Zeitschrift für Berufsund Wirtschaftspädagogik 81(1985)1, S. 36–46.

Duell, W., F. Frei, unter Mitarbeit v. A. Alioth, Ch. Baitsch, E. Ulich: Leitfaden für qualifizierende Arbeitsgestaltung, Köln 1986.

Duscheleit, S.: Arbeitspädagogische Maßnahmen auf der Grundlage der psychologischen Handlungstheorie: Darstellung ausgewählter Beispiele und kritische Einschätzung, in: Zeitschrift für Berufs- und Wirtschaftspädagogik, 79(1983)3, S. 163–174.

Eisenführ, F.: Unternehmensspiele in Ausbildung und Forschung, Wiesbaden 1974.

Erbe, H.-H.: Simulation versus Lernen im Arbeitsprozess im gewerblich-technischen

Bereich, in: P. Diepold, A. Kell (Hrsg.), Entwicklungen in der Berufsausbildung, Beiheft 11, Zeitschrift für Berufs- und Wirtschaftspädagogik, Stuttgart 1992, S. 110–116.

Erpenbeck, J., L. v. Rosenstiel (Hrsg.): Handbuch Kompetenzmessung: Erkennen, verstehen und bewerten von Kompetenzen in der betrieblichen, pädagogischen und psychologischen Praxis, Stuttgart 2003.

Euler, D., A. Hahn: Wirtschaftsdidaktik, Bern 2004.

Falk, R.: Betriebliches Bildungsmanagement: Arbeitsbuch für Studium und Praxis, Köln 2000.

Fischer, H.-P., H. Merkel, R. Walz: Projektorientierte Fachbildung im Berufsfeld Metall: Ein Gestaltungsansatz der Lernorganisation im Werk Gaggenau der Daimler-Benz AG, Berlin 1982 (Modellversuche zur beruflichen Bildung, Heft 9).

Fix, W.: Intensives Lernen durch die Projektmethode: Dargestellt an Modellversuchen der Zahnradfabrik Friedrichshafen AG, in: Die berufsbildende Schule 33(1981)9, S. 496–504.

Fix, W.: Merkmale und Entwicklung der Projektmethode, in: Berufsbildung in Wissenschaft und Praxis 13(1984)3, S. 81–84.

Fix, W.: Juniorenfirmen: Ein innovatives Konzept zur Förderung von Schlüsselqualifikationen, Berlin 1989 (Ausbildung-Fortbildung-Personalentwicklung, Bd. 29).

Flicke, O. B.: Lernprozesse und Partizipation bei Arbeitsstrukturierung: Ein arbeitspädagogischer Beitrag zur Humanisierung der Arbeitswelt, Frankfurt a. M. 1979 (Beiträge zur Arbeits-, Berufs- und Wirtschaftspädagogik, Bd. 1).

Franke, G., M. Kleinschmitt, unter Mitarbeit von H. Borch und M. Fischer: Der Lernort Arbeitsplatz: Eine Untersuchung der arbeitsplatzgebundenen Ausbildung in ausgewählten elektrotechnischen Berufen der Industrie und des Handwerks, Berlin 1987 (Schriften zur Berufsbildungsforschung, Bd. 65).

Franke, G., M. Kleinschmitt, unter Mitarbeit von Marlies Fischer: Ansätze zur Intensivierung des Lernens am Arbeitsplatz, hrsg. vom Bundesinstitut für Berufsbildung, Berlin 1987a (Berichte zur beruflichen Bildung, Heft 90).

Franke, G.: Ansätze zur Bewertung des Arbeitshandelns, in: A. Kell, A. Lipsmeier (Hrsg.), Lernen und Arbeiten, Stuttgart 1989 (Beiheft 8 zur Zeitschrift für Berufs- und Wirtschaftspädagogik), S. 135–145.

Franke, G.: Training und Lernen am Arbeitsplatz, in: C. K. Friede, K. Sonntag (Hrsg.), Berufliche Kompetenz durch Training, Heidelberg 1993 (Schriftenreihe moderne Berufsbildung, Bd. 14), S. 85–99.

Franke, G. (Hrsg.): Strategisches Handeln im Arbeitsprozess: Mit einer empirischen Studie zum Komplexitätsmanagement von Fach- und Führungskräften im Tätigkeitsfeld

Absatzwirtschaft/Marketing, Bielefeld 1999.

Franke, G.: Erfahrung und Kometenzentwicklung, in: P. Dehnbostel, W. Markert, H. Novak (Hrsg.), Erfahrungslernen in der beruflichen Bildung – Beiträge zu einem kontroversen Konzept, Neusäß 1999, S. 54–70.

Franke, G., R. Selka (Hrsg.): Strategische Handlungsflexibilität, Bd. 1: Grundlagen für die Entwicklung von Trainingsprogrammen, Bielefeld 2003a.

Franke, G., R. Selka (Hrsg.): Strategische Handlungsflexibilität, Bd. 2: Komplexität erkennen und bewältigen – Training für komplexe berufliche Handlungssituationen, Bielefeld 2003b.

Franke, G., R. Selka (Hrsg.): Strategische Handlungsflexibilität, Bd. 3: Analysieren – Modellieren – Entscheiden, Training für komplexe berufliche Handlungssituationen, Bielefeld 2005.

Frei, F., W. Duell, Ch. Baitsch: Arbeit und Kompetenzentwicklung: Theoretische Konzepte zur Psychologie arbeitsimmanenter Qualifizierung, Bern 1984a (Schriften zur Arbeitspsychologie, Nr. 39).

Frei, F., M. Hugentobler, A. Alioth, W. Duell, L. Ruch: Die kompetente Organisation: Qualifizierende Arbeitsgestaltung – die europäische Alternative, Stuttgart 1993 (Neuauflage Zürich 1996).

Fulda, W., H. Meyer, E.-G. Schilling, E. Uhe: Berufsausbildung in Mittelbetrieben: Eine Untersuchung betrieblicher Lehr- und Lernprozesse, Alsbach 1994.

Gaudig, H.: Freie geistige Schularbeit in Theorie und Praxis, Breslau 1922.

Geuther, Heinze, Siemon: Ratgeber für Lernausbilder: Anleitungsmaterial zur Gestaltung des berufspraktischen Unterrichts für Lehrkräfte ohne pädagogische Ausbildung, hrsg. v. Zentralinstitut für Berufsbildung der DDR, 4. Aufl., Berlin (Ost) 1984.

Geuther, E., u. a.: Ergebnisse der Untersuchung zur effektiven Übungsgestaltung im berufspraktischen Unterricht, in: Forschung der sozialistischen Berufsbildung 19(1985)5, S. 181–193.

Geuther, E., G. Siemon, A. Weigert: Ratschläge für Unterweisungen und Übungen im berufspraktischen Unterricht, Berlin (Ost) 1987, (Ratschläge Sozialistische Berufsbildung).

Geißler, Kh. A., S. Laske, A. Orthey (Hrsg.): Handbuch Personalentwicklung: Konzepte, Methoden und Strategien: Beraten, Trainieren, Qualifizieren, Köln 2005 (mit fortlaufenden Ergänzungs-lienfgeernu in Loseblattform).

Grimm, J., W. Grimm: Deutsches Wörterbuch, 11 Bd., Ⅲ. Abteilung, bearb. v. K. Euling, Leipzig 1936.

Gonon, P.: Georg Kerschensteiner: Begriff der Arbeitsschule, Darmstadt 2002.

Hacker, W.: Allgemeine Arbeits- und Ingenieurpsychologie: Psychische Strukturen und

Regulation von Arbeitstätigkeiten, 3. durchgesehene u. erg. Aufl., Berlin (Ost) 1980.

Hacker, W.: Arbeitspsychologie: Psychische Regulation von Arbeitstätigkeiten, Neufassung von „Allgemeine Arbeits- und Ingenieurpsychologie", Bern 1986 (Schriften zur Arbeitspsychologie Nr. 41) (Neuauflage Göttingen 1998).

Hacker, W., W. Skell: Lernen in der Arbeit, hrsg. vom Bundesinstitut für Berufsbildung, Berlin 1993.

Hacker, W.: Allgemeine Arbeitspsychologie: Psychische Regulation von Arbeitstätigkeiten, Bern 1998.

Heinze, K., u. a.: Der Unterrichtsprozess in der Berufsausbildung, hrsg. v. Zentralinstitut für Berufsbildung der DDR, 2. Aufl., Berlin (Ost) 1984.

Hoff, E.-H., W. Lempert, L. Lappe: Persönlichkeitsentwicklung in Facharbeiterbiographien, Bern 1991 (Schriften zur Arbeitspsychologie, Nr. 50).

Hohenstein, A., K. Wilbers (Hrsg.): Handbuch E-Learning: Expertenwissen aus Wissenschaft und Praxis, Köln 2005.

Höpfner, H.-D.: Untersuchungen zum Einsatz heuristischer Regeln beim Üben im berufspraktischen Unterricht, in: Forschung der sozialistischen Berufsbildung 17(1983)1, S. 28–33.

Höpfner, H.-D., W. Skell: Zur Systematisierung von Formen der Übung kognitiver Prozesse – Klassifikationsgesichtspunkte und Darstellung entscheidender Variabler, in: Forschung der sozialistischen Berufsbildung 17(1983a)4, S. 161–165.

Höpfner, H.-D., P. Hübel: Herausbildung und Festigung positiver Lern- und Arbeitsgewohnheiten im Unterricht der Berufsausbildung, in: Berufsbildung 38(1984)10, S. 438–440.

Höpfner, H.-D.: Entwicklung selbständigen Handelns in der beruflichen Aus- und Weiterbildung: Ein auf der Theorie der Handlungsregulation begründetes didaktisches Modell, hrsg. vom Bundesinstitut für Berufsbildung, Berlin 1991 (Berichte zur beruflichen Bildung, Heft 142).

Hopf, B.: Bürosimulation im Rahmen der kaufmännische Grundbildung, Hannover 1974 (Schriften zur Berufsbildungsforschung, Bd. 9).

Huber, M., U. Hubner: Betriebswirtschaftslehre erleben – Ein zeitgemäßes Modell fachorientierter Personalentwicklung, 13. Ergänzungslieferung 1993, in: K. A. Geißler, G. v. Landsberg, M. Reinartz (Hrsg.), Handbuch Personalentwicklung und Training: Ein Leitfaden für die Praxis, Loseblattsammlung mit fortlaufender Ergänzung, Grundwerk, Köln 1990, 7.1.6.0.

Kaiser, F.-J.: Entscheidungstraining: Die Methoden der Entscheidungsfindung: Fallstudie Simulation – Planspiel, 2. erw. u. verb. Aufl., Bad Heilbrunn/Obb. 1976.

Kaiser, F.-J. (Hrsg.): Die Fallstudie: Theorie und Praxis der Fallstudiendidaktik, Bad

Heilbrunn/Obb. 1983.

Kern, H., M. Schumann: Das Ende der Arbeitsteilung? Rationalisierung in der industriellen Produktion: Bestandsaufnahme, Trendbestimmung, München 1984.

Kerschensteiner, G.: Begriff der Arbeitsschule, 17. unveränderte Aufl., hrsg. v. J. Dolch, München, Stuttgart 1969.

Kipp, M.: Arbeitspädagogik in Deutschland: Johannes Riedel: Ein Beitrag zur Geschichte und Theorie der beruflichen Ausbildung – mit einer Riedel-Bibliographie, Hannover 1978.

Kirchhoff, B., P. Gutzan: Die Lernstatt: Effektiver lernen vor Ort, Grafenau/Württ. 1982.

Kleist, H.v.: Über die allmähliche Verfertigung der Gedanken beim Reden, Brief an Rühle von Lilienstein 1805/1806, in: Müller-Salget, K. (Hrsg.): Heinrich von Kleist: Sämtliche Werke und Briefe in vier Bänden, Frankfurt/Main 1990, Band 3: Erzählungen, Anekdoten, Gedichte, Schriften, S. 534–540.

Klingberg, L.: Einführung in die Allgemeine Didaktik: Vorlesungen Frankfurt a. M., o. J.

Kluge, F., A. Götze: Etymologisches Wörterbuch der deutschen Sprache, 16. Aufl., Berlin 1953.

Koch, J., E. Neumann, P.-J. Schneider: Das Lehr-/Lernsystem Hobbymaschine: Ergebnisse des Modellversuches „Entwicklung und Erprobung eines lernzielorientierten Diagnose- und Stützsystems ...", Berlin 1983 (Modellversuche zur beruflichen Bildung, Heft 15).

Koch, J., R. Selka: Leittexte – ein Weg zu selbständigem Lernen, hrsg. vom Bundesinstitut für Berufsbildung, Teilnehmer-Unterlagen, Referentenleitfaden, Veranstalter-Info, 2. völlig überarb. Aufl., Berlin 1991(Seminarkonzepte zur Ausbilderförderung).

Kofer, U.: Ermittlung von Handlungsstrategien komplexer Arbeitstätigkeiten als Grundlage für die Konzeption von Schulungsmaßnahmen, Dissertation, Technische Universität München, Lehrstuhl für Pädagogik, München 1993.

Kohl, W.: Die kombinierte Unterweisung, Stuttgart 1982a (Manuskriptdruck, Beiträge zur Arbeitspädagogik, Arbeitspsychologie, Arbeitssoziologie, hrsg. v. H.-J. Warnecke, H. J. Bullinger, Fraunhofer-Gesellschaft, Institut für Arbeitswirtschaft und Organisation).

Kohl, W.: Neue Qualifizierungsmethoden in der Industrie – Ein Beitrag zur Minimierung von Problemen und Risiken betriebsüblicher Qualifizierung – (Bericht aus den AEG-Projekten), Stuttgart 1982b (Manuskriptdruck, Beiträge zur Arbeitspädagogik, Arbeitspsychologie, Arbeitssoziologie, hrsg. v. H.-J. Warnecke, H. J. Bullinger, Fraunhofer-Gesellschaft, Institut für Arbeitswirtschaft und Organisation).

Konradt, U.: Analyse von Strategien bei der Störungsdiagnose in der flexibel automatisierten Fertigung, Dissertation, Ruhr Universität Bochum 1991.

Kröll, W., U. u. G. Schubert, J. Rottluff: Mehr Selbständigkeit und Teamarbeit in der Berufsausbildung: Selbststeuerung von Lernprozessen in der Ausbildungspraxis der

Ford-Werke AG, Berlin 1984 (Modellversuche zur beruflichen Bildung, Heft 18).

Langer, J., F. Schulz von Thun, R. Schulz: Sich verständlich ausdrücken, 7. überarbeitete und erweiterte Aufl., München 2002.

Leitner, K., u.a.: Analyse psychischer Anforderungen und Belastungen in der Büroarbeit: Das RHIA/VERA-Büro-Verfahren, Handbuch, Manual und Antwortblätter, Göttingen 1993.

Maier, B.: Technik und Arbeitswelt, Köln 1984 (Grundwissen: Technik und Gesellschaft, Bd. 18).

Matern, B.: Lern- und arbeitspsychologische Voraussetzungen einer Trainingsmethodengestaltung, in: Berufsbildung 34(1980a)5, S. 236–238.

Matern, B.: Psychologische Gesichtspunkte einer Trainingsmethodengestaltung, in: Berufsbildung 34(1980b)6, S. 285–289.

Meinel, K., G. Schnabel: Bewegungslehre: Abriss einer Theorie der sportlichen Motorik unter pädagogischem Aspekt, 2. Aufl., Berlin (Ost) 1977 (Neuauflage, München 2004).

Meischner, I.: Biologische Grundlagen psychischer Vorgänge und Leistungen, in: H. Kulka (Hrsg.), Arbeitspsychologie für die industrielle Praxis, Berlin (Ost), 1969, S. 52–74.

Meyer, H.: Unterrichtsmethoden, Bd. II: Praxisband, Frankfurt a. M. 1987 (Neuauflage, Frankfurt a. M. 2000).

Michel, L.: Wunsch und Wirklichkeit – E-Learning in KMU, in: Zinke, G., M. Härtel (Hrsg.): E-Learning: Qualität und Nutzerakzeptanz sichern, Bonn 2004, S. 105–114.

Miller, G. A., E. Galanter, K. H. Pribram: Strategien des Handelns: Pläne und Strukturen des Verhaltens, 2. Aufl., Stuttgart 1991 (1. Aufl. 1973).

Mitzka, W.: Trübners Deutsches Wörterbuch, 5. Bd., Berlin 1954.

Müller, K., A. Sengewald: Die integrative Ausbildungskonzeption der AEG, in: Technische Innovation und Berufliche Bildung (TIBB) (1988)3, S. 81–89.

Neuweg, G. H.: Könnerschaft und implizites Wissen, Münster 1999.

Oesterreich, R.: Handlungsregulation und Kontrolle, München 1981.

Oesterreich, R., W. Volpert (Hrsg.): VERA Version 2: Arbeitsanalyseverfahren zur Ermittlung von Planungs- und Denkanforderungen im Rahmen der RHJA-Anwendung, Teil I Handbuch, Teil II Manual, Berlin 1991.

Oesterreich, R., K. Leitner, M. Resch: Analyse psychischer Anforderungen und Belastungen in der Produktionsarbeit. Das Verfahren RHIA/VERA-Produktion, Handbuch, Manual und Antwortblätter, Göttingen 2000.

Olbert, S.: Qualifizierungsmaßnahmen für Arbeitskräfte in Produktionslinien: eine Analyse und Optimierungsvorschläge aus arbeitspädagogischer Sicht. Wissenschaftliche Hausarbeit zur Ersten Staatsprüfung für das Lehramt an beruflichen Schulen, Lehrstuhl für Pädagogik, Technische Universität München (Betreuer A. Schelten), München 2005.

Osterkamp, K.: Das „Lernstatt-Konzept" als ein Modell betrieblicher Erwachsenenbildung, Diplomarbeit, Institut für Berufs- und Wirtschaftspädagogik, Universität Hamburg 1984 (Maschinenschrift).

Palme, K.: Untersuchung von Arbeitsunterweisungsmethoden an produktiven Arbeitsplätzen anhand von Beispielen aus Betrieben der verarbeitenden Industrie, Berlin 1969.

Pätzold, G.: Lehrmethoden in der beruflichen Bildung, Heidelberg 1993.

Picot, A., R. Reichwald, R. T. Wigand: Die grenzenlose Unternehmung: Information, Organisation und Management: Lehrbuch zur Unternehmensführung im Informationszeitalter, 5. Auflage, Wiesbaden 2003.

Pieler, D.: Weiterbildungscontrolling, Wiesbaden 2000.

REFA-Verband für Arbeitsstudien: Methodenlehre des Arbeitsstudiums, Teil 6: Arbeitsunterweisung, München 1975 (Hauptautor: G. P. Bunk).

REFA-Verband für Arbeitsstudien und Betriebsorganisation: Methodenlehre der Betriebsorganisation: Arbeitspädagogik, 3. Aufl., München 1991 (Autor: G. P. Bunk).

Reichwald, R., G. Hesch: Der Mensch als Produktionsfaktor oder Träger ganzheitlicher Produktion? Menschenbilder im Wandel der Betriebswirtschaftslehre, in: K. Weis (Hrsg.), Bilder vom Menschen in Wissenschaft, Technik und Religion, München 1993 (FAK-TUM-Fakten, Analysen, Konzeptionen, Eine Reihe wissenschaftlicher Veröffentlichungen der Technischen Universität München), S. 429–460.

Reinisch, H.: Planspiel und wissenschaftspropädeutisches Lernen, Hamburg 1980 (Hochschuldidaktische Forschungsberichte, Bd. 14).

Reinmann, G., H. Mandl (Hrsg.): Psychologie des Wissensmanagement: Perspektiven, Theorien und Methoden, Göttingen 2004.

Resch, M.: Die Handlungsregulation geistiger Arbeit: Bestimmung und Analyse geistiger Arbeitstätigkeiten in der industriellen Produktion, Bern, 1988 (Schriften zur Arbeitspsychologie, Nr. 45).

Resch, M.: Arbeitsanalyse im Haushalt: Erhebung und Bewertung von Tätigkeiten außerhalb der Erwerbsarbeit mit dem AVAH-Verfahren, Zürich 1999.

Riedel, J.: Grundfragen der Arbeitserziehung, 2. Aufl., Stuttgart 1940.

Riedel, J., unter Mitwirkung von P. Beyerle: Arbeitsunterweisung, 6. überarb. u. erw. Aufl., München 1961 (Das REFA-Buch, Bd. 4).

Riedel, J.: Arbeiten und Lernen, Braunschweig 1962.

Riedel, J.: Einführung in die Arbeitspädagogik, Braunschweig 1967.

Riedl, A.: Didaktik der beruflichen Bildung, Stuttgart 2004.

Riedl, A.: Grundlagen der Didaktik, Stuttgart 2004.

Rohmert, W., J. Rutenfranz, E. Ulich: Das Anlernen sensumotorischer Fertigkeiten, 2. Aufl., Frankfurt a. M. 1974 (Wirtschaftliche und soziale Aspekte des technischen Wandels in der Bundesrepublik Deutschland, Bd. 7).

Rohmert, W.: Umdruck zur Vorlesung Arbeitswissenschaft I, 14. berichtigte und erweiterte Aufl., Darmstadt 1984 (Manuskriptdruck, Institut für Arbeitswissenschaft der Technischen Hochschule Darmstadt).

Rohmert, W., A. Rückert, B. Klein: Die Rolle der Pädagogik in der Arbeitswissenschaft, in: Zeitschrift für Arbeitswissenschaft 44(1990)2, S. 75–81.

Rohn, W. E.: Das Planspiel in der beruflichen Weiterbildung, in: REFA Aus- und Weiterbildung 3(1991)2, S. 17–21.

Rosenstiel, L. v.: Grundlagen der Organisationspsychologie: Basiswissen und Anwendungshinweise, 5. Aufl., Stuttgart 2003.

Rottluff, J.: Selbständig lernen: Arbeiten mit Leittexten, Weinheim 1992.

Ruschel, A.: Arbeits- und Berufspädagogik für Ausbilder in Handlungsfeldern, Ludwigshafen (Rhein) 1999.

Rühle, R.: Kognitives Training in der Industrie: Aufdeckung und Vermittlung psychischer Regulationsgnrudlagen von Arbeitstätigkeiten, insbesondere der Mehrstellenarbeit, Berlin (Ost) 1988.

Schaper, N.: Die Analyse komplexer Diagnoseaufgaben für Trainingszwecke am Beispiel der Fehlersuche in flexibel automatisierten Fertigungssystemen, Dissertation, Universität Gesamthochschule Kassel 1994.

Scharringhausen, H., A. Schelten: Simulatives Lernen in der Schiffsführung, in: Zeitschrift für Berufs- und Wirtschaftspädagogik 83(1987)8, S. 712–718.

Scheibner, O.: Arbeitsschule in Idee und Gestaltung, 5. Aufl., Heidelberg 1962.

Schelten, A.: Lernstile im Unterricht: Contentanalytische Erfassung des kognitiven Niveaus unterrichtlicher Interaktion, Diss., Gießen 1976, unter gleichem Titel in: K. J. Klauer, H. J. Kornadt (Hrsg.), Jahrbuch für Empirische Erziehungswissenschaft 1977, Düsseldorf 1977, S. 211–254.

Schelten, A.: Motorisches Lernen in der Berufsausbildung, Habilitationsschrift, Justus-Liebig-Universität Gießen, 1982 (Maschinenschrift, Fachbereich Erziehungswissenschaften, Institut für Arbeits-, Berufs- und Wirtschaftspädagogik).

Schelten, A.: Motorisches Lernen in der Berufsausbildung, Frankfurt a. M. 1983a (Beitrage zur Arbeits-, Berufs- und Wirtschaftspädagogik, Bd. 4).

Schelten, A.: Unterricht und Unterweisung, in: Zeitschrift für Berufs- und Wirtschaftspädagogik 79(1983b)2, S. 83–91.

Schelten, A.: Technischer Wandel und Berufsbildung, in: Pädagogische Rundschau

39(1985)2, S. 187–201.

Schelten, A. unter Mitarbeit von Gündling, H.: Die Sprache des Unterweisers, in Zeitschrift für Arbeitswissenschaft 40 (1986), S. 234–239.

Schelten, A.: Einführung in die Berufspädagogik, 2. durchgesehene unde rweiterte Aufl., Stuttgart 1994.

Schelten, A.: Grundlagen der Arbeitspädagogik, 3. neubearbeitete und erweiterte Aufl., Stuttgart 1995.

Schelten, A.: Testbeurteilung und Testerstellung: Grundlagen der Teststatistik und Testtheorie für Pädagogen und Ausbilder in der Praxis, 2. Aufl., Stuttgart 1997.

Schelten, A.: Begriffe und Konzepte der berufspädagogischen Fachsprache: eine Auswahl, Stuttgart 2000.

Schelten, A.: Über den Nutzen der Handlungsregulationstheorie für die Berufs- und Arbeitspädagogik, in: Pädagogische Rundschau 56(2002)6, S. 621–630.

Schelten, A.: Einführung in die Berufspädagogik, 3. vollständig neu bearbeitete Aufl., Stutgart 2004.

Schelten, A.: Berufsmotorisches Lernen in der Berufsbildung, in: B. Bonz (Hrsg.): Didaktik der beruflichen Bildung, 2. Aufl., Baltmannsweiler 2005 (Druck in Vorbereitung).

Schmidt, R. F. (Hrsg.): Grundriss der Neurophysiologie, korr. Nachdr. d. 4., neubearb., erg Aufl. Berlin 1979 (Heidelberger Taschenbücher, Bd. 96) (Neuauflage, Bonn 1987).

Schurer, B.: Gegenstand und Struktur der Lernhandlung: Ein Beitrag zu einer lernerzentrierten Didaktik unter besonderer Berücksichtigung des arbeitsmotorischen Lernens, Bergisch Gladbach 1984.

Schwegler, J.S.: Der Mensch – Anatomie und Physiologie. 2. neubearb. Aufl., Stuttgart 1998 (Neuauflage, Stuttgart 2002).

Semmer, N. K., W. Barr, G. Steding: Unterweisungen in der betrieblichen Praxis: Von den Schwierigkeiten des guten Erklärens, in: Zeitschrift für Arbeits- und Organisationspsychologie 44 (2000)4, S. 211–228.

Senge, P. M.: The Fifth Discipline: The Art and Practice of the Learning Organzation, New York 1990 (dt. Die fünfte Disziplin: Kunst und Praxis der lernenden Organisation, Stuttgart 1996).

Setulla, R., W. Weber Lernstatt bei Hoechst, in: D. Dunkel (Hrsg.), Lernstatt: Modelle und Aktivitäten deutscher Unternehmen, Köln 1983, S. 40–46.

Severing, E.: Gestaltungsansätze für E-Learning in KMU, in: Zinke, G., M. Härtel (Hrsg.): E-Learning: Qualität und Nutzerakzeptanz sichern, Bonn 2004, S. 115–125.

Seymour, W. D.: Verkürzung der Anlernzeit, hrsg. v. Kurt-Hegner-Institut für Arbeitswissenschaft des Verbandes für Arbeitsstudien REFA e.V., Berlin 1960 (Sonderheft der Fortschrittlichen Betriebsführung).

Seymour, W. D.: Industrial skills, London: Pitman Publishing 1966.

Seymour, W.D.: Skills Analysis Training: A Handbook for managers, supervisors and instructors, London: Pitman Publishing 1968.

Söltenfuss, G.: Grundlagen handlungsorientierten Lernens: Dargestellt an einer didaktischen Konzeption des Lernens im Simulationsbüro, Bad Heilbrunn/Obb. 1983.

Sommer, K.-H.: Übungsfirma, in: F.-J. Kaiser, G. Pätzold (Hrsg.): Wörterbuch Berufs- und Wirtschaftspädagogik, Bad Heilbrunn/Obb., Hamburg 1999, S. 377–378.

Sonntag, K.: Trainingsforschung in der Arbeitspsychologie: Berufsbezogene Lernprozesse bei veränderten Tätigkeitsinhalten, Bern 1989 (Schriften zur Arbeitspsychologie, Nr. 48).

Sonntag, K.: Kognitive Trainingsverfahren in der Berufsbildung, in: C. K. Friede, K. Sonntag (Hrsg.), Berufliche Kompetenz durch Training, Heidelberg 1993 (Schriftenreihe Moderne Berufsbildung, Bd. 14), S. 47–68.

Sonntag, K.: Lernen im Unternehmen: Effiziente Organisation durch Lernkultur, München 1996.

Spanhel, D.: Die Sprache des Lehrers: Grundformen des didaktischen Sprechens, Düsseldorf 1971.

Spanhel, D.: Sprache im Unterricht, in: L. Roth (Hrsg.), Pädagogik: Handbuch für Studium und Praxis, München 1991, S. 824–832.

Spur, G.: Neue Technologien und Arbeitsorganisation, in: REFA-Nachrichten 38(1985)3, S. 10–13.

Stender, J., A. Brönner: Leitfaden E-Learning. Herausgegeben vom Verband der Bayerischen Metall- und Elektro-Industrie, München 2003.

Stratmann, K., W. Bartel: Einleitung, in: K. Stratmann, W. Bartel (Hrsg.), Berufspädagogik: Ansätze zu ihrer Grundlegung und Differenzierung, Köln 1975, S. I - XXIV .

Tausch, R., A.-M. Tausch: Erziehungspsychologie: Begegnung von Person zu Person, 10. ergänzte und überarb. Aufl., Göttingen 1991(Neuauflage, Göttingen 1998).

Taylor, F. W.: Die Grundsätze wissenschaftlicher Betriebsführung (The Principles of Scientific Management) übersetzt v. R. Roesler, neu hrsg. und eingeleitet v. W. Volpert und R. Vahrenkamp, Weinheim 1977.

Tenberg, R.: Multimedia und Telekommunikation im beruflichen Unterricht, Frankfurt am Main 2001 (Beiträge zur Arbeits-, Berufs- und Wirtschaftspädagogik, Bd. 21, hrsg. v. A. Schelten).

Tenberg, R.: Lernen auf Organisationsebene, in: A. Schelten, R. Tenberg: Vorlesungsskript Arbeitspädagogik, Lehrstuhl für Pädagogik, TU München 2004, S. 40–46.

Tilch, H.: Der Arbeits- und Berufsbegriff in der Arbeitspädagogik: Versuch einer Analyse des pädagogischen Werkes Johannes Riedels, in: Die Deutsche Berufs- und Fachschule 68(1972)8, S. 608–621.

Tilch, H.: Zur Situation der Arbeitspädagogik, in: Zeitschrift für Berufs- und Wirtschaftspädagogik 76(1980)2, S. 83–91.

Tilch, H.: Lernen und Arbeiten mit Simulationssystemen, in: Die berufsbildende Schule 45(1993)12, S. 394–398.

Triebe, J. K., R. Wunderli: Die Bedeutung verschiedener Trainingsmethoden für industrielle Anlernverfahren, in: Zeitschrift für Arbeitswissenschaft 30(1976)2, S. 114–118.

Triebe, J. K.: Psychoregulativ akzentuierte Trainingsverfahren: Ein Versuch zur Erfassung mental vergegenwärtigter Leistungen, in: W. Hacker, H. Raum (Hrsg.), Optimierung von kognitiven Arbeitsanforderungen, Bern 1980, S. 242–247 (Schriften zur Arbeitspsychologie, Nr.3 2).

Ulich, E.: Über verschiedene Formen des Trainings für das Erlernen und Wiederlernen psychomotorischer Fertigkeiten, in: Rehabilitation 13(1974), S. 105–110.

Ulich, E., J. K. Triebe, R. Wunderli: Die Bedeutung verschiedener Trainingsmethoden für industrielle Anlernverfahren, Zürich 1976 (Abschlußbericht zum Nationalfondsprojekt Nr. 1.728-0.72, Manuskriptdruck).

Ulich, E.: Über mögliche Zusammenhänge zwischen Arbeitstätigkeit und Persönlichkeitsentwicklung, in: Psychosozial 1(1978)1, S. 44–63.

Ulich, E., F. Frei: Persönlichkeitsförderliche Arbeitsgestaltung und Qualifizierungsprobleme, in: W. Volpert (Hrsg.), Beiträge zur Psychologischen Handlungstheorie, Bern 1980, S. 71–86 (Schriften zur Arbeitspsychologie, Nr.28).

Ulich, E.: Psychologie der Arbeit, in: Management – Enzyklopädie, Bd. 7, 2. Aufl., Landsberg/Lech 1984, S. 914–929.

Ulich, E.: Arbeitspsychologie, 5. vollst. überarb. und erweiterte Aufl., Stuttgart 2001.

Volpert, W., u. a.: Verfahren zur Ermittlung von Regulationserfordernissen in der Arbeitstätigkeit (VERA): Analyse von Planungs- und Denkprozessen in der industriellen Produktion: Handbuch, Köln 1983.

Volpert, W., R. Frommann, J. Munzert: Die Wirkung allgemeiner heuristischer Regeln im Lernprozeß – eine experimentelle Studie, in: Zeitschrift für Arbeitswissenschaft 38(1984)4, S. 235–240.

Volpert, W.: Wie wir handeln – was wir können. Ein Disput als Einführung in die Handlungspsychologie, Heidelberg 1992 (Neuauflage, Sottrum 2003).

Vögele, M.: Computerunterstütztes Lernen in der beruflichen Bildung, Frankfurt am Main 2003 (Beiträge zur Arbeits-, Berufs- und Wirtschaftspädagogik, Bd. 23, hrsg. v. A. Schelten).

Warnecke, H.-J., H. J. Bullinger (Hrsg.): Beiträge zur Arbeitspädagogik, Arbeitspsychologie, Arbeitssoziologie, Fraunhofer-Gesellschaft, Institut für Arbeitswissenschaft und Organisation, Stuttgart 1980 u. folgende Jahrgänge (Manuskriptdrucke).

Warnecke, H. J., W. Kohl: Höherqualifizierung in neuen Arbeitsstrukturen: Entwicklung und Erprobung eines kombinierten Unterweisungskonzeptes, in: Zeitschrift für Arbeitswissenschaft 33(1979)2, S. 69–75.

Weber, W.G.: Analyse von Gruppenarbeit. Kollektive Handlungsregulation in soziotechnischen Systemen, Bern 1997.

Weth, R. v. d.: Ober das Verfertigen der Strategien beim Handeln, in: Franke, G. (Hrsg.): Komplexität und Kompetenz: Ausgewählte Fragen der Kompetenzforschung, Bielefeld 2001, S. 123–140.

Wildemann, H.: Fertigungsstrategien – Reorganisationskonzepte für eine schlanke Produktion und Zulieferung, München 1993.

Wildemann, H.: Produktionscontrolling: Systemorientiertes Controlling schlanker Produktionsstrukturen, 2. neubearb. Aufl., München 1995.

Witzgall, E.: Zur Didaktik von Höherqualifizierungsmaßnahmen in der Teilefertigung (Projekt AEG-Teilefertigung), Stuttgart 1982a (Manuskriptdruck, Beiträge zur Arbeitspädagogik, Arbeitspsychologie, Arbeitssoziologie, hrsg. v. H.-J. Warnecke, H. J. Bullinger, Fraunhofer-Gesellschaft, Institut für Arbeitswissenschaft und Organisation).

Witzgall, E.: Qualifikationsförderliche Arbeitsstrukturen – Beispiele und Probleme (Bericht aus den AEG-Projekten), Stuttgart 1982b (Manuskriptdruck, Beitrage zur Arbeitspädagogik, Arbeitspsychologie, Arbeitssoziologie, hrsg. v. H.-J. Warnecke, H. J. Bullinger, Fraunhofer- Gesellschaft, Institut für Arbeitswissenschaft und Organisation).

Witzgall, E.: Höherqualifizierung in der Industriearbeit: Eine theoretische und feldexperimentelle Studie zu Fragen einer arbeitspädagogischen Didaktik auf tätigkeitspsychologischer Grundlage, Diss., Bamberg 1984.

Womack, J. P., D. T. Jones, D. Roos: Die zweite Revolution in der Autoindustrie. Konsequenzen aus der weltweiten Studie aus dem Massachusetts Institute of Technology, 4. Aufl., Frankfurt 1992.

Wunderli, R.: Psychoregulativ akzentuierte Trainingsmethoden: Felduntersuchung zum Einsatz von observativem, mentalem und verbalem Training in einer Lehrwerkstatt, in: Zeitschrift für Arbeitswissenschaft 32(1978)2, S. 106–111.

Wunderli, R.: Mentales Lernen in der Berufsbildungspraxis, in: Berufsberatung und Berufsbildung 65(1980)1, S. 15–24.

Zedler, R.: Berufsperspektiven für Facharbeiter, in: Informationen zur beruflichen Bildung, Register 11, Blatt 39, hrsg. vom Institut der deutschen Wirtschaft, Köln 1994.

Zimbardo, P. G.: Psychologie, 6., neu. bearb. u. erw. Aufl., Berlin 1995 (Neuauflage Berlin

2003).

Zink, K. J., G. Schick: Quality Circles: Qualitätsförderung durch Mitarbeitermotivation (Problemlösungsgruppen), München 1984.

参考文献译文

Achtenhagen，F.，T. Tramm:《练习公司作为商务类职业教育行动导向学习的一个示例》，载于 C. K. Friede, K. Sonntag（主编），《通过培训提高专业能力》，海德堡，1993，第 161-184 页.

Adler, M.:《职业教育中的远程交流学习》，柏林，2004.

Anochin, P. K.:《生理学和控制论》，载于《控制论与实践：新论文集》，柏林（东），1963，第 148-188 页（《我们的世界》平装本系列，第 36 卷）.

Anochin, P. K.:《行为生理结构的功能系统基础》，耶拿，1967（脑研究和行为生理学领域的论文集，第 1 卷）.

Anochin, P. K.:《功能系统通论》，耶拿，1978（脑研究和行为生理学领域的论文集，第 8 卷）.

Baitsch, Ch., F. Frei:《工作活动的资质促进》，伯尔尼，1980（《劳动心理学著作》，第 30 期）.

Baitsch, Ch., F. Frei, W. Duell, R. Casanova:《合格工作设计：两个变革项目报告》，第 2 卷，瑞士联邦理工学院"劳动与工业心理学"教席教授，苏黎世，1983.

Bauer, K. H., A. Schelten:《感知运动工作任务的指导计划：REFA 训练中的指导练习示例》，载于 REFA《职业教育和继续教育》5（1993）2，第 25-28 页.

Bauer, H. G., F. Böhle, C. Munz, S. Pfeiffer, P. Woike:《高技术第六感：高技术工作领域基于经验的劳动和学习》，比勒费尔德，2002（《职业教育报告》，第 253 期）.

Bayerische Staatskanzlei, Wissenschaftlich-Technischer Beirat der Bayerischen Staatsregierung（主编）:《未来的工作和企业结构》，慕尼黑，2003.

Beicht, U., G. Walden, H. Herget:《德国企业内职业教育的成本和收益》，比勒费尔德，2004（《职业教育报告》，第 264 期）.

Bellack, A. A., 等:《教室里的语言》，杜塞尔多夫，1974.

Bergmann, B., J. Wiedemann:《柔性自动化制造故障诊断与故障排除中的学习需求分析》，载于《劳动学杂志》48（1994）4，第 217-224 页.

Bergmann, B.:《工作过程培训：制订和评估针对特定任务和目标群体的培训方案》，苏黎世，1999.

Beyerle, P.:《劳动指导的方法过程》，载于 J. Riedel,《劳动指导》，第 6 次修订扩展版，慕尼黑，1961，第 67-86 页（REFA 出版物，第 4 卷）.

Beyerle，P.：《教学对话：通过会议方法引导对话的技巧》，柏林，1967（REFA 新闻特刊）.

Biäsch，H.：《工业领域帮工的培训和再培训：指导者入门指南》，伯尔尼，1953（《劳动心理学著作》，第 1 期）.

Bielenberg，K. M.：《问题解决的连贯过程：概念—弱点分析—优化方法》，威斯巴登，1996.

Birbaumer，N.，R. F. Schmidt：《生物心理学》，第 4 版，柏林，1999（柏林，2002，新版）.

Bonz，B.：《职业教育方法：一部教科书》，斯图加特，1999.

Borretty，R.，R. Fink，H. Holzapfel，U. Klein：《PETRA 项目和迁移导向培训：基础、示例、规划和工作材料》，柏林、慕尼黑，西门子公司，1988.

Bromberger，N.：《从技术和实践角度评估学习软件标准目录的制定要求》，载于 Esser，F. H.，M. Twardy，K. Wilbers，《职业教育中的数字化学习》，科隆，2000.

Bullinger，H.-J.，W. Kohl：《新工作结构中的更高资质——新工业资质程序的开发和测试》，载于《国际生产研究杂志》21（1983）1，第 1-15 页.

Bunk，G. P.：《教育和工业领域工作：成人企业学习和劳动的模式》，魏恩海姆，1972.

Bunk，G. P.：《商务类职业教育的修订：对指导者教学法培训的研究》，海德堡，1974.

Büssing，A.，J. Glaser：《工作活动余地与人格促进之间的联系》，载于《劳动与组织心理学杂志》35（1991）3，第 122-136 页.

Büssing，A.，J. Glaser：《资质要求和资质获得作为工作能力促进健康和人格发展的特征》，载于《劳动与组织心理学杂志》37（1993）4，第 154-161 页.

Cramer，G.，K. Müller：《企业职业教育的好处》，科隆，1994.

Cramer，G.（主编）：《2004 年职业教育实践年鉴》，科隆，2004.

Czaja，S. J.：《办公自动化中人的因素》，载于 G. Salvendy（主编），《关于人的因素的手册》，纽约，第 1587-1616 页（引自 Ulich 2001）.

Dedering，H.：《劳动世界的教育学》，魏恩海姆，1998.

Dehnbostel，P.：《分散式职业教育方案的目标和内容》，载于 P. Dehnbostel，H. Holz，H. Novak（主编），《通过加强工作场所学习应对未来：实践中分散式职业教育和职业培训方案》，柏林，1992（《职业教育报告》，第 149 期）.

Dehnbostel，P.：《分散式职业教育的方案》，载于《理论与实践中的职业教育》22（1993）3，第 3-9 页.

Dehnbostel，P.：《开发和设计工作岗位作为学习场所》，载于《理论与实践中的职业教育》23（1994）1，第 13-18 页.

Dehnbostel，P.：《开发和设计工作岗位作为学习场所》，载于《继续教育基础》14

（2003）1，第 5-9 页.

Dehnbostel, P., G. Pätzold：《促进学习的工作设计和企业教育工作的重新定位》，载于 P. Dehnbostel, G. Pätzold（主编），《企业职业教育的创新与趋势》，斯图加特，2004，第 19-30 页（《职业与经济教育学杂志》，增刊 18）.

Dehnbostel, P.：《促进学习的工作设计——理论视角和实践贯彻》，载于《教与学》19（2004）76，第 148-156 页.

Dostal, W.：《技术变革中的教育和就业：以电子数据处理和微电子为例，技术变革的教育经济和劳动力市场政策框架条件》，纽伦堡，1982（论文集《劳动力市场和职业研究》，第 65 卷）.

Dörschel, A.：《劳动教育学》，柏林，1972（《职业教育与进修培训》，第 7 卷）.

Duell, W.：《工作人性化和能力发展》，载于《职业和经济教育学杂志》，81（1985）1，第 36-46 页.

Duell, W., F. Frei, A. Alioth, Ch. Baitsch, E. Ulich：《资质促进的工作设计指南》，科隆，1986.

Duscheleit, S.：《基于心理行为理论的劳动教育学措施：示例介绍和批判性评估》，载于《职业和经济教育学杂志》79（1983）3，第 163-174 页.

Eisenführ, F.：《职业教育和研究中的企业游戏》，威斯巴登，1974.

Erbe, H.-H.：《工业技术部门工作过程的模拟与学习》，载于 P. Diepold, A. Kell（主编），《职业教育的发展》，《职业和经济教育学杂志》增刊 11，斯图加特，1992，第 110-116 页.

Erpenbeck, J., L. v. Rosenstiel（主编）：《能力测试手册：企业、教育和心理实践中能力的识别、理解和评估》，斯图加特，2003.

Euler, D., A. Hahn：《经济教学法》，伯尔尼，2004.

Falk, R.：《企业教育管理：研究与实践手册》，科隆，2000.

Fischer, H.-P., H. Merkel, R. Walz：《金属加工领域项目导向职业培训：戴姆勒－奔驰公司嘉格纳工厂的一种学习组织设计方法》，柏林，1982（《职业教育模式探索》，第 9 期）.

Fix, W.：《基于项目法的强化学习：以弗里德里希港齿轮厂的模式探索为例》，载于《职业学校》33（1981）9，第 496-504 页.

Fix, W.：《项目法的特征和发展》，载于《理论与实践的职业教育》13（1984）3，第 81-84 页.

Fix, W.：《初创企业：提升关键资质的创新理念》，柏林，1989（《职业教育—进修培训—员工发展》，第 29 卷）.

Flicke, O. B.：《学习过程和工作结构化的参与：劳动教育学对劳动世界人性化的贡献》，美因河畔法兰克福，1979（论文集《工作、职业和经济教育》，第 1 卷）.

Franke, G., M. Kleinschmitt, H. Borch, M. Fischer：《作为学习场所的工作岗位：工业和手工业中电子技术职业与工作岗位相关的培训研究》，柏林，1987（《职业培训研究著作》，第 65 卷）.

Franke，G.，M. Kleinschmitt，Marlies Fischer:《加强工作场所学习的方法》，联邦
职业教育研究所，柏林，1987（《职业教育报告》，第 90 期）.

Franke，G.:《劳动行为评估方法》，载于 A. Kell，A. Lipsmeier（主编），《学习和
劳动》，斯图加特，1989（《职业与经济教育学杂志》增刊 8），第 135-145 页.

Franke，G.:《工作岗位的培训和学习》，载于 C.K. Friede，K. Sonntag（主编），《通
过培训提高职业能力》，海德堡，1993（《现代职业教育丛书》第 14 卷），第
85-99 页.

Franke，G.（主编）:《工作过程中的战略行动：对销售经济／市场营销的专业人员
和管理人员的复杂管理工作的实证研究》，比勒费尔德，1999.

Franke，G.:《经验和能力发展》，载于 P. Dehnbostel，W. Markert，H. Novak（主
编），《职业教育中的经验学习——对一个富有争议概念的研究》，纽斯，1999，
第 54-70 页.

Franke，G.，R. Selka（主编）:《行动的战略灵活性》，第 1 卷:《培训计划开发的基
本原理》，比勒费尔德，2003a.

Franke，G.，R. Selka（主编）:《行动的战略灵活性》，第 2 卷:《认识和应对复杂
性——复杂职业行动情景中的培训》，比勒费尔德，2003b.

Franke，G.，R. Selka（主编）:《行动的战略灵活性》，第 3 卷:《分析—建模—决
策——复杂职业行动情景中的培训》，比勒费尔德 2005.

Frei，F.，W. Duell，Ch. Baitsch:《工作和能力发展：工作本位资质化的心理学理论》，
伯尔尼，1984a（《劳动心理学著作》，第 39 期）.

Frei，F.，M. Hugentobler，A. Alioth，W. Duell，L. Ruch:《能力型组织：促进资质
的工作设计——欧洲替代方案》，斯图加特，1993（苏黎世，1996，新版）.

Fulda，W.，H. Meyer，E.-G. Schilling，E. Uhe:《中型企业的职业教育：对企业教和
学过程的调研》，阿尔斯巴赫，1994.

Gaudig，H.:《自由的精神的学校教育的理论与实践》，布雷斯劳，1922.

Geuther，Heinze，Siemon:《培训师指南：为未曾接受教学法训练的培训师设计的
教学实践指导材料》，德意志民主共和国中央职业教育研究所，第 4 版，柏林
（东），1984.

Geuther，E.，等:《关于职业实践教学如何有效设计练习的研究结果》，载于《社会
主义职业教育研究》19（1985）5，第 181-193 页.

Geuther，E.，G. Siemon，A. Weigert:《关于职业实践课程指导和练习的建议》，柏
林（东）1987（关于社会主义职业教育的建议）.

Geißler，Kh. A.，S. Laske，A. Orthey（主编）:《员工发展手册：概念、方法和策略：
咨询、训练、资质提升》，科隆，2005.

Grimm，J.，W. Grimm:《德语字典》，11 册，Ⅲ 卷，K. Euling 修订，莱比锡，
1936.

Gonon，P.:《凯兴斯泰纳：劳动学校的概念》，达姆施塔特，2002.

Hacker，W.:《普通劳动与工程心理学：心理结构和工作活动调节》，第 3 次修订扩展版，柏林（东）1980.

Hacker，W.:《劳动心理学：工作活动的心理调节》，新版《普通劳动与工程心理学》，伯尔尼，1986（《劳动心理学著作》，第 41 期）（格丁根，1998，新版）.

Hacker，W.，W. Skell:《在工作中学习》，联邦职业教育研究所，柏林，1993.

Hacker，W.:《普通劳动心理学：工作活动的心理调节》，伯尔尼，1998.

Heinze，K.，等:《职业教育教学过程》，德意志民主共和国中央职业教育研究所，第 2 版，柏林（东），1984.

Hoff，E.-H.，W. Lempert，L. Lappe:《技术工人传记中的人格发展》，伯尔尼，1991（《技术心理学》，第 50 期）.

Hohenstein，A.，K. Wilbers（主编）:《数字化学习手册：来自科学与实践的专业知识》，科隆，2005.

Höpfner，H.-D:《关于职业实践课程启发式规则使用的研究》，载于《社会主义职业教育研究》17（1983）1，第 28-33 页.

Höpfner，H.-D.，W. Skell:《论认知过程运动形式的系统化——决定性变量的分类方面和表征》，载于《社会主义职业教育研究》17（1983a）4，第 161-165 页.

Höpfner，H.-D.，P. Hübel:《在职业教育教学中培养和巩固积极的学习和工作习惯》，载于《职业教育》38（1984）10，第 438-440 页.

Höpfner，H.-D.:《职业教育和继续教育中独立行动的发展：基于行动调节理论的指导模型》，主编：联邦职业教育研究所，柏林，1991（《职业教育报告》，第 142 期）.

Hopf，B.:《商业基础培训中的办公模拟》，汉诺威，1974（《职业教育研究》，第 9 期）.

Huber，M.，U. Hubner:《企业经济学学徒培训——专业导向人格发展的当代模式》，第 13 期增刊，1993，载于 K. A. Geißler，G. v. Landsberg，M. Reinartz（主编），《个人发展和培训手册：实践指南，基础读本》，科隆，1990.

Kaiser，F.-J.:《决策训练：决策方法：仿真—模拟游戏的案例研究》，第 2 次修订扩展版，巴特海尔布伦，1976.

Kaiser，F.-J.（主编）:《案例研究：案例研究教学法的理论与实践》，巴特海尔布伦，1983.

Kern，H.，M. Schumann:《劳动分工的终结？工业生产中的合理化：现状和趋势》，慕尼黑，1984.

Kerschensteiner，G.:《劳动学校的概念》，第 17 版，旧版，J. Dolch 主编，慕尼黑，斯图加特，1969.

Kipp，M.:《德国劳动教育学：约翰内斯·里德尔对职业教育历史和理论的贡献——附有里德尔书目》，汉诺威，1978.

Kirchhoff, B., P. Gutzan:《学习车间：在工作现场更有效地学习》，格拉弗瑙，
　　1982.

Kleist, H.v.:《关于说话时思想的逐渐产生，致吕勒·冯·利林斯坦的信件
　　1805/1806》，载于 Müller-Salget, K.（主编），《海因里希·冯·克莱斯特：四
　　卷全集和信件》，美因河畔法兰克福，1990，第 3 卷：故事、逸事、诗歌、著作，
　　第 534–540 页.

Klingberg, L.:《普通教学法导论：美因河畔法兰克福的讲座》，出版年不详.

Kluge, F., A. Götze:《德语词源词典》，第 16 版，柏林，1953.

Koch, J., E. Neumann, P.-J. Schneider:《滚刀机床的教与学系统："学习目标导向的
　　诊断和支持系统的开发尝试……"模式探索的结果》，柏林，1983（《职业教育
　　模式探索》，第 15 册）.

Koch, J., R. Selka:《引导文本——通往独立学习之路》，联邦职业教育研究所，包
　　含参与者文件、演讲者指南、组织者信息，第 2 次完全修订版，柏林，1991（提
　　升培训者资质的研讨方案）.

Kofer, U.:《确定复杂工作活动的行动策略作为开发培训课程的基础》，教授资质
　　评审论文，慕尼黑工业大学，教育学教席教授，慕尼黑，1993.

Kohl, W.:《综合性的指导》，斯图加特，1982a（手稿印刷，《劳动教育学、劳动心
　　理学和劳动社会学论文集》，H.-J.Warnecke, H.J.Bullinger 主编，弗劳恩霍夫协会，
　　劳动科学与组织研究所）.

Kohl, W.:《工业领域新的资质化方法——将问题和风险最小化的企业通用能力》
　　（出自 AEG 项目报告），斯图加特，1982b（手稿印刷，《劳动教育学、劳动心理
　　学和劳动社会学论文集》，H.-J.Warnecke, H.J.Bullinger 主编，弗劳恩霍夫协会，
　　劳动科学与组织研究所）.

Konradt, U.:《柔性自动化生产中的故障诊断策略分析》，教授资质评审论文，波鸿
　　鲁尔大学，1991.

Kröll, W., U. u. G. Schubert, J. Rottluff:《职业教育中更多独立自主和团队合作：
　　福特企业职业教育实践中的学习过程自我控制》，柏林，1984（《职业教育模式
　　探索》，第 18 期）.

Langer, J., F. Schulz von Thun, R. Schulz:《用可理解的方式表达自己》，第 7 次修
　　订和扩展版，慕尼黑，2002.

Leitner, K., 等:《办公室工作的心理需求和压力分析：RHIA/VERA 办公室程序，
　　手册、日记和工单》，格丁根，1993.

Maier, B.:《技术与世界》，科隆，1984（基础知识：技术与社会，第 18 卷）.

Matern, B.:《培训方法设计的学习心理学和劳动心理学的先决条件》，载于《职业
　　教育》34（1980a）5，第 236–238 页.

Matern, B.:《培训方法设计的心理学视角》，载于《职业教育》34（1980b）6，第
　　285–289 页.

Meinel，K.，G. Schnabel:《运动机能学：教育学视角下的动作技能理论大纲》，第 2 版，柏林（东），1977（慕尼黑，2004，新版）.

Meischner，I.:《心理过程及其表现的生物学基础》，载于 H. Kulka（主编），《工业实践中的劳动心理学》，柏林（东），1969，第 52–74 页.

Meyer，H.:《教学方法》，第二卷:《实践集》，美因河畔法兰克福，1987（美因河畔法兰克福，2000，新版）.

Michel，L.:《愿望与现实——中小企业的数字化学习》，载于 Zinke，G.，M. Härtel（主编），《数字化学习：确保质量和用户接受》，波恩，2004，第 105–114 页.

Miller，G. A.，E. Galanter，K. H. Pribram:《行动策略：行为的计划和结构》，第 2 版，斯图加特，1991（1973 年第 1 版）.

Mitzka，W.:《特吕布纳德语词典》，第 5 卷，柏林，1954.

Müller，K.，A. Sengewald:《AEG 的一体化培训理念》，载于《技术创新与职业教育》（TIBB）（1988）3，第 81–89 页.

Neuweg，G. H.:《能手和隐性知识》，明斯特，1999.

Oesterreich，R.:《行动调节和控制》，慕尼黑，1981.

Oesterreich，R.，W. Volpert（主编）:《VERA 第 2 版：在 RHJA 应用背景下明确计划和思维要求的工作分析方法，手册 I，手册 II》，柏林，1991.

Oesterreich，R.，K. Leitner，M. Resch:《生产性工作的心理需求和压力分析：RHIA/VERA 生产工艺，手册、日记和工单》，格丁根，2000.

Olbert，S.:《生产线工人资质提升措施：从劳动教育学的角度进行分析和优化建议》，职业学校教职第一次国家考试的学术论文，教育学教席，慕尼黑工业大学（导师 A. Schelten），慕尼黑，2005.

Osterkamp，K.:《"学习车间—方案"作为企业成人教育的典范》，毕业论文，汉堡大学职业与经济教育学院，1984.

Palme，K.:《基于加工企业实例的生产性工作场所劳动指导方法研究》，柏林，1969.

Pätzold，G.:《职业教育的教学方法》，海德堡，1993.

Picot，A.，R. Reichwald，R. T. Wigand:《不设边界的行动：信息、组织与管理：信息时代企业管理教科书》，第 5 版，威斯巴登，2003.

Pieler，D.:《继续教育控制》，威斯巴登，2000.

REFA- 工作设计、企业组织和企业发展协会:《工作研究方法论，第 6 部分：劳动指导》，慕尼黑，1975（主要作者：G. P. Bunk）.

REFA- 工作设计、企业组织和企业发展协会:《企业组织方法：劳动教育学》，第 3 版，慕尼黑，1991（作者：G. P. Bunk）.

Reichwald，R.，G. Hesch:《人是生产要素还是整体生产的载体？企业经济学变革中人的形象》，载于 K.Weis（主编），《来自科学、技术和宗教领域的人的图像》，慕尼黑，1993（关于数据、分析、概念、技术的一系列科学出版物，慕尼黑大学），第 429–460 页．

Reinisch，H.：《模拟游戏与科学预备学习》，汉堡，1980（《大学教学研究报告》，第 14 卷）．

Reinmann，G.，H. Mandl（主编）：《知识管理心理学：视角、理论和方法》，格丁根，2004.

Resch，M.：《脑力工作的行动调节：工业生产中脑力工作活动的确定和分析》，伯尔尼，1988（《劳动心理学著作》，第 45 期）．

Resch,M.：《家庭工作分析：通过 AVAH 程序收集和评估工作以外的活动》，苏黎世，1999.

Riedel，J.：《劳动教育的基本问题》，第 2 版，斯图加特，1940.

Riedel，J.，P. Beyerle：《劳动指导》，第 6 次修订和扩展版，慕尼黑，1961（REFA 出版物，第 4 卷）．

Riedel，J.：《劳动与学习》，不伦瑞克，1962.

Riedel，J.：《劳动教育学导论》，不伦瑞克，1967.

Riedl，A.：《职业教育教学法》，斯图加特，2004.

Riedl，A.：《教学法基础》，斯图加特，2004.

Rohmert，W.，J. Rutenfranz，E. Ulich：《感知动作技能的学习》，第 2 版，法兰克福，1974（《德意志联邦共和国技术变化的经济和社会视角》，第 7 卷）．

Rohmert，W.：《劳动学课程 I 讲义》重印，第 14 次修订和扩展版，达姆施塔特，1984（手稿印刷，达姆施塔特技术大学劳动学研究所）．

Rohmert，W.，A. Rückert，B. Klein：《教育学在劳动学中的角色》，载于《劳动学杂志》44（1990）2，第 75–81 页．

Rohn，W. E.：《职业继续教育中的模拟游戏》，载于 REFA《职业教育和继续教育》3（1991）2，第 17–21 页．

Rosenstiel，L. v.：《组织心理学基础——基础知识与应用指导》，第 5 版，斯图加特，2003.

Rottluff，J.：《独立学习：引导文本的使用》，魏恩海姆，1992.

Ruschel，A.：《面向培训师行动领域的劳动和职业教育学》，莱茵河畔路德维希港，1999.

Rühle，R.：《工业领域的认知训练：揭示和传授工作活动尤其是多工位工作的心理调节基础》，柏林（东），1988.

Schaper，N.：《为培训目的分析复杂诊断任务——以灵活自动化制造系统中的故障排除为例》，教授资质评审论文，卡塞尔大学，1994.

Scharringhausen，H.，A. Schelten：《船舶管理中的模拟学习》，载于《职业与经济教育杂志》83（1987）8，第 712–718 页．

Scheibner，O.：《劳动学校的创意和设计》，第 5 版，海德堡，1962.

Schelten，A.：《课堂学习风格：课堂互动认知水平的内容分析评估》，博士论文，吉森，1976，同标题载于 K. J. Klauer，H. J. Kornadt（主编），《经验教育学年鉴》1977，杜塞尔多夫，1977，第 211–254 页.

Schelten，A.:《职业教育中的动作技能学习》，教授资质评审论文，吉森尤斯图斯 - 李比希大学，1982（印刷本，教育学系，劳动、职业和经济教育研究所）.

Schelten，A.:《职业教育中的动作技能学习》，美因河畔法兰克福，1983a（论文集《工作、职业和经济教育》，第 4 卷）.

Schelten，A.:《教学与指导》，载于《职业与经济教育杂志》79（1983b）2，第 83–91 页.

Schelten，A.:《技术变革与职业教育》，载于《教育学展望》39（1985）2，第 187–201 页.

Schelten，A.，H. Gündling:《指导者的语言》，载于《工业科学》40（1986），第 234–239 页.

Schelten，A.:《职业教育学导论》，第 2 次修订和扩展版，斯图加特，1994.

Schelten，A.:《劳动教育学基础》，第 3 次修订和扩展版，斯图加特，1995.

Schelten，A.:《测试评估和生成：面向实践教育工作者和培训者的测试统计和测试理论基础》，第 2 版，斯图加特，1997.

Schelten，A.:《职业教育专业术语和概念精选》，斯图加特，2000.

Schelten，A.:《关于行动调节理论对职业教育学和劳动教育学的益处》，载于《教育学展望》56（2002）6，第 621–630 页.

Schelten，A.:《职业教育学导论》，第 3 次完全修订版，斯图加特，2004.

Schelten，A.:《职业教育中的动作技能学习》，载于 B. Bonz（主编），《职业教育教学法》，第 2 版，巴尔特曼斯韦勒，2005.

Schmidt，R. F.（主编）:《神经生理学概述》，修订扩展版，柏林，1979.（海德堡平装本，第 96 册）（波恩，1987，新版）.

Schurer，B.:《学习行为的对象和结构：职业动作技能学习视角下学习者中心的教学法》，贝吉施 - 格拉德巴赫，1984.

Schwegler，J. S.:《人类——解剖学和生理学》，第 2 次修订版，斯图加特，1998（斯图加特，2002，新版）.

Semmer，N. K.，W. Barr，G. Steding:《企业指导实践：关于良好解释的困难》，载于《劳动与组织心理学杂志》44（2000）4，第 211–228 页.

Senge，P. M.:《第五项修炼：学习型组织的艺术与实践》，纽约，1990（德语版《第五项修炼：学习型组织的艺术与实践》，斯图加特，1996）.

Setulla，R.，W. Weber:《赫斯特的学习工场》，载于 D. Dunkel（主编），《学习工场：德国企业的模式和工作活动》，科隆，1983，第 40–46 页.

Severing，E.:《中小企业数字化学习的设计方法》，载于 Zinke，G.，M. Härtel（主编），《数字化学习：确保质量和用户接受》，波恩，2004，第 115–125 页.

Seymour，W. D.:《缩短上岗培训时间》，REFA 协会库尔特 - 海格纳劳动学研究所出版，柏林，1960（《进步管理》特刊）.

Seymour，W. D.:《工业技能》，伦敦：皮特曼出版社，1966.

Seymour，W. D.:《基于技能分析的培训：经理、主管和讲师手册》，伦敦：皮特曼出版社，1968.

Söltenfuss，G.:《行动导向的学习基础：以模拟办公室为例》，巴特海尔布伦，1983.

Sommer，K.-H.:《练习公司》，载于 F.-J. Kaiser，G. Pätzold（主编），《职业和经济教育词典》，巴特海尔布伦 / 奥布，汉堡，1999，第 377-378 页.

Sonntag，K.:《劳动心理学培训研究：工作活动内容变化时的职业学习过程》，伯尔尼，1989（《劳动心理学》著作，第 48 期）.

Sonntag，K.:《职业教育中的认知训练方法》，载于 C. K. Friede, K. Sonntag（主编），《通过培训提高职业能力》，海德堡，1993（现代职业教育系列，第 14 卷），第 47-68 页.

Sonntag，K.:《在企业中学习：通过学习文化实现高效组织》，慕尼黑，1996.

Spanhel，D.:《教师的语言：教学语言的基本形式》，杜塞尔多夫，1971.

Spanhel，D.:《课堂语言》，载于 L. Roth（主编），《教育学：大学学习与实践手册》，慕尼黑，1991，第 824-832 页.

Spur，G.:《新技术和工作组织》，载于《REFA 通讯》38（1985）3，第 10-13 页.

Stender，J.，A. Brönner:《数字化学习指南》，巴伐利亚金属和电气工业协会出版，慕尼黑，2003.

Stratmann，K.，W. Bartel:《导言》，载于 K. Stratmann，W. Bartel（主编），《职业教育学：基础方法和细分方法》，科隆，1975，第 I - XXIV 页.

Tausch，R.，A.-M. Tausch:《教育心理学：人与人的相遇》，第 10 次补充修订版，格丁根，1991（格丁根，1998，新版）.

Taylor，F. W.:《科学管理的原则》，R. Roesler 翻译，新版，W. Volpert，R. Vahrenkamp 主编，魏恩海姆，1977.

Tenberg,R.:《职业教育教学中的多媒体和信息技术》，美因河畔法兰克福，2001（论文集《工作、职业和经济教育》，第 21 卷，A. Schelten 主编）.

Tenberg，R.:《组织层面的学习》，载于 A. Schelten，R. Tenber，《劳动教育学教程讲义》，教育学教席，慕尼黑工业大学，2004，第 40-46 页.

Tilch，H.:《劳动教育学中的劳动和职业概念：约翰内斯·里德尔教育学著作试析》，载于《德国职业学校和专业学校》68（1972）8，第 608-621 页.

Tilch，H.:《劳动教育学的现状》，载于《职业和经济教育学杂志》76（1980）2，第 83–91 页.

Tilch,H.:《学习和使用模拟系统》，载于《职业学校》45（1993）12，第 394–398 页.

Triebe，J. K.，R. Wunderli:《不同培训方法对工业领域上岗培训方法的重要性》，载于《劳动学杂志》30（1976）2，第 114-118 页.

Triebe，J. K.：《心理调节强化训练程序：记录心理典型表现的尝试》，载于 W. Hacker，H. Raum（主编），《工作认知要求的优化》，伯尔尼，1980，第 242-247 页（《劳动心理学著作》，第 32 期）.

Ulich，E.：《关于学习和重新学习的不同形式的心理动作技能训练》，载于《恢复工作能力》13（1974），第 105-110 页.

Ulich，E.，J. K. Triebe，R. Wunderli：《不同培训方法对工业培训过程的重要性》，苏黎世，1976（国家基金项目编号 1.728-0.72 的最终报告）.

Ulich，E.：《关于工作活动与人格发展之间的可能相关性》，载于《心理社会学》1（1978）1，第 44-63 页.

Ulich，E.，F. Frei：《人格促进的工作设计和资质化问题》，载于 W.Volpert（主编），论文集《心理行为理论》，伯尔尼，1980，第 71-86 页（《劳动心理学著作》，第 28 期）.

Ulich，E.：《劳动心理学》，载于《管理——百科全书》，第 7 卷，第 2 版，兰茨贝格，1984，第 914-929 页.

Ulich，E.：《劳动心理学》，第 5 次修订扩展版，斯图加特，2001.

Volpert，W.，等：《确定工作活动中调节要求的程序（VERA）：工业生产中的计划和思考过程分析：操作手册》，科隆，1983.

Volpert，W.，R. Frommann，J. Munzert：《一般启发式规则对学习过程的影响——一项实验研究》，载于《劳动学杂志》38（1984）4，第 235-240 页.

Volpert，W.：《我们如何行动——我们能做什么：作为行动心理学导论的争议》，海德堡，1992（索特鲁姆，2003，新版）.

Vögele，M.：《职业教育中的计算机辅助学习》，美因河畔法兰克福，2003（论文集《工作、职业和经济教育》，第 23 卷，A.Schelten 主编）.

Warnecke，H.-J.，H. J. Bullinger（主编）：《劳动教育学、劳动心理学和劳动社会学论文集》，弗劳恩霍夫协会，劳动科学与组织研究所，斯图加特，1980.

Warnecke，H. J.，W. Kohl：《新工作结构中的更高资质：组合指导方案的开发和尝试》，载于《劳动学杂志》33（1979）2，第 69-75 页.

Weber，W.G.：《小组工作分析——社会技术系统的集体行动调节》，伯尔尼，1997.

Weth，R. v. d.：《论行动战略的发展》，载于 Franke，G.（主编）：《复杂性与能力：能力研究问题选编》，比勒费尔德，2001，第 123-140 页.

Wildemann，H.：《生产战略——面向精益生产和供应的组织重构方案》，慕尼黑，1993.

Wildemann，H.：《生产控制：面向精益生产结构的系统控制》，第 2 次修订版，慕尼黑，1995.

Witzgall，E.：《论零部件生产中的高质量措施（项目 AEG- 零部件生产）》，斯图加特，1982a（手稿印刷，《劳动教育学、劳动心理学和劳动社会学论文集》，H.-J. Warnecke，H.J.Bullinger 主编，弗劳恩霍夫协会、劳动科学与组织研究所出版）.

Witzgall，E.:《资质促进的工作结构——示例和问题（来自 AEG 项目）》，斯图加特，1982b（手稿印刷，《劳动教育学、劳动心理学、劳动社会学论文集》，H.-J. Warnecke，H.J.Bullinger 主编，弗劳恩霍夫协会、劳动科学与组织研究所出版）.

Witzgall，E.:《工业领域的高级资质：基于活动心理学的关于劳动教育教学问题的一项理论和田野实验研究》，班贝格，1984.

Womack，J. P.，D. T. Jones，D. Roos:《汽车工业的第二次革命：麻省理工学院全球研究成果》，第 4 版，法兰克福，1992.

Wunderli，R.:《心理调节强化训练方法：在学习车间进行观察、心理和语言训练的田野研究》，载于《劳动学杂志》32（1978）2，第 106–111 页.

Wunderli，R.:《职业教育实践中的心理学习》，载于《职业指导与职业教育》，65（1980）1，第 15–24 页.

Zedler，R.:《技术工人的职业观点》，载于《职业教育信息》，索引 11，第 39 页，德国经济研究所出版，科隆，1994.

Zimbardo，P. G.:《心理学》，第 6 次修订和扩展版，柏林，1995（柏林，2003，新版）.

Zink，K. J.，G. Schick:《质量圈：通过提升员工工作动机促进质量发展（问题解决小组）》，慕尼黑，1984.

图书在版编目(CIP)数据

劳动教育学基础：第四版 /（德）安德烈亚斯·舍
尔滕著；陈莹译. — 北京：商务印书馆，2024.
ISBN 978-7-100-24282-0

Ⅰ．G40-015

中国国家版本馆CIP数据核字第2024ZB6862号

劳动教育学基础

（第四版）

〔德〕安德烈亚斯·舍尔滕 著

陈莹 译

商 务 印 书 馆 出 版
（北京王府井大街36号　邮政编码100710）
商 务 印 书 馆 发 行
艺堂印刷（天津）有限公司印刷
ISBN　978-7-100-24282-0

2024 年 11 月第 1 版　　　开本 710×1000　1/16
2024 年 11 月第 1 次印刷　　印张 17
定价：85.00 元